제3의 눈으로 본
나는 누구인가

〈나는 누구인가〉 개정증보판
제3의 눈으로 본 나는 누구인가

개정증보판 1쇄 발행 2019년 12월 1일

지은이 오영희
펴낸이 오영희
디자인·편집 지식과감성#

발행처 오영출판사
등록 제346-2004-00008호
주소 대구광역시 수성구 황금동 810-7
전화 안양 사무실 031-443-7615, 031-465-7615, 010-3752-4934
팩스 031-465-7615
내용 문의 ein995@hanmail.net, 031-465-7615, 010-3752-4934

ISBN 979-11-85945-85-9(03310)
값 22,000원

※본서의 내용을 무단 전재와 복제하는 것은 저작권법에 의해 금지되어 있습니다.
ⓒ 오영희 2019 Printed in Korea

이 도서의 국립중앙도서관 출판예정도서목록(CIP)은 서지정보유통지원시스템
홈페이지(http://seoji.nl.go.kr)와 국가자료공동목록시스템(http://www.nl.go.kr/kolisnet)에서
이용하실 수 있습니다. (CIP제어번호 : CIP2019041619)

제3의 눈으로 본

나는 누구인가

개정증보판

최첨단 형이하학적인 것과 형이상학적인 것이
모두 총동원되어 나란 존재성을
분석한 인류 최초의 책

오영희 지음

오영출판사

머리말

'나'란 도대체 누구인가? 모든 사람이 궁금해할 이 절대적인 명제에 대하여 이제까지 수많은 종교학자와 철학자들이 형이상학적인 뜬구름 잡는 것과 같은 논의를 이어 온 것이 사실이다. 본 필자는 '나'란 존재성을 밝힘에서 기존의 종교적이고 철학적인 측면과 아울러 일반적인 수학의 논리성과 최첨단 수학을 적용한 과학적인 이론 그리고 다양한 과학까지 총동원하여 나란 존재성을 밝혀 보았다.

'나'란 존재성인 우주 절대 자아의식은 어디에서 나오는 것인지 알아보기 위해 제일 먼저 모든 진리와 나란 존재성에 대하여 고찰해 보았으며, 의식의 본질과 의식의 근원에 대해서도 추적해 보았다. 또한, 인간의 육체에 관해서도 '나'란 존재성의 근원이 있는지 살펴보았으며 수학과 과학 그리고 사회 속에서도 '나'란 존재성과 '상관'성을 분석해 보았다.

그리고 우리가 인식하는 3차원 공간을 떠나 4차원 시공간으로부터 무한대 차원에 이르기까지 차원론적으로도 '나'란 존재성과의 상관성을 추론해 보았다. 특히 이와 관련된 아인슈타인의 상대성 이론에서 4차원 시공간과 '나'란 존재성을 분석해 보았으며, 초끈이론과 M-이론에서 나타나는 여분의 차원에 관하여서도 '나'란 존재성의 근원과 관계성을 추론해 보았다.

마음의 본질적인 성질 중에서 마음의 상대성과 '나'란 존재성과는 어떤 상관성이 있는지도 살펴보았으며, 우주 탄생론과 관련하여서도 '나'란 존재성이 어떤 관련성을 가졌는지 추론해 보았다.

'인간도 어차피 매우 작은 입자들의 모임'이라는 생각을 하면서 양자역학적인 불가사의한 현상들과 '나'란 존재성과의 관계성을 확인해 보았다. 그리고 양자역학적인 현상으로 인해 나타나는 평행우주 속에서는 '나'란 존재성에 관하여 어떻게 접근해야 하는지 밝혀 보았다.

불교와 기독교적으로도 그 종교의 원천적인 본질을 밝히며, 그들이 좇는 세상이 무엇인지 알아보고 '나'란 존재성에 대하여 어떻게 접근하는지 명백히 분석해 보았다.

본 증보판에는 나란 존재성이 왜 육체가 죽을 때 육체와 같이 죽지 않고 끝없이 환생하는지 우주 진리 차원에서 본질적으로 밝혔다.

인간으로 태어났다면 죽기 전에는 한번쯤은 내가 왜 태어났고 왜 살고 있으며, 궁극적으로 인간이 도대체 무엇인지 생각하고 탐구해 보아야 한다고 생각한다. 그런데 그 어디에도 이러한 의문에 속 시원히 답해 줄 책이 없다. 인간 존재의 본질적 의문에 대한 답이 대부분 형이상학적인 측면에서 이루어지고 있다. 즉, 매우 추상적인 표현으로 그친다는 것이다. '뜬구름 잡듯이 넘어가는 표현'이 독자에게 더욱이 외면하게 하는 것이 아닌가 싶다.

본서는 좀 더 논리적이며 합리적으로 의문에 대한 답에 접근하여 지금까지의 '나란 존재성'에 대한 분석보다는 독자들의 의문을 좀 더 속 시원히 해결해 줄 것이라고 믿는다. 또한, 본서는 우주 삼라만상 존재성에 관해 연구하는 종교학자, 철학자, 진리를 탐구하는 모든 학자가 꼭 한 번은 읽어 보아야 할 필독서라고 말하고 싶다. 왜냐하면, 존재성을 논하는 형이상학적인 철학과 종교학에 존재의 근원적인 뿌리인 형이하학적인 명확한 정보를 제공하고 있기 때문이다.

존재의 근원을 밝히기는 매우 어려운 것임을 누구나 잘 알고 있다. 따라서 형이하학만으로 밝히는 것도 부족하며, 형이상학만으로 밝히는 것도 불완전하다. 형이상학과 형이하학이 만나 하나가 될 때, 비로소 존재의 진면모를 확인할 수 있다.

끝으로 본서는 필자가 수십 년 동안 모든 수학과 모든 과학을 통합 연구해 오면서 나름대로 깨달음을 얻고 다각적으로 추론해 쓴 책으로 이견이 있는 독자도 당연히 있을 수 있다고 생각한다. 어디까지나 본 필자의 깨달음 속 견해이지만 진리의 본성인 논리성을 벗어나지 않으려고 노력하였다. 따라서 본서를 비판하기보다는 필자의 관점에서 읽어 주신다면 많은 것을 얻는 계기가 될 수도 있을 것이다.

이 책이 탄생하기까지 많은 조언을 해주시고 필자의 건강을 끝없이 신경 써주신 백동석 교장선생님, 필자의 건강에 무한희망을 주시는 한국을 대표하는 삼성병원의 교수님이신 이지연 박사님, 뒤에서 말없이 힘이 되어주신 가족과 형제 및 지인들, 특히 많은 물질적·정신적 도움을 주신 이상기 씨 가족에게 감사드립니다. 또한 책 잘 만들기로 유명한 지식과감성#의 디자인팀에도 진심으로 감사의 뜻을 전합니다.

2019년 12월 01일
저자 **오영희**

차례

머리말 4

1장 우주의 모든 진리와 나란 존재성 13

1. 자연 흐름 법칙(열역학 제2법칙)
2. 초자연적인 지성체의 절대적 필요성
3. 모든 진리의 생성
4. 모든 진리와 나란 존재성

2장 의식의 본질 31

1. 언어가 발생할 수밖에 없는 이유와 과정
2. 언어와 생각의 관계
3. 배 속 아기에게 우리가 생각하는 생각이 존재하지 않는 이유
4. 배 속 아기 삶의 본질적인 성질
5. 배 속 아기의 반응을 실제로 볼 수 있는 유일한 방법
6. 상상을 초월하는 엄마의 모성애
7. 무서운 모성애의 본질적인 발생 원리
8. 죽음을 초월한 모성애가 발생하는 시점
9. 과학의 발달과 모성애의 변화 그리고 의식

3장 의식의 근원 51

1. 오 감각과 나란 자아의식의 근원
2. 인간의 두뇌와 나란 자아의식의 근원
3. 나란 존재성 근원으로 가는 문이 존재한다
4. 최첨단 과학을 이용한 나란 존재성의 접근

4장 수학 속 나란 존재성 71

1. 수학의 본질
2. 우주 모든 시공간의 차원 형성 본질이 수학인 증거
3. 우주 모든 물질의 형성 본질이 수학인 증거
4. 모든 동물과 식물의 형성 본질이 수학인 증거
5. 인간 모든 것의 형성 본질이 수학인 증거
6. 인간을 둘러싼 모든 학문의 형성 본질이 수학인 증거
7. 다중우주와 평행우주도 그 본질적인 형성이 수학인 증거
8. 수학과 나란 존재성

5장 사회 속 나란 존재성 111

1. 사회의 본질
2. 사회 속 나란 존재성

6장 생물학 속 나란 존재성 121

1. 식물 삶의 생리와 의식
2. 동물 삶의 생리와 의식
3. 인간 삶 속에서 발견되는 나란 존재성

7장 아인슈타인 시공간 속 나란 존재성 145

1. 아인슈타인의 특수상대성 이론의 본질
2. 특수상대성 이론 속 나란 존재성
3. 아인슈타인의 일반상대성 이론의 본질
4. 일반상대성 이론 속 나란 존재성

8장 마음의 상대성 효과 속 나란 존재성 *159*

  1. 마음의 상대성 발생
  2. 만족의 주관적인 마음의 상대성
  3. 시간의 주관적인 마음의 상대성
  4. 현재는 무한 과거이고 또한 무한 미래이다
  5. 고통지수에 따른 인간의 마음
  6. 자살하는 심리의 창조론적 관점
  7. 물리적인 세계와 비물리적인 세계의 징검다리
  8. 100년 산 사람과 100억 년 산 사람의 느낌이 같은 이유
  9. 창조론적 관점에서 마음의 상대성이 존재하는 이유
  10. 마음의 상대성 효과 속 나란 존재성

9장 초끈이론과 M-이론 속
나란 존재성 *177*

  1. 초끈이론과 여분의 차원 발견
  2. 초끈이론이 만드는 세상
  3. 초끈이론과 나란 존재성
  4. M-이론의 발견과 M-이론이 만드는 세상
  5. M-이론과 나란 존재성

10장 모든 차원 속 나란 존재성 *195*

  1. 차원의 본질
  2. 0차원, 1차원, 2차원의 본질
  3. 3차원, 4차원의 본질
  4. 5차원~11차원의 본질
  5. 유한차원과 무한차원의 본질
  6. 유한차원과 무한차원 속 나란 존재성

11장 우주 탄생론적으로 본 나란 존재성 215

  1. 우주 모든 존재의 법칙 탄생
  2. 인간 존재의 법칙 탄생과 의식의 근원
  3. 대칭성 붕괴를 통한 시공간과 물질 탄생
  4. 대칭성 붕괴이론을 통해 추론한 의식의 근원
  5. 인간의 다각적인 탄생론적 차원에서 추론한 의식의 근원

12장 양자론적으로 본 나란 존재성 243

  1. 불가사의한 양자역학 현상 맛보기
  2. 양자역학에서 알고자 하는 것과 만들어진 배경
  3. '슈뢰딩거 고양이' 사고 실험과 이중 슬릿 실험의 신비
  4. 소립자 운동의 불가사의한 신비
  5. 인간의 인식에 의하여 결정되어 나타나는 하나의 우주
  6. 내가 죽으면 세상도 소멸한다
  7. 모든 존재가 환상인 증거
  8. 생활에서의 양자역학적인 인식의 효과
  9. 양자론적으로 본 나란 존재성

13장 평행우주 속 나란 존재성 269

  1. 평행우주의 존재성과 생성
  2. 타임머신과 평행우주 속에서의 여행
  3. 미래인이 타임머신을 타고 다니지만,
      우리 앞에 안 보이는 이유
  4. 평행우주에서의 나란 존재성

14장 불교 관점에서 나란 존재성 287

  1. 부처님이란 어떤 존재인가?
  2. 깨달음에 이르는 두 가지 방법
  3. 불교가 좇는 세상
  4. 불교 속의 나란 존재성

15장 기독교 관점에서 나란 존재성 307

  1. 창조주란 어떤 존재인가?
  2. 4가지 법칙을 이용한 창조주 존재성 입증
  3. 성경의 정확성 4가지 방면으로 완벽히 입증
  4. 창조주의 정보전달 방법
  5. 기독교가 좇는 세상
  6. 기독교 속의 나란 존재성

16장 나란 존재성의 무한 환생의 진실 339

  1. 진리의 본질
  2. 나란 존재성이 죽지 않는 이유

17장 나란 존재성의 종합적인 결론 343

부록 364

1장 목차

1. 자연 흐름 법칙(열역학 제2법칙)
2. 초자연적인 지성체의 절대적 필요성
3. 모든 진리의 생성
4. 모든 진리와 나란 존재성

1장

우주의 모든 진리와
나란 존재성

1. 자연 흐름 법칙(열역학 제2법칙)

　자연에는 명확한 어떤 질서가 있다. 열은 언제나 고온에서 저온으로 흐르며, 물은 언제나 높은 곳에서 낮은 곳으로 흘러간다. 시간은 언제나 과거에서 현재를 거쳐 미래로 지나가고, 어린이는 태어나면 늙어서 죽게 되며, 질서 있는 어떠한 것도 시간이 지나면 차츰 무질서한 상태로 돌아간다. 이에 대한 역과정은 절대로 일어나지 않는다. 이것이 바로 자연 흐름 법칙인 **열역학 제2법칙**이다. 자연은 항상 흘러가는 방향이 정해져 있다는 것이다.

　열이 저절로 저온에서 고온으로 흘러가는 것을 생각해 보았는가? 물이 저절로 낮은 곳에서 높은 곳으로 흘러가는 것을 생각해 보았는가? 시간이 미래에서 현재를 거쳐 과거로 저절로 역행하는 것을 생각해 보았는가? 죽은 사람이 저절로 살아나서 젊은 시절을 거쳐 어린아이가 되고 엄마 배 속으로 들어가는 것을 생각해 보았는가? 질서 없는 것들이 저절로 질서 있는 상태가 되는 것을 생각해 보았는가?

　또 다른 예를 들어 보자. 깨진 병이 깨지기 전의 상태로 저절로 돌아가는 것을 보았는가? 엎질러진 우유가 엎질러지기 전의 상태로 저절로 돌아가는 것을 생각해 보았는가? 독자 여러분은 모두가 말도 안 될 만큼 불가능하다는 것을 알 것이다.

다시 한번 말하면, 자연의 흐름 법칙(열역학 제2법칙)이란 한 방향으로 날아가는 화살처럼 일정한 방향성을 가지고 있다. 과녁에 꽂힌 화살이 저절로 빠져서 진행해 오던 역방향으로 되돌아가 화살이 출발하기 전의 활시위 상태로 돌아갈 수 없다는 것이다. 이는 예외가 없는 법칙인 만큼 우리 주변을 넘어서 우주 삼라만상의 모든 것을 자연의 흐름 법칙(열역학 제2법칙)의 예로써 들 수 있다.

예를 한 가지만 더 들어 보자. 종이를 태울 때는 열이 나고, 물과 이산화탄소를 생성시키면서 재만 남게 된다. 여기서 자연의 흐름 법칙(열역학 제2법칙)이 말하고 있는 것은 재, 수증기, 이산화탄소가 저절로 주위의 열을 흡수함으로써 태워지기 전의 종이로 다시 돌아가는 일이 일어나지 않는다는 것이다. 이는 어느 누가 보더라도 당연하다고 생각할 것이다.

그런데 생명의 탄생은 자연의 법칙을 따르지 않는다. 이 현상은 자연의 흐름 법칙(열역학 제2법칙)에 예외가 있는 것처럼 보이지만, 결코 그런 것은 아니다. 자연의 흐름 법칙(열역학 제2법칙)이란 외부에서 아무런 영향을 주지 않았을 때 나타나는 예외가 없는 완벽한 법칙이다. 그렇다면 생명의 탄생은 외부에서 무언가 영향을 주고 있는 사건임을 의미한다. 즉, 생명의 탄생은 자연의 흐름 법칙(열역학 제2법칙)과는 아무런 상관이 없는 외부에서의 초자연적 지성체(창조주)인 신의 지성과 목적 그리고 의지에 의한 특별한 사건이라고 생각할 수밖에 없다는 것이다.

지난날을 되돌아보면 생명의 탄생이 자연의 흐름에 유일하게 역행하는 사건인 것처럼 보이기 때문에 지금까지 많은 학자 사이에 진화론과 창조론의 싸움이 오랜 세월 동안 끝없이 이어지고 있다.

2. 초자연적인 지성체의 절대적 필요성

우리는 작은 것 하나를 만들더라도 3가지 조건(만들 수 있는 아이큐, 만들 설계도, 만들고자 하는 의지) 중 하나라도 빠지면 절대로 만들 수 없다는 것을 안다. 그러므로 인간과 같은 무한 정교한 생명이 탄생하려면 상상을 초월하는 아이큐의 지성이 있어야 하고 어떤 목적에 맞추어 완벽히 만들어진 설계도 그리고 자연의 절대 법칙인 자연 흐름 법칙(열역학 제2법칙)에 역행하며 인간을 창조하고자 하는 완벽한 의지도 있어야 한다. 결론적으로 완벽한 조화 속에 운행되는 삼라만상과 무한 정교한 생명 현상에 이르기까지 저절로 만들어질 수가 없다는 것이다. 자연 흐름 법칙인 열역학 제2법칙을 언급하지 않더라도 불가능한 일이다. 즉, 지금의 우주 자연 현상을 가능하게 하려면 무한 아이큐와 무한 지성이 있어야 하며 또한 무한대의 완벽한 지성을 써서 무언가를 만들고 싶은 목적에 맞는 설계도와 의지가 무한히 있어야 한다는 것이다.

필자의 말이 믿어지지 않는다면 지금 당장 밖으로 나가서 아무런 생각도 없이(지성의 제로 상태) 힘이나 에너지를 주변 물질에다 쏟아부어 보고 무엇이 만들어지는지 확인해 보라. 오랜 세월 동안 힘이나 에너지를 가하면 뭔가 만들어질 것이라고 생각한다면 이는 잘못된 생각이다. 인간이 100억 년을 산다고 가정하고 100억 년 동안 힘이나 에너지를 아무런 생각 없이 주변에 쏟아붓는다면 무언가 질서 있는 것들이 만들어질까? 무언가가 만들어지기는커녕 주변에 있는 모든 것들이 다 부서지고 없어질 뿐이다. 쓰레기가 될 뿐이라는 것이다.

다시 말하면 사람이 영원히 살 수 있다고 생각하더라도 아무런 생각 없이(지성의 제로 상태) 무언가를 만들려는 의지만으로 생명의 탄생에 필요한 환경이 조성되어 있다고 생각하는 주변에다 온갖 힘과 온갖 에너지를 쏟아부을 때 주변 물질이 단세포가 되고 다세포가 되며 하등동물과 고등동물 그리고 인간으로 변화할 것인지 생각해 보라. 결과는 안 봐도 뻔하다고 생각한다. 단세포는 고사하고 주변이 온통 최악의 쓰레기로 변해 있으리라는 것이다.

자연 흐름 법칙인 열역학 제2칙을 끌어들여 생각해 보자.

물은 높은 곳에서 낮은 곳으로만 흐르고, 열은 온도가 높은 곳에서 낮은 곳으로만 흐른다. 시간은 과거에서 현재를 거쳐서 미래로만 흘러간다. 이것을 하나의 개념으로 나타내면 '**무질서도**'라는 용어로 나타낼 수 있는데, 이는 질서가 있는 쪽에서 질서가 없는 쪽으로 자연의 흐름 방향이 결정된다는 것이다. 그 역은 절대로 일어나지 않는다. 이는 수학적으로 증명된 것으로 예외 없이 적용되는 자연의 절대 법칙 중의 하나이다. 쉽게 말하면 깨어진 항아리가 있다면 깨어진 상태에서 원래의 항아리로 저절로 복원되지 않는다. 꼭 복원을 시키려면 상상을 초월하는 아이큐와 지성이 들어가고 원래대로 복원하려는 완벽한 설계도와 의지가 있어야만 가능하다는 것이다.

자연의 무질서도에 비해 생명체와 인간은 매우 정교하고 복잡하며 무질서도가 작은 편이다. 자연 흐름 법칙인 열역학 제2법칙은 무질서도가 작은 상태에서 큰 상태로만 변화한다는 법칙이므로 자연에서 인간으로의 변화하는 과정은 자연 흐름 법칙인 열역학 제2법칙의 반대방향이다. 이처럼 우주 삼라만상의 존재와 인간의 존재를 살펴보면 불가사의한 일이 우리의 우주에서 벌어지고 있다. 즉, 현재의 우주 삼라만상 모든 것을 존재하게 하려면 무한 아이큐와 무한 지성 그리고 질서 있게 만들려는 무한 설계도와 의지가 수반되지 않으면 만들어질 수 없는 현상들이 펼쳐져 있다는 것이다. 우리가 비록 알 수는 없지만, 우주 삼라만상을 존재하게 하는 이 만능의 무한 지성체를 초자연적 지성체(창조주)인 신이라고 호칭하기로 하자.

우리의 주변을 살펴보면 존재의 모든 것은 질서의 형태나 정도가 다를 뿐 모두가 질서 있는 것들뿐이다. 이는 신이 우주 삼라만상 어떠한 것도 의도하지 않고 세상에 존재시키는 것은 없다는 것을 암시한다. 아무리 더러운 쓰레기라도 신이 의도한 소중한 것 중의 하나이다. 따라서 우주 속의 모든 것이 참 이치를 알면 곧 진리이다. 즉, 이 모든 질서 있는 것을 우리가 알아갈 때, 그 하나하나를 진리라고 말하면 틀리지 않을 것 같다. 결국, 우리가 살아가면서 생활 속에서 많은 질서 있는 진리를 접하면서 산다는 것이다. 아침에 일어나서 밤에 잠자리에 들 때까지 밖에서 접하는 모든 것은 질서 있는 무언가이고 이는 존재의 한 진리로 해석해 볼 수 있다. 이는 모든 사람에게서 공통으로 작용하는 것이고 무한 세월이 흘러도 그 질서 있는 흐름은 영원 절대불변이다.

우주에 존재하는 모든 것은 수학적인 질서를 떠나서 절대 존재할 수 없고 그 질서를 만드는 것은 '열역학 제2법칙'과 '질서 있는 형체 생성 법칙', '질서 있는 형체 목적 법칙'에 따라 지성체 없이는 불가능하다. 무한에 가까운 유한차원 속에 무한 우주와 무한 삼라만상 무언가를 끝없이 만들려면 무한지능과 어떤 목적에 맞는 무한 설계도 그리고 무한 의지를 갖추고 있을 수밖에 없는 것이 지성체이다. 과연 우리가 이 세상을 살아가면서 초자연적 지성체인 신을 떠나서 설명할 수 있는 것이 단 하나라도 있을지 독자 여러분들은 한번 생각해 보기 바란다. 본 필자는 초자연적 지성체인 신을 떠나서 설명할 수 있는 것이 단 하나도 생각나지 않는다.

3. 모든 진리의 생성

수학적으로 가능한 모든 차원의 모든 우주

(어딘가 있을 무한차원 속의 무한개의 우주를 완벽하게 추론) ↓↑ (인간이 우둔하여 근사적으로 접근만 하고 있다)

수학적으로 가능한 모든 차원의 모든 우주는 모두 실제로 존재하며 법칙이 다른 무수히 많은 물리적 우주

〈본 필자의 수학적 절대 우주론〉

▼

존재의 세계는 무한 아이큐와 무한 지성과 무한 의지가 있을 때만 만들 수 있다.

▼

무한 아이큐와 무한 지성 그리고 무한 창조 의지의 초자연적 지성체(창조주)는 절대적으로 존재할 수밖에 없다.

▼

존재의 최소 차원인 인간이 사는 3차원 공간으로부터 존재의 최대 차원인 무한대에 가까운 시공간 차원 접근하며 창조

▼

유한차원 공간 속의 모든 우주는 절대무 → 탄생 → 절대무로 우주는 무조건 순환한다.

〈본 필자의 주기적 절대 우주론〉

> 인간의 과학 문명이 아무리 발전을 거듭하여도, 인간이 발견한 진리의 총합은 초자연적인 지성체(창조주)가 만들어 내는 전체의 총 진리에 비하면 영원히 제로이다. 따라서 대부분 진리는 우리의 인식 범위 밖에 있으므로 이를 연구하는 학자들의 세계관이나 이론을 존중해 주자.
>
> $$\frac{\text{인간이 끝없이 발견하는 총 진리의 양}}{\text{초자연적인 지성체(창조주) 총 진리의 양}} = \text{제로}$$

위 도표를 보면 모든 진리 생성이 수학적 본성을 바탕으로 발생한다는 것을 알 수가 있다. 즉, 수학적으로 가능한 모든 우주는 물리적 우주이고 실제 존재하는 우주인데, 초자연적인 지성체(창조주)의 본성의 성질이 바로 이 '수학'이었다는 것이다. 곧, 초자연적인 지성체(창조주)의 본성이 바로 수학이나 다름없다고 생각하면 된다. 따라서 수학이 곧 초자연적 지성체(창조주)인 신의 본성이기에 해결하지 못하는 것이 없어 그의 아이큐는 무한대라고 할 수 있다. 또한, 수학적으로 생각할 수 있는 모든 것을 알고 있으니 그의 지성은 무한대이며, 수학적으로 설계될 수 있는 모든 것은 실제로 무조건 만들고 있으니 그의 의지도 무한하다고 생각한다.

수학적으로 만들 수 있는 존재의 최소 차원은 3차원이고, 우리가 사는 공간이다. 우리는 존재 가능한 가장 낮은 차원에 사는 셈이다. 수학적으로 실제 존재할 수 있는 가능한 최고차원은 무한대에 접근하는 유한차원이다. 그리고 우주 탄생은 절대무에서 탄생하여 절대무로 돌아가는 주기적 순환 우주이다. 영구적 급팽창에 의한 다중우주나 양자역학적인 평행우주도 궁극에는 그 출발점이 절대무였으므로 절대무에서 멈춘다. 또한, 아직 밝혀지지 않은 수학적으로 무한에 가까운 우주의 생성법과 소멸법은 어떠한 고차원에서 어떠한 방식으로 탄생과 소멸을 겪든지 절대무에서 절대무로 돌아가는 순환법은 변하지 않는다.

먼 미래, 인간의 과학 문명이 아무리 발달하더라도 인간이 발견한 총 진리의 양은 초자연적 지성체(창조주)인 신의 무한 지성에 의한 총 진리에 비하면 제로나 마찬가지다. 따라서 인간이 초자연적 지성체(창조주)인 신의 심상을 닮은꼴이라는 말도 하지만, 그에 비하면 인간의 지혜는 제로에 가까우므로 초자연적 지성체(창조주)인 신의 세계가 인식되지 않는다 하여 신이 존재함을 함부로 부정하지는 말자.

과학의 발전은 유한하며 지금 그 한계점 가까이에 다다랐다고 생각하고 있는 사람이 많다. 이제 조금만 더 지나면 더 이상 과학은 발전하지 못할 것이란 것이다. 과연 그럴까? 본 필자는 이에 대하여 오랜 시간 동안 연구해 본 결과 확신이 가는 것이 있어 이 글을 쓰게 되었다

수학은 본질적인 구조상 논리성의 한계를 정할 수 없다. 즉, 논리의 체계를 끝없이 펼치다 보면 그 논리성이 끝이 없다는 것을 발견하게 된다는 것이다. 그래서 다음의 표와 같은 결론에 도달하였다. 본 필자가 모든 수학과 모든 과학을 수십 년간 통합 연구하면서 깨달은 것이며 '**수학적 절대 우주론**'이라고 이름 지었다.

위 표가 의미하는 것은 수학적인 논리성이 있는 모든 것은 어느 우주엔가 무조건 존재하는 과학적인 것들이라는 것이다. 또한, 필자의 연구에 의하면 우주에는 절대적인 우주의 '자연 흐름 법칙(열역학 제2법칙)'이 있는데 이에 역행하려면 지능이 있는 무언가가 절대적으로 필요하다는 것이다. 자연의 흐름 법칙에 역행하는 것은 바로 생명체의 탄생과 인간의 탄생이다. 이것이 의미하는 것은 무엇일까?

우주에는 인간이 이해하지 못할 만큼 무한지능을 가진 무언가가 존재한다는 것이다. 그리고 이 무한지능을 가진 무언가는 수학적인 질서가 있는 것은 무엇이든 존재시키는 생성의 무한 의지를 갖춘 무언가이다. 그런데 무한지능을 가진 것이 무언가를 생성시키려면 분명한 목적성도 가지고 있음이 틀림없다는 것이다. 즉, 아이큐가 100인 인간도 무언가를 만들 때 목적 없이 만드는 경우는 없다는 것을 생각해 보면 답이 나올 것이다. 따라서 본 필자는 '질서 있는 형체 생성 법칙'과 '질서 있는 형체 목적 법칙', '고

질서 다진리 법칙'을 발견하는 계기가 되었고[1] 《두 개의 법칙으로 창조주의 존재 완벽히 증명》, 《창조주=예수 증거》라는 책에서 사용하였다. 참고로 본 필자는 아직 확실한 기독교 신자는 아니지만 본 필자가 발견한 창조주가 기독교에도 있기에 학문적인 차원에서 출간한 책들이니 종교를 떠나서 공부하는 차원에서 보면 좋은 참고가 될 것으로 생각한다.

위에서 설명한 무한지능을 가진 무언가를 본 필자는 '**초자연적 지성체(창조주)인 신**'이라고 이름을 붙였다. 결론적으로 초자연적 지성체(창조주)인 신은 무한 지성이 존재함과 수학 구조상 가능한 모든 것은 존재시키도록 하는 무한 창조 의지도 갖추고 있는 것 같다. 그러므로 수학적인 이론에는 끝이 없으니 그것의 표현형인 과학의 발전은 끝이 없다는 것으로 추론해 볼 수 있다. 이는 진리도 끝이 없다는 것을 암시하고 있다.

---

[1] 여기서 잠시 법칙의 뜻은 소개하고 넘어가자.
'질서 있는 형체 생성 법칙'은 우주에서 질서 있는 것은 무조건 '지능 설계도 생성 의지' 없이는 만들어지지 않는다는 것이고,
'질서 있는 형체 목적 법칙'은 '질서 있는 형체 생성 법칙'을 따르는 것은 절대로 목적성 없이 만들어지지 않는다는 것이다.
'고질서 다진리 법칙'은 일정 단위 질량 속에는 질서도가 높을수록 진리가 많이 포함되어 있다는 것이다.

4. 모든 진리와 나란 존재성

나란 존재성은 곧 비물리적인 무언가이고, 비물리적인 무언가는 물리적인 모든 것을 운행하는 무언가이다. 그리고 모든 진리는 물리적인 세상에서 나타난다. 물리적인 세상에서 나타나는 진리에는 물리적인 성질을 띠는 것과 비물리적인 성질을 띠는 것이 있다. 물리적인 것과 비물리적인 것은 서로 뗄 수 없는 관계로 존재하는데 이에 대하여 자세히 알아보자.

'나' 속에서 발견되고 '나' 속에서 일어나는 모든 사건은 '나' 속에 무한히 존재하는 것 중에 하나하나가 물리적인 세계의 나와 인연이 있는 주변 물리적인 것과 반응하여 나타나는 것일 뿐이다. 내 안에 없는 것이 생성되는 것이 아니라 내 안에 고유하게 존재하던 것들이 인간이 만들어 놓은 언어에 의하여 발견되고 행동에 의하여 사건이 나타나는 것이다. 따라서 모든 진리와 나란 존재성은 동질의 세계이며 뗄 수 없는 어떤 관계에 놓여 있다.

예를 들어 어떤 사람이 큰일을 이루어 축하를 받고 있다고 하자. 큰일을 하는 상황도 이미 존재하는 무언가이고, 이를 축하해 주는 것도 이미 존재하는 무언가이다.

아기를 낳는다고 하자. 이 또한 아기를 낳는 것도 이미 이러한 행동이 존재하는 것인데 생리적인 환경에 의하여 나타나고, 이때 쓰는 언어들도 '인간이 아기를 낳는다'는 언어로 발견하는 것이고, 아기를 낳을 때 일어나는 산모의 모든 상황이나 주변 사람들의 반응도 만들어지는 것이 아니라 이미 존재하는 것들이 주변 환경에 의하여 발견되는 것이다. 그리고 이때 쓰는 언어도 인간이 만들어 놓은 언어로 발견하는 것이다.

학교에서 한국어를 공부한다고 할 때, 새로운 것을 머리에 새겨 가는 것이 아니라, 이미 존재하는 언어의 세계를 우리 인간이 한국어란 언어로 발견해 가는 과정일 뿐이다. 영어를 공부할 때도 영어란 언어를 머리에 만들어 가는 과정이 아니라 이미 머리에 존재하는 영어란 언어를 인간이 발견해 가는 과정이 영어 공부라는 것이다. 일본어나 중국어도 마찬가지이다. 세계의 어떠한 언어도 이미 머리에 존재하는 언어를 발견해 가는 과정이지 새롭게 언어를 머리에 만들어 가는 과정이 아니라는 것이다. 그렇다면 우리의 마음과 연계된 언어의 종류는 도대체 몇 개나 되는가? 수학적인 논리로 접근하면 무한대 언어의 종류가 존재한다는 것이다.

어떤 사람이 한 번도 공부한 적 없는 외국어를 마치 배운 것처럼 잘한다면 이는 모든 사람의 뇌리에 존재하는 언어의 세계에서 그 사람이 어떤 한 언어를 발견한 것에 지나지 않는다.

어떤 사람이 과거에 죽은 사람의 정보로 그와 매우 유사하게 흉내를 내고 있다면 모든 사람의 뇌리에 존재할 수 있는 것을 그 사람이 발견하는 상황이 되어 발견해 내었을 뿐이다.

결론적으로 모든 진리는 만들어지는 것이 아니라 이미 수학적 질서에 의해서 만들어져 있는 진리가 인간의 언어에 의하여 하나씩 발견된다는 것이다. 즉, 지금 현재 나의 머리에 떠오르는 무한히 많은 진리는 태초에 우주가 생성되면서 존재하는 것들인데 시공간적으로 발견 환경이 되어 발견되는 것들뿐이라는 것이다. 그리고 우주 진리와 나란 존재성의 상관성도 나를 둘러싸고 있는 우주 속 진리의 성질을 분석해 보면 나란 존재성과의 관계성도 알 수 있다고 생각한다.

지금의 우주 상태를 관찰하면 가속 팽창하는데, 과거로 거슬러 올라가면 결국 한 점이 된다. 그리고 수학적으로는 한 점조차 없어져 버린다. 우주가 제로 크기가 되는 것은 수학적으로 입증할 수 있다는 것이다. 무한히 작은 한 점의 상태에서는 물리적인 것과 비물리적인 것이 하나의 무언가 상태로 존재할 것이다. 물리적인 것과 비물리적인 것은 하나로 섞을 수 없는 무언가임은 물론 알고 있다. 비물리적인 것은 물리적인 세계에 그 어떤 부피도 차지하지 않는다. 그리고 물리적으로 무한히 작은 한 점의 상태에서는 물리적인 하나와 비물리적인 것이 하나의 상태로 있었다.

물리적인 것과 비물리적인 것이 한 점으로 되어 있었으므로 상대성 이론과 양자역학을 동시에 적용하면 무한 팽창할 수 있는 척력이 발생한다. 그리고 지금의 우주가 완성되었다. 결국, 지금에 끝없이 발견되는 진리는 태초에는 하나의 상태로 존재하였고 이때는 비물리적인 나란 존재성도 공존하는 시기이기도 하다.

물질과 비물질은 뗄 수 없는 관계로 존재하듯이 물리적인 실체와 비물리적인 실체도 뗄 수 없는 관계로 존재한다. 따라서 지금의 무한히 많은 진리가 태초에는 하나의 무언가이고, 지금의 무한히 많은 사람의 나란 존재성도 태초에는 하나의 무언가였다. 태초의 물리적인 하나는 지금의 무한히 많은 물리적인 것과 동일한 것이며, 태초의 비물리적인 하나도 지금 세상의 모든 비물리적인 현상과 동일한 것이다. 삼라만상의 물리적인 것과 비물리적인 것이 서로 뗄 수 없는 관계로 존재함으로 우주의 모든 진리와 나란 존재성이 아무런 관계가 없는 것은 아니다. 상호 간에 없어서는 안 될 존재인 것이다. 현재의 우주도 물리적인 실체와 비물리적인 실체 사이에 뗄 수 없는 상호 관계성을 가지고 있다는 것이다. 결국, 우주의 모든 물리적인 진리는 곧 비물리적인 나란 존재성과 분리하여 생각할 수 없는 관계에 있다는 것이다.

다시 말하면, 지금에 무수히 많이 존재하는 모든 인간의 나란 존재성도 태초에는 하나로 된 무언가에서 물리적인 것과 비물리적인 것이 분리되어 나올 때 나온 것이다. 그리고 물리적인 모든 것은 비물리적인 무언가에 의해서 변화무쌍하게 운행되면서 지금까지 왔다.

결국, 물리적인 존재의 모든 진리와 나란 존재성을 포함한 비물리적인 존재의 진리가 태초로 거슬러 올라가면 하나가 되어 만난다는 것은 나란 존재성과 모든 진리의 시발점이 같다는 것이다. 결론적으로 모든 진리와 나란 존재성은 그 근원이 같으니 동질의 것인데 대칭성이 붕괴하면서 나타난 것으로 생각하면 될 것이다. 우리가 사는 세상이란 스스로 영원히 불생불멸로 존재하는 비물리적인 나란 존재성이 환상에 지나지 않는 물리적인 존재를 생성·소멸시키는 무언가라고 생각한다.

2장 목차

1. 언어가 발생할 수밖에 없는 이유와 과정
2. 언어와 생각의 관계
3. 배 속 아기에게 우리가 생각하는 생각이 존재하지 않는 이유
4. 배 속 아기 삶의 본질적인 성질
5. 배 속 아기의 반응을 실제로 볼 수 있는 유일한 방법
6. 상상을 초월하는 엄마의 모성애
7. 무서운 모성애의 본질적인 발생 원리
8. 죽음을 초월한 모성애가 발생하는 시점
9. 과학의 발달과 모성애의 변화 그리고 의식

2장

―

의식의
본질

1. 언어가 발생할 수밖에 없는 이유와 과정

"나는 생각한다. 고로 존재한다"라는 데카르트의 명제를 모르는 사람은 없을 것이다. 그렇다면 생각이란 어디에서 나오는가? 생각은 곧 언어에서 나온다. 그렇다면 언어는 어디에서 나오는가? 인간의 오감이 형성되면서 자연 발생적으로 만들어진다. 그 좋은 증거가 인간이 사는 곳이면 무조건 언어는 존재하고, 따라서 지금 세계에는 인종에 따라 수많은 언어가 있다는 것이다.

아마 "인간은 사회적 동물이다"라는 아리스토텔레스의 명제도 알 것이다. 인간은 태어나면서부터 부모의 보호 없이는 존재할 수 없으며, 또한 성장하여도 사회의 도움 없이는 존재할 수 없다. 즉, 인간은 인간과 인간이 공존해야 살아갈 수 있는 사회적 동물이다. 그렇지 않고서는 존재할 수 없다는 뜻이다. '나' 자신이 존재하려면 생존에 필요한 많은 정보를 이미 발견하여 알고 있는 다른 사람들로부터 가져올 수밖에 없다는 것이다.

한 가지 예를 들어, 무언가를 먹을 때 무조건 먹으면 죽을 수도 있다. 이에 대한 정보도 사회 속에서 획득한다는 것이다. 살아가면서 삶을 생각해 보면, 삶 대부분이 다른 사람이 만들어 놓은 물건과 음식물 정보 속에 존재한다는 것을 우리는 어렵지 않게 알 수 있다. 이로써 인간이 사회적 동물이라는 것이 자연스럽게 이해된다. 따라서 우리에게는 사람과 사람 사이의 이해관계나 갈등 전반에 걸친 여러 가지 문제를 해결하기 위해 상대에게 전달하고자 하는 정보를 판단하고 저장하는 기능을 담당하는 대뇌가 있다. 이 과정에서 언어는 필수적으로 만들어지게 되어 있다. 이처럼 대뇌는 인간이 태어나면서 언어의 발생과 더불어 환경에 적응하면서 살아남기 위해 매우 중요한 기능을 담당한다.

또한, 인간처럼 복잡하고 고등한 삶을 살아가는 데 언어의 발생이 우연이 아니라 필연적으로 발생할 수밖에 없는 증거가 있다. 그것은 바로 인간 뇌의 용량을 보면 알 수 있다. 다른 사람과의 의사소통과 삶에 대한 끝없이 많은 정보를 처리하고 저장하여야 하기 때문이다. 이에는 언어란 것이 없어서는 안 되는 것이라는 것을 암시하고 있기도 하다.

2. 언어와 생각의 관계

인간은 태어나면서부터 우리가 인식하는 형태의 생각을 할 수 있다고 생각한다면, 이는 잘못된 생각이다. 심지어는 배 속에서부터 외부의 소리를 알아듣는 것이 가능하다고 주장하는 사람이 뜻밖에 많다. 과연 그것이 가능한 것인가? 결론은 말도 안 되는 소리라는 것이다. 왜냐하면, 알아듣는다는 것은 생각하는 언어가 있다는 것이기 때문이다. 생각은 오직 언어에 의해서 발생하고, 언어는 인간의 오감에 의한 학습에 의하여 만들어진다. 따라서 배 속의 아기에게 우리가 생각하는 언어가 있을 리가 없으니, 당연히 우리가 생각하는 생각이라는 것도 있을 리 만무하다. 따라서 우리가 사는 세상을 인식하는 언어를 모르는 아기가 엄마의 이야기나 음악 소리 그리고 주변의 소리를 알아듣는다는 것은 있을 수가 없다. 결국, 우리가 알고 있는 언어라는 것은 우리가 알고 있는 인간의 생각을 만드는 데 꼭 필요한 것이라는 것을 알 수 있다.

고등동물인 인간의 뇌 용량은 다른 동물에 비해 엄청나게 크다. 신이 인간을 만드는데 왜 이렇게 큰 뇌 용량이 필요했을까? 동물이 살아가는 것을 보면 인간처럼 큰 뇌는 필요 없음을 금방 알 수 있다. 뇌 용량이 크다는 결과가 있으니 그 원인도 있을 것이다.

인간의 뇌가 큰 이유를 잠시 생각해 보자. 지성이 신에 비해 거의 제로에 가까운 인간이 살아가면서도 어떤 것을 만들 때는 원인과 목적성이 분명히 존재한다. 하물며 무한 지성을 가진 신이 생명을 만들 때 원인과 목적성이 없다는 것은 말도 안 된다. 즉, 모든 생명이 그 목적성을 띠게 하였다는 것은 누구나 생각해 볼 수 있다는 것이다.

신은 인간에게 태어나서 동물처럼 본능적으로 살아가는 것 말고 무언가를 기대하고 있다는 것이다. 그것은 과연 무엇일까? 그것은 인간이 살아가면서 나타나는 모든 것을 종합해 보면 명백히 드러날 수밖에 없다고 생각한다. 왜냐하면, 신이 만들어 놓은 대로 살았기 때문에 그 삶을 잘 분석해 보면 신의 뜻을 헤아릴 수 있다는 것이다.

인간은 살아가면서 존재에 꼭 필요한 동물적인 본능을 제외한 '생각'이란 것을 끝없이 하게 된다. 바로 이것이다. 신은 인간에게 인간의 의식주 외에 무언가 생각하라고 한 것이다. 그리고 그 생각의 궁극에 신의 뜻이 있다는 생각이 든다. 이 '생각'이란 알지 못하는 무언가가 인간 세상의 생각을 만들기 위해 감각기관을 이용해 언어라는 것을 만들었다. 그래서 인간의 언어는 자연 발생적이라고 느껴질 만큼 자연스럽게 생성되고 또한 이 언어에 의해 생각의 세계를 더욱 확장시킨다는 것이다. 그리고 신이 생각하는 세계에 다다른다는 것이다.

우리가 알 수 없는 무언가의 생각이 언어를 발생시키는 모체가 되지만, 언어는 인간 세상의 생각을 발생시키는 모체가 된다. 따라서 언어와 생각은 하나이다. 근원적인 생명에서 대칭성이 깨어지면서 생각과 동작이 분리하여 나왔다. 그런데 생각이란 것은 언어라는 것의 다른 표현에 불과하다.

3. 배 속 아기에게 우리가 생각하는 생각이 존재하지 않는 이유

　인간이 엄마의 배 속에서 뇌가 만들어지고 막 자라나고 있을 때, 분명히 뇌는 살아 움직이지만, 우리가 생각하는 이성적인 의식이란 존재하지 않는다. 우리가 생각하는 이성적인 의식이 있다면 엄마의 배 밖에서 일어나는 여러 가지 일들, 즉 엄마의 목소리나 노랫소리, 주변의 소리 등을 알아듣는다는 것이 된다. 결국, 알아듣는다는 것은 우리가 생각하는 생각이 있다는 것이고, 우리가 생각하는 생각이 있다면 언어가 있다는 뜻이다. 또한, 언어는 오감을 통한 후천적인 학습에 의해서 발생하는데, 아기가 엄마 배 속에서 언어를 학습했을 리가 없다. 그러니 당연히 우리가 생각하는 언어란 생기지 않을 것이고, 언어가 없으니 우리가 생각하는 생각이란 존재하지 않을 것이며, 우리가 생각하는 생각이 없으니 그 어떠한 것도 알아들을 수가 없다. "엄마의 목소리를 알아들을 수 있을까?"라고 묻는다면 "절대로 불가능하다"고 단언할 수 있다.

　그러면 배 속에서 자라고 있는 아기의 뇌는 어떤 기능을 하는 것일까? 언어가 필요 없는 초자연적인 무언가 작용하고 있다고 생각한다. 인간이 생각하는 생각이란 것과 본질적으로 다른 생각이란 것이 존재한다는 것이다. 그 대표적인 근거는 낙태이다. 아기 낙태 수술을 하려고 의사가 자궁 속으로 가위를 집어넣으면 이 아기는 위험을 알아차리고 이 기구를 피하려고 안간힘을 다한다고 한다. 이 아기에게 인간이 생각하는 언어에 의한 생각이 있을 리 만무한데 이러한 행동을 하는 것은 인간이 생각하는 차원을 넘어서 존재하는 무언가이다. 따라서 아기가 세상에 나오기 전의 상태란 우리가 알고 있는 인간의 속성이 없는 신과 가장 가까이 있는 어떤 존재일 것이고 그냥 그대로 순수하게 우리가 알 수 없는 형태로 생각이란 것이 존재할 것이고 앎이란 것이 존재할 것이다.

결론적으로 배 속의 아기에게 우리가 생각하는 생각이라는 것이 존재할 수 없는 이유는 우리가 생각하는 언어가 없기 때문이다. 우리가 생각하는 언어는 오 감각에 의한 학습에 의해서만 가능한 것인데 배 속의 아기는 학습할 상황이 아니기 때문이다.

4. 배 속 아기 삶의 본질적인 성질

배 속의 아기는 인간으로서의 모든 것을 갖추고 있을 텐데, 생명으로서 과연 무엇을 느끼며 살까? 우리가 생각하는 표면적으로의 답은 "이성적으로 아무것도 느끼는 것이 없으며, 오직 좋은 감정과 나쁜 감정만 있을 것"이다. 컴퓨터는 세상의 모든 정보를 2진법으로 나타내어 판단과 저장을 할 수 있다. 우주 삼라만상은 그 시작이 2진법으로 시작되고, 또한 모든 삼라만상이 2진법으로 나타난다.

이처럼 인간의 탄생도 '좋다', '나쁘다'는 두 가지 언어로부터 시작되는가 싶다. 이러한 답의 원인은 인간이 태어났을 때 갓 태어난 아기의 발달 과정을 보면서 추론한 것이다. 그러나 이러한 것은 단지 표면적인 발견에 불과할 뿐이다. 배 속에서 완성된 아기의 뇌는 탄생되어 인간의 문화에 적응하기 전의 상태는 오로지 인간을 창조한 신의 무한 무언가의 조절을 받는 신과 연동되어 존재하는 위대한 생명이다. 따라서 배 속의 아기를 경시하여서는 절대로 안 된다. 배 속 아기는 그야말로 신의 경지와 나란히 존재하는 무아의 세계 생명이다.

낙태 수술하려고 의사가 자궁 속으로 수술 가위를 집어넣을 때 아기가 피하는 것을 보면 알 수 있다. 우리가 생각하는 인식으로 위험을 느껴 피하는 것은 아닐 것이다. 아기의 영혼이 비물리적인 신의 영역과 연동되어 순수한 그대로의 앎이란 것이 존재하는 것이다.

인간이 생각하는 인식이 존재하지 않는데 태교란 왜 하는 것일까? 아마도 잘 자라기를 바라는 엄마의 간질힌 마음이 우리가 알 수 없는 형태의 텔레파시로 전달되든지 단순한 음파의 상태로 자극될 것이다. 그리고 아기가 잘 자라기를 아끼는 마음은 엄마의 내분비 물질 등 좋은 여러 가지 무언가로 아기에게 전달될 것이다.

이와 비슷한 경우의 예가 있다. 식물도 아름다운 음악을 들려주면 잘 자라고, 곡식의 수확량도 증가한다고 한다. 이 또한 식물이 음악을 이해했다기보다는 음악이라는 조화로운 음파가 식물의 성장에 영향을 미친 것이다.

이를 좀 더 자세히 설명해 보자.

우주 삼라만상이 모두 수학적인 체계로 만들어져 있다. 식물이 비록 의식은 없을지라도 수학적인 본성을 바탕으로 한 음악적인 파동과 식물의 파동성이 공명 현상을 일으켜서 식물의 성장에 영향을 준다고 할 수 있다.

또 다른 예를 들어 보자. 알아들을 수는 없지만 아름답고 조화로운 좋은 음향이 들려올 때, 이를 듣는 인간은 면역 지수가 올라가는 등 내적인 인간의 생명 활동에 큰 영향을 준다고도 한다. 이는 수학적 본성의 아름다운 음악의 파동성과 수학적 본성으로 만들어져 있는 인간의 수학적 파동성이 공명 현상을 일으켜 내적으로 좋은 변화를 가져온다고 생각한다.

이처럼 배 속의 아기도 엄마의 언어와 아기에게 들려주는 아름다운 목소리를 이해했다기보다는 수학적인 본성을 바탕으로 한 음악이라는 파동과 수학적인 본성을 바탕으로 만들어져 있는 아기의 파동성이 공명 현상을 일으키면서 기분 좋은 상태가 되는 것이다. 즉, 아기에게는 오직 외부에서 주입되는 파동의 정보가 있을 뿐이며, 이를 통해 공명이 되어 기분이 좋은 상태와 공명이 되지 않아 기분이 안 좋은 상태의 오직 두 가지 감정만 존재한다. 이는 인간의 문화에 맞게끔 표면적으로 분석해 보면 그렇다는 것이다.

그런데 어차피 표면적인 인간의 삶은 크게 두 가지 형태로 정의할 수 있다. 언어가 있어 생각이라는 것을 하든지 혹은 배 속 아기처럼 우리가 생각하는 생각을 하지 못하든지, 삶이 좋다는 것과 나쁘다는 것으로 양분된다는 것이다. 즉, 배 속의 아기에게나 세상을 살아가는 인간에게나 행복이 아니면 불행이라는 것, 두 가지뿐이다.

마음속의 느낌의 절댓값은 배 속의 아기나 우리나 다를 바가 없다. 따라서 엄마의 태교와 엄마의 정서 그리고 엄마의 성격은 배 속 아기의 정서와 성장에 크게 영향을 준다. 엄마가 화를 내면 독성물질이 만들어져 아기한테 공급되고, 엄마가 불량식품을 먹어도 그 독성이 곧장 아기에게 전달되며, 소리를 질러도 아기의 수학적 본성의 파동성과 엄마의 수학적 본성의 파동성 간 공명이 깨어지면서 아기에게 안 좋은 영향을 준다. 너무 심하게 움직여도 곧장 아기에게 영향을 준다.

이렇듯 아기는 우리가 생각하는 생각도 없고 말도 없지만, 분명 좋든지 나쁘든지 반응을 하고 있을 것이다. 모든 것이 형성되는 시기인 만큼, 태어났을 때 성장과 정서에 적지 않게 영향을 줄 것으로 생각한다. 즉, 정서의 형성에 매우 중요하다는 것이다.

결론적으로 나란 존재성은 그 근원에 가장 가까이 있는 상태가 엄마 배 속 아기의 상태이다. 그런데 세상에 태어나면서 세상의 문화를 몸에 새기면서 나란 존재성이 심연 깊숙이 잠수하기 시작한다. 나이 먹어서 나란 존재성을 찾으려니 태평양 속에서 금반지를 찾는 격이 되어 버렸다. 엄청나게 개발되고 포장되어 있는 삶의 굴레는 나란 존재성을 완전히 소멸시켜 버린 것처럼 발견하지 못하게 한다.

배 속의 아기 상태에서 나란 존재성의 근원에 가장 가까이 있지만 나란 존재성을 인식하는 언어가 없다. 즉, 우리가 생각하는 언어가 없어서 신의 영역에 가장 가까이 있지만 우리는 이해하지 못한다는 것이다. 그래서 우리가 인식하는 언어가 개발되고 다양한 지식이 쌓여서 인식하려는 상태가 되니 나란 존재성이 수많은 장막에 갇혀서 보이지 않는 것이다.

쉬운 비유를 들면 나란 존재성과 공존하는 신의 영역이 태양이라면 엄마 배 속의 아기 상태란 나란 존재성이 태양과 공존하고 있는 상태와 같은 것이고, 그 상태에서는 신의 언어로 존재할 것이다. 아기가 엄마 배 밖으로 나온 상태를 생각해 보자. 신의 영역인 태양과 무한히 먼 거리인 땅에 내려와 존재하려니 땅 위에 존재하는 언어를 익혀야만 존재할 수 있다. 그런데 이 땅에서는 태양과 땅 사이를 대기층과 구름 등 온갖 것으로 가로막아 땅 위에 인간이 살아가는 환경을 만들었다. 즉, 대기층과 먹구름과 같은 것이 진리의 태양과 땅에 있는 우리 사이를 가로막은 것이다. 그리고 땅에서는 인간 세상에 맞는 언어를 많이 익혀 신과 공존해 있던 나란 존재성을 이해하려는 인간도 생기는데 많은 장막에 가려서 보이지가 않는 것이다. 이유는 위에 이야기한 것처럼 땅 위에 인간이 살아가는 삶의 환경을 만들기 위해 온갖 것으로 사람과 태양 사이를 가렸기 때문에 보지 못하는 것이다. 그래서 먹구름 위의 티 없이 맑은 참 태양을 보려면 먹구름을 지나 대기층 밖으로 인공위성을 띄우는 등 많은 노력이 필요한 것처럼 인간이 살아가면서 나란 존재성을 발견하려면, 신과 공존하고 있던 나란 존재성과 지금의 나 사이에 수많은 장막을 걷어내야만 한다. 많은 정신적인 수양이 필요하다는 것이다.

결론적으로 엄마 배 속 아기의 삶은 신과 공존하는 무아의 경지에 있는 위대한 존재라고 생각한다.

5. 배 속 아기의 반응을 실제로 볼 수 있는 유일한 방법

아기가 엄마의 배 속에서 배 밖으로 나오는 것은 순수한 신과 공존하고 있던 세계에서 인간의 언어가 들어가 있는 세계로의 전환이다. 그리고 배 속에서의 반응을 알고 싶으면, 막 태어났을 때 아기의 반응을 보면 된다. 이때가 배 속에 있었을 때 아기의 반응이다. 즉, 태어나자마자 아기의 반응은 배 속에서의 반응과 거의 같다고 생각하면 된다. 아기가 엄마 배 속에서 밖으로 나오면 인간이 인식하는 언어는 전언 모르니 인간이 생각하는 생각도 있을 수가 없다. 갓 태어난 아기를 잘 어르면 웃는 것을 알 수 있고, 안 좋게 하면 우는 것을 알 수 있다. 주변에서 소리를 지르면 울며, 좋은 음악 소리를 들려주면 웃는 것을 알 수 있다. 이는 주변 모든 것들이 수학적인 본성을 가지고 있어서 아기의 수학적인 본성과 공명 현상을 일으키면 기분 좋은 상태가 되고, 공명 현상을 일으키는 상태가 아니면 별로 좋아하지 않으며 안 좋은 파동성의 결합이 있으면 아기는 그것을 울음으로 표현한다. 즉, 신이 준 생명의 앎에 새로운 정보의 입력은 이진법적인 것으로부터 시작한다는 것이다.

이것은 인간뿐만이 아니라 우주 삼라만상이 수학적인 그 무엇으로 되어 있다는 증거이기도 하다. 즉, 언어적인 학습이 없어 아무것도 아는 것이 없는 상태에서는 오직 만들어진 생명의 기본적인 수학적인 파동성만 기본으로 관여된다는 것이다. 그리고 인간의 감정은 오직 좋다는 감정과 나쁘다는 감정만 표출된다. 오직 두 가지만 가능한 것이다. 아기가 무엇을 알아 사람들이 화를 내는지 좋아하는지 알까? 절대로 소리를 분석하여 아는 것도 아니고, 사람의 표정을 분석하여 아는 것도 아니다.

화를 낼 때의 소리는 오직 '소리'라는 음파의 수학적인 본질과 아기의 뇌 속의 수학적인 순수 존재성과의 파동적인 간섭현상에서 나타난다. 화를 낼 때의 표정은 사람의 표정에서 오는 빛의 파동적인 수학적 본질과 아기의 두뇌 속의 수학적인 존재성과의 간섭현상에서 공명 현상이 나타나면 좋은 감정을 가질 것이고, 아니면 우울하여 우는 것으로 안 좋다는 감정을 표출한다. 주변의 소리에서도 수학적인 본성의 음파의 파동성에 아기의 존재성과 공명 현상을 일으키면 아기는 좋은 반응을, 그렇지 않으면 울음으로 기분 나쁜 반응을 보인다.

이러한 모든 현상은 아마도 인간이 만들어질 때 순수한 비물리적인 신의 영역의 수학적인 파동성과 공명을 일으키면서, 우리가 보기에는 인간의 언어와는 관계없이 수학의 이진법적인 좋다는 것과 나쁘다는 것의 두 가지 기본 본능 감정이 나타나는 것 같다.

6. 상상을 초월하는 엄마의 모성애

태어난 후의 아기에 대해 생각해 보자. 인간이 갓 태어났을 때는 배 속의 연장선에 있어서 생각이라는 것이 없다고 했다. 갓 태어난 아기의 머리에는 오감의 가장 원시적인 감각만 있고, 크면서 발달한다고 생각한다. 태어나서 자라면서 엄마의 보살핌 속에서 적응과 존재를 위한 학습을 통해 후천적으로 형성되는 것이 '언어'이다.

인간은 아기가 탄생하면 목숨을 걸고 지키는 모성애가 본능적으로 작용하여, 그 아기가 세상에 내보내졌을 때 적자생존인 삶의 전쟁터에서 살아남을 수 있도록 온 힘을 기울인다. 따라서 태어나면 곧장 서로 간의 의사소통을 위한 학습을 시작하며, 세상 적응 훈련을 위하여 온갖 것으로 학습시킨다.

이처럼 언어라는 것은 오감에 의해서 인간이 존재하기 위해서는 필연적이며 자연 발생적으로 만들어질 수밖에 없다. 즉, 아기가 태어날 때는 생각이라는 것이 전연 없지만, 그를 낳은 엄마는 무서운 모성애로 그 아기에게 생각이라는 것을 형성시키기 위해 다각적으로 학습시킨다. 엄마가 배 속에서 10개월 품은 후 낳는 이유도 있을 것 같다. 바로 상상을 초월하는 모성애의 유발을 위해서다.

7. 무서운 모성애의 본질적인 발생 원리

모성애의 본질적인 발생 원리에 관하여 이야기해 보자. 만약에 정자와 난자를 시험관에서 수정시켜 공장에서 제품 생산하듯이 탄생시킨다면 과연 모성애가 생길까? 본 필자 생각으로는 절대로 긍정적으로 답할 수 없다고 본다. 남녀가 사랑할 때도 뇌하수체에서 내분비 물질인 호르몬이 분비되어 그 두 사람을 끈끈하게 결속시켜 종족보존의 본성을 나타나게 하는 것과 같이 배 속에서 10개월 품은 동안 아기와 엄마 사이에도 역시 다각적인 호르몬 분비로 인해 생리적인 결속이 맺어질 것이다. 뇌하수체와 태반에서 분비하는 태아 보호를 위한 내분비 물질인 호르몬이 분비되면서 엄마와 아기가 매우 친근하게 결속된다.

그런데 아기를 배 속에 품고 있지 않으면, 이와 같은 현상이 나타나지 않고 아기를 배 속에 품지 않는 아빠의 부성애처럼 그 친근감이 떨어진다. 모성애와 부성애의 차이가 나는 이유가 바로 여기에 있다. 아기를 배 속에 품는지 안 품는지에서 모성애와 부성애의 차이가 오는 것을 보면 이해가 간다. 부성애는 배 속에 품지 않았기 때문에 호르몬에 의한 생리적인 결속이 없으므로 일반적으로 모성애와 질적으로 너무나 큰 차이를 보일 수밖에 없다는 것이다.

8. 죽음을 초월한 모성애가 발생하는 시점

　모성애는 아기를 낳는 순간, 절정에 도달한다고 생각한다. 그 이유는 아기의 생사가 갈릴 만큼 매우 중요한 시기이기 때문이다. 그 순간은 엄마에겐 오직 자식만 있고 엄마인 자신은 죽어도 상관이 없을 만큼, 불가사의하리만큼 무서운 모성애가 발휘된다고 한다. 한마디로 '미친 모성애'라고 할 만큼 무서운 모성애다. 옆에서 지켜보던 아빠는 엄마만큼 부성애가 없으니 태어나는 아기보다는 엄마의 생명이 중요하겠지만, 엄마에게는 전연 다른 상황이라는 것이다.

　이 무서운 모성애가 인간을 존재케 하는 원동력이 되는 것 같다. 이렇게 강력한 모성애가 없다면, 태어날 때는 생각도 없고 능력이 제로인 아기의 탄생은 그야말로 비참할 것이다. 모성애가 별로 없으므로 방치될 수도 있고, 아기를 돌보는 데 그렇게 열성을 쏟지 않을 것이다. 아무것도 모르는 아기는 때로는 생명이 위태로운 순간도 많을 것이다. 따라서 생명을 잃는 아기도 많을 것이고, 이는 인구의 급속한 감소를 초래할 것이다. 그러다 보면 서서히 인간이 멸종에 이르지 않을까 하고 생각한다. 인간이 존재하려면 이러한 미친 모성애는 필요 불가결한 것이다.

　이에 비하면 부성애는 비교할 수조차 없다. 아버지는 아기를 품지 않으므로 아기를 품는 엄마와는 전연 다른 상황이라는 것이다. 이는 아기를 임신 중인 엄마의 내분비 물질인 호르몬의 작용 차이에서 오는 것이다. 이 무서운 모성애는 아기가 노인이 되어도 남아 있다. 90살 먹은 엄마는 70살 먹은 자식을 보고 아직도 아기인 양 항상 보살피려 한다. 정말 위대한 모성애라 아니할 수 없다. 모성애란 인간 역사에 가장 위대한 감정이 아닐까 하고 생각한다.

9. 과학의 발달과 모성애의 변화 그리고 의식

인간의 의식이란 수학적으로 존재할 수 있는 모든 의식은 이미 존재한다. 상황에 따라 단지 발견되는 시공간이 다를 뿐이다. 그러면 모성애란 의식에 대하여 알아보자.

아기의 엄마에게 나타나는 모성애란 의식은 우연히 나타나는 것이 아니다. 즉, 특별히 만들어지는 것이 아니라는 것이다. 여자든지 남자든지 간에 모든 사람에게 존재하는 것인데 아기의 엄마의 경우 아기와 결속시키는 호르몬이 분비되면서 모성애란 것이 발견되는 것일 뿐이다. 만약에 아기를 아버지 배 속에 넣고 공존하는 생리적인 삶이 잠시 이어지게 한다고 가정해 보자. 임신 중일 때 아기 엄마에게 분비하던 호르몬을 아기의 아버지에게 인공적으로 분비하게 하면 무서운 모성애처럼 무서운 부성애가 생길 것이다.

과학이 발달하면서 엄마의 난자와 아빠의 정자를 수정한 수정체를 인큐베이터와 같은 인공적인 아기집에 넣고 탄생시키는 시대가 온다고 한다. 그러면 지금까지 내려온 숭고한 모성애는 이제 막을 내리는 것이다. 엄마가 아기를 품고 있지 않았으니 임신에 따른 호르몬 분비가 없을 것이고, 따라서 앞에서 이야기한 미친 모성애가 생길 겨를 없이 지금의 부성애와 다름이 없는 평범한 혈연적인 감정만 있을 것이다. 과학이 발달함에 따라 위대한 모성애도 사라지는 날이 점점 가까워지고 있다.

결론적으로 우리가 알고 있는 모성애란 신이 인간을 만들 때 종족을 보존시키려는 수단으로 만들어 놓은 호르몬이라는 물질에 의해 형성되는 심리일 뿐이다. 그러나 모성애가 위대한 것임은 틀림없는 사실이다. 왜냐하면, 나뿐만이 아니라 모든 사람이 존재하는 이유도 각자 엄마의 모성애 때문에 오늘날에 나와 모두가 있기 때문이다.

인간이 살아가면서 의식이란 것이 고정된 것이 아니라 '무한' 무언가인데 신체 내에서 작용하는 물질에 따라 하나씩 발견되는 것이다. 이같이 발견된 의식 중의 하나가 모성애란 의식이다.

3장 목차

1. 오 감각과 나란 자아의식의 근원
2. 인간의 두뇌와 나란 자아의식의 근원
3. 나란 존재성 근원으로 가는 문이 존재한다
4. 최첨단 과학을 이용한 나란 존재성의 접근

3장

의식의
근원

1. 오 감각과 나란 자아의식의 근원

앞에서는 의식의 본질이 무엇인지를 분석해 보았다. 이번에는 '나'란 의식의 근원은 어디에 있는지 좇아 떠나 보자. 인간이 태어나면, 그다음은 오감에 의해서 언어가 생성되고, 언어에 의해서 생각이 발생한다. 생각의 생성은 분명히 오감에서 만들어진 언어에서 비롯되었지만, 인간에게 있는 '나'란 존재성의 우주 절대 자아의식의 뿌리가 오감일 수는 없다.

우리 인간의 육체는 자연의 원소가 모인 집합체에 불과하다. 여기에서 나란 존재성의 우주 절대 자아의식의 뿌리가 모든 사람에게 동일하게 발생한다는 것은 그 발생의 근원이 이 육체에 있다는 것은 아니라는 것을 의미한다. 이 육체의 오감은 언어를 발생시켰지만, 그렇다고 해서 오감이 의식의 근원일 수는 없다는 것이다.

인간의 오감은 모두가 알다시피 시각 · 청각 · 후각 · 미각 · 촉각을 말하는데, 이 오감은 언어를 발생시키는 매개체일 뿐이며 언어에 의해서 형성된 마음의 근원, 즉 '나'란 의식의 근원이 아니다. 우리가 시냇물을 건너면서 징검다리를 딛고 지날 때를 생각해 보자. 시냇물 이쪽 세상과 시냇물 저쪽 세상의 상호 관련성을 논할 때 징검다리 역할을 하는 돌은 비록 이쪽 세상에서 만들어진 재료를 사용했지만, 이쪽 세상과 저쪽 세상과는 아무런 관련이 없다. 그냥 두 세상을 연결해 주는 매개체일 뿐이다.

이처럼 오감에 의하여 언어가 발생하였지만, 이 오감이 존재하는 육체가 우리 인간의 나란 존재성의 자아의식의 근원일 수는 없다. 인간의 육체는 앞에서 예를 든 징검다리처럼 오직 인간 자아의식의 매개체에 지나지 않을 뿐이다.

2. 인간의 두뇌와 나란 자아의식의 근원

나란 자아의식의 근원을 찾기 위해 우리 몸속으로 여행을 한번 해 보자. 우리 몸의 생각의 사령탑인 두뇌로 들어가 보자. 우리의 의식은 모두 두뇌로 모이므로 두뇌를 뺀 나머지는 여행해 볼 필요조차 없기 때문이다. 두뇌는 대뇌와 소뇌, 간뇌, 중뇌, 연수로 구성되어 있다.

대뇌는 인간의 감각을 인식하며, 지적인 모든 것을 담당하는 역할을 한다. 소뇌는 운동에 관계되는 모든 것을 담당하고, 중뇌는 주로 눈과 관련된 일을 담당하며, 간뇌는 호르몬계와 자율신경계를 맡아 몸의 항상성에 이바지하면서 대뇌와 연계된 기능도 있다. 그리고 연수는 심장 박동과 호흡 운동, 소화기 운동을 조절한다.

결론적으로 머릿속의 어느 부분도 인간의 '나'란 존재성의 자아의식의 근원일 수는 없다. 그러면 도대체 나란 의식의 근원은 도대체 무엇이며, 어디에 그 근원이 있단 말인가? 그 근원이 우리 신체에는 없다면 도대체 나란 자아의식의 근원은 어디에 있을까? 우리의 몸을 떠나 추적해 보아야 할 것 같다.

3. 나란 존재성 근원으로 가는 문이 존재한다

우리 신체 내부의 각 기관 자체는 나란 자아의식과 아무런 관련이 없다. 하지만 우리 신체 어떤 기관이 관련되어 있음에는 틀림이 없다. 왜냐하면, 나란 의식은 나의 신체에서 출발하기 때문이다. 그곳은 바로 오 감각과 두뇌이다. 두뇌 중에서 대뇌와 간뇌가 관련되어 있음이 틀림없다. 즉, 오 감각과 대뇌와 간뇌는 나란 존재성 근원으로 가는 문이라는 것이다.

오 감각과 대뇌와 간뇌는 나란 자아의식의 직접적인 근원은 아니지만, 간접적으로 관련되어 있음이 틀림없다고 생각하는 이유를 간단히 살펴보자.

오 감각은 인간의 언어를 만들어 생각이라는 의식을 제공하고 대뇌와 간뇌는 오 감각에서 오는 정보와 언어적인 정보를 처리하는 기능을 담당한다.

두뇌 속의 각 중추의 역할과 비교하면서 생각해 보자. 소뇌는 대뇌와 함께 수의 운동을 조절하고 몸의 평형을 유지하는 일, 중뇌는 주로 눈과 관련된 일, 간뇌는 호르몬과 자율신경계의 중추이며, 체온·혈당량·삼투압을 조절하여 항상성을 유지하는 일, 연수는 심장 박동과 호흡 운동 그리고 소화 운동을 조절하며 반사 중추로서 기능이 있다. 대뇌는 신체의 오 감각을 통해 발생한 언어를 통해 사고 작용을 발생시키고 정신 활동의 중추가 된다. 그리고 간뇌는 호르몬계와 자율신경계의 중추라고 알고 있지만, 인간의 감각기관을 통해 입력된 정보를 초고속으로 처리하며 대뇌와 연계된 기능도 있다. 또한, 간뇌는 인간이 가지고 있는 모든 초능력 현상이 바로 여기에서 나오기도 한다. 나란 존재성이 신과 공존하는 세계라면 바로 인간의 간뇌를 잘 훈련하면 신의 세계에 쉽게 교감할 수 있으며 나란 존재성의 근원을 깨달을 수 있다고 생각한다.

소뇌·간뇌·중뇌·연수의 역할이 육체의 물리적인 기능만 조절하는 것인 데 비하면, 오 감각에서 발생한 언어와 대뇌 그리고 간뇌는 신체의 내외적인 정보로부터 물리적인 기능을 통제하고 있지만, 오 감각으로부터 발생한 언어를 이용해 우리 몸을 떠나 무한 상상의 세계에서 비물리적인 세상의 그 무언가와 연계하고 있다. 한마디로, 두뇌 속의 다른 기관의 역할과 전연 다른 비물리적인 무언가의 기능이 있다는 것이다.

결국, 오 감각이라는 것과 대뇌와 간뇌는 우리의 물리적인 육체 세계와 비물리적인 그 무언가의 세계를 연결해 주고 있다. 즉, 오 감각이라는 것과 대뇌와 간뇌는 비물리적인 정신세계를 이어 주는 징검다리 역할을 한다는 것이다. 바로 이 비물리적인 세계가 바로 나란 존재성, 우주 절대 자아의식의 근원지와 연계되어 있다고 생각한다.

4. 최첨단 과학을 이용한 나란 존재성의 접근

　우리가 사는 지구에서 이용하고 있는 수학과 과학에서 끌어낸 다양한 정보를 가지고, 좀 더 다양하게 나란 존재성의 우주 절대 자아의식에 접근하여 보자.

인간 육체의 비물리적 실체가 향하는 것

　우주 삼라만상의 모든 것은 물리적인 실체이다. 아인슈타인의 상대성 이론에 의하면, 시간과 공간까지도 물리적 실체이다. 한마디로 우리가 존재하는 곳의 모든 것이 물리적 실체이다.
　그런데 앞에서 이야기한 것처럼 유일하게 오 감각이 만들어 낸 언어와 우리 두뇌 속의 대뇌와 간뇌란 것이 삼이 일체가 되어 비물리적인 무언가를 만들어 낸다고 앞에서 이야기했다.

그러면 오 감각이 만들어 낸 언어와 우리 두뇌 속의 대뇌와 간뇌란 것이 삼이 일체가 되어 비물리적인 무언가를 만들어 내는 이 비물리적인 것이란 도대체 무엇인가? 우리가 사는 시공간에서는 모든 것이 물리적 실체이므로 우리가 사는 시공간이 아닌 무엇이다. 따라서 우리가 사는 4차원 시공간을 떠나 보다 높은 차원과 관련이 있음이 틀림없다고 생각함으로 고차원을 향하여 여행해 보자.

불가사의한 현상 여분의 차원으로 접근하기

초끈이론과 M-이론에서 여분의 차원 이론에 의하면, 우리가 사는 4차원 시공간에는 6개의 여분의 차원 공간이 절대로 우리가 인식할 수 없는 형태로 존재해야만 한다고 한다. 왜냐하면, 그렇지 않으면 지금의 이 우주 현상이 설명되지 않기 때문이다. 우리 우주 삼라만상의 모든 것이 제대로 설명되려면 여분의 차원 존재가 절대적으로 필요하기 때문이다.

수학과 과학에서 추론된 것은 어떤 방식으로 설명되든지 근사적으로 진리이며 믿어야 한다고 생각한다. 따라서 수학에서 추론된 최첨단이론은 우리가 사는 시공간 말고도 6개의 차원 공간이 더 있어야 한다고 한다. 우리 의식의 근원이 이 6개의 차원 공간과 관련된 것은 아닐까?

초끈이론과 M-이론에서 여분의 차원 속 인간 의식에 관하여 이야기할 내용 중에 우리 시공간의 불가사의한 현상 가운데 전자기력보다 중력이 매우 약한 현상이 있다(중력은 전자기력의 $\frac{1}{10^{40}}$이다).

이 역시 여분의 차원 공간이 있으므로 이곳으로 빠져나갈 수밖에 없는 중력자로서의 특성이 있다는 것이다. 그래서 전자기력보다 중력이 매우 약한 원인이 설명된다.

여분의 차원 공간이 있다면, 나란 의식의 근원에 대한 의문이 해결될까? 물론 끝없이 추론해 볼 문제이지만 여기에도 문제가 따른다. 고차원 공간 속에 우리가 소속되어 있어 고차원 속으로 우리의 의식의 근원을 밀어 넣지만, 아무리 고차원이라도 물리적 실체임은 틀림없으므로 우리 인간이 만들어 내는 비물리적 무언가의 근원이라고 하기에는 분명 문제가 있다는 것이다.

아무래도 모든 물리적 실체인 고차원 시공간까지 벗어나 생각해 보아야 하겠다. 모든 물리적 실체인 시공간을 벗어나면 바로 비물리적인 실체의 근원이 있지 않을까 생각해 본다. 그곳은 과연 어떤 곳일까? 본 필자가 어떤 곳이라고 정의를 내리면, 그 순간 이미 그곳은 물리적 실체의 공간이 된다. 따라서 '어떤 곳'이라고 정의를 내리지 못하는 그곳이 바로 비물리적인 실체가 존재하는 세상이다.

나란 존재성 깨달음의 어려움과 우리들의 자세

위에 설명한 내용들이 너무 어려운 말을 하고 있다는 것을 본 필자도 알고 있다. 그러나 나란 존재성의 본질에 가까이 가기 위해서는 어쩔 수 없다. 인간 세상에 학문을 닦아 끝없이 새로운 이론과 전문 서적이 쏟아져 나오고 있다고 하더라도, 우주의 모든 진리에 비하면 거의 제로에 가까울 만큼 하잘것없는 것이다. 따라서 우리가 알고 있는 진리를 내려놓고 끝없이 새로운 것을 받아들일 마음의 준비가 필요하다. 모든 가능성의 문을 열어 놓고 기다려야 할 것이다. 그래서 아무리 어려운 개념이라도 우리는 이해하려고 노력해야만 한다.

지금 본 필자의 책을 읽고 있는 독자분들은 본 필자의 글을 보고 말도 안 된다는 이야기를 하지 말자는 것이다. 본 필자도 끝없이 공부하지 않았다면 본인에게 뿌리내린 짧은 진리의 주관만으로 세상의 진리를 맞다 혹은 틀린다고 쉽게 이분하고 판단하며 비판만 늘어놓았을 것이다. 그러나 본 필자는 세상의 온 진리를 통달하기 위해 오직 하나만 끝없이 파고들어 가는 박사 공부를 초월하여 마음의 문을 무한히 열고 수학과 과학에 관련한 많은 분야를 통합 연구에 매진해 온 지 수십 년이 되었다.

그러다가 어느 순간, 더 이상 공부할 것이 없다는 진리의 합일점을 찾았다. 수학·과학을 통해 깨달은 본질적인 진리는 인간을 둘러싸고 형성되는 모든 형이상학적인 학문인 정치·경제·사회·문화·예술·철학·종교에도 교감됨을 알았다. 물론 본 필자가 모든 수학·과학에 전문지식을 가지고 있지만, 이를 모두 다 안다는 것이 아니다. 이제 모든 진리를 제대로 보는 눈을 발견한 것이다. 이제 제대로 진리를 이해하기 시작한 것이다. 수학에서 추론된 어떠한 것도 어느 것엔가 맞는 절대 진리이며, 과학도 어떠한 형태로 이론을 내놓더라도 근사적으로 진리라는 것도 깨달았다.

본 필자와 같은 학문 연구에 모든 인생을 다 바쳐 살기란 쉽지 않다. 수많은 세계적인 수학자와 과학자가 평생을 통해 연구해 놓은 모든 이론을 나의 것으로 받아들임으로써 오늘의 내가 있다고 생각한다. 따라서 이 책을 읽는 독자분들은 본인의 글을 읽는 데 무한한 가능성을 두고, 끝없는 진리의 세계를 이해하려는 자세로 받아들인다면, 세계 위대한 수학자와 과학자들의 중요 이론에 교감함과 동시에 수십 년 무한 학문을 연구하면서 얻은 본 필자의 모든 것을 모두 독자들의 것으로 만들 수 있을 것이다.

열역학 제2법칙이 암시하는 태초

비물리적인 의식의 근원에 논리적인 합리성을 가지고 접근해 보자. 수학적·과학적으로 태초에 관한 연구가 많이 행해져 왔다. 수학에서 내놓은 추론은 어디엔가 절대적으로 맞는 진리라고 했고, 과학에서 발견한 법칙은 근사적인 진리라고 했다. 따라서 이제까지 내놓은 이론 모두가 나름대로 마음에 들지만, 독자들에게 설득력 있게 다가갈 수 있는 이론을 끌어들여 비물리적인 나란 의식의 근원에 도전해 보고자 한다.

자연의 법칙 가운데 '**열역학 제2법칙**'이라고 있다. 자연의 흐름에 대한 법칙으로, 물은 높은 곳에서 낮은 곳으로 흐르며, 열은 온도가 높은 곳에서 낮은 곳으로 흐른다는 것이다. 낮은 곳에 있던 물이 외부로부터 아무런 영향이 없는데도 스스로 높은 곳으로 이동하지 않으며, 열이 낮은 온도에서 외부로부터 아무런 영향 없이 스스로 높은 온도로 이동하지 않는다는 것이다. 또한, 엎질러진 우유가 저절로 우유가 담겨 있던 컵으로 돌아가지 않으며, 깨어진 항아리가 저절로 깨어지기 전의 상태로 복원되지는 않는다는 것이다. 타 버린 종이가 저절로 다시 타기 전의 종이로 절대 돌아갈 수 없으며, 죽어서 썩어 없어진 육체가 저절로 다시 살아 있는 상태로 돌아갈 수 없다는 것이다. 자연원소들이 저절로 합쳐져 비행기가 되지 않으며, 자연원소가 저절로 합쳐져 인간이 되지 않는다는 것이다.

이 법칙은 여러 가지 경우의 상황을 대표하는 '**무질서도**'라는 것으로 자연의 흐름을 논한다. 즉, 깨어지기 전의 항아리는 깨어진 항아리보다 무질서도가 작다. 질서가 있다는 것이다. 온도가 높은 곳과 온도가 낮은 곳이 구분된 상태의 무질서도가 작으며, 고온에서 저온으로 열이 흘러 평형을 이루는 상태의 무질서도가 크다는 것이다. 자연 원소로 있던 상태의 무질서도가 크며, 비행기로 된 상태의 무질서도가 작다는 것이다. 자연 원소로 있던 상태의 무질서도가 크며, 사람으로 된 상태의 무질서도가 작다는 것이다. 이처럼 자연 흐름 법칙은 스스로 무질서도가 큰 쪽에서 작은 쪽으로는 절대로 변하지 않는다는 것을 말하고 있다.

이 우주에 있는 어떤 것도 질서 없는 것이란 존재하지 않는다. 단지 질서의 정도만 다르다는 것인데, 시간의 흐름에 따라 자연의 흐름은 질서도가 높은 쪽에서 질서도가 낮은 쪽으로 변해 간다는 것이다.

자, 태초로 열역학 제2법칙인 자연 흐름 법칙을 가지고 올라가 보자. 시간도 화살과 같이 과거에서 미래를 향해 한 방향으로만 나아가는데, 여기에서 미래에 속한 것들이 과거에 속한 것보다는 상대적으로 무질서도가 크고 과거에 속한 것들이 미래에 속한 것보다는 상대적으로 무질서도가 작다. 한마디로, 지금은 과거보다는 무질서도가 크고 과거엔 지금보다는 무질서도가 작았다는 것이다. 즉, 지금보다는 과거가 질서가 더 있다는 것이다.

따라서 지금 우리가 알고 있는 모든 자연법칙이 과거보다는 무질서한 상태에 있으며, 과거로 거슬러 올라가 태초에 도달하면 자연의 모든 법칙이 하나로 모여 아름다운 완벽한 그 어떤 법칙이 완성된다는 것이다. 이에 따라 무질서도가 최소에 이른다. 바로 '**통일장 이론**'이다. 그런데 수학은 태초기 되면 우주의 크기가 제로라고 한다. 본 필자가 발견한 '수학적 절대 우주론'에 따라 수학에서 추론되는 것은 어딘가에 정확히 맞는 절대 진리라고 생각한다.

태초의 상대론적 양자역학 그리고 삼라만상 재료의 생성

우주의 크기가 제로가 된다는 것을 절대적으로 믿고 다음을 생각해 보자. 제로의 크기, 즉 시간도 공간도 없는 절대무의 곳에 무언가에서 무언가 나타났다는 것이다. 이것이 당연하다고 생각하더라도, 그다음 문제를 풀려면 어렵다. 어려운 양자역학이 필요하기 때문이다.

여기에서는 양자역학 중에서 필요한 것만 도입하겠다. 양자역학에는 절대무 또는 미시세계 현상에 불확정성 원리에 의한 양자 터널 효과도 생각해 볼 수 있다. 무(無)에서 유(有)가 나타날 수 있다는 이론이다. 이 이론은 미세입자에는 예외 없이 완벽히 적용된다. 따라서 온 우주가 미세입자 크기가 되기 전의 절대무 상태를 생각하면, 무언가에서 미세입자 크기인 플랑크 크기 입자(인간이 생각할 수 있는 최소의 크기 10^{-33} cm)로 불확정성 원리에 의한 터널 효과에 의해 나타났다면 문제없이 적용된다. 절대무라 하더라도 매우 짧은 시간 동안에는 불확정성 원리가 적용되는 범위에서 에너지가 양자요동을 칠 수 있는데, 이때 양자 터널 효과에 의하여 초마이크로 우주가 탄생한다. 그리고 상대론적 양자역학에 의한 무한척력에 의하여 빅뱅과 인플레이션 우주가 나타날 수가 있다는 것이다.

물론 태초에 모든 법칙이 통합된 상태에서 무언가에서 시공간도 없는 절대무의 곳에 플랑크 크기의 우주가 나타났는데, 절대무의 그 무엇이란 물리적 실체가 없다는 것과 같으므로 물리적 실체가 아니라면 우리 인간이 알 수 없는 비물리적인 무언가 있다는 의미이다.

우주 만물의 근본이 되는 16개의 기본입자가 있는데, 이들이 만들어질 때도 우리 우주 9차원 공간(우리가 사는 3차원 공간+여분의 차원 공간 6개) 속의 비물질 에너지 끈의 진동 패턴에 의하여 만들어지며, 갓 태어난

3장 의식의 근원 63

입자는 질량이 없다고 한다. 그래서 '**힉스 메커니즘**'이라는 과정을 통해서 질량을 얻게 되고, 드디어 질량이 있는 인력이 생기고, 물질들끼리 서로 끌어당겨 은하와 항성, 행성이 만들어졌다.

위에서 갓 태어난 16개의 기본입자는 질량이 없다고 했는데, 여러분은 질량이 에너지와 같다는 것을 잘 알 것이다. 따라서 질량이 없다는 것은 에너지가 없다는 것인데, 에너지가 없이 크기만 있는 그 무엇으로 존재한다. 이는 비물리적인 무언가에서 물리적인 무언가로 전환된 과도기적인 중간물질이리라. 물리적으로 절대무의 무언가에 비물리적인 무언가가 작용하여 '에너지 끈'이라는 것과 이 에너지 끈의 진동에 의한 16개의 기본입자가 탄생하였다. 이 에너지 끈은 비물리적인 그 무언가의 영향으로 비물리적인 무언가에서 물리적인 무언가로 바뀌는 중간 무엇이라고 생각한다.

물리적 실체와 비물리적 실체, 물질과 비물질

여기서 독자들의 이해를 돕기 위해 물리적인 실체와 비물리적인 실체의 뜻을 새겨 보고, 물질과 비물질의 뜻도 새겨 보겠다. 먼저 '물리적인 실체'란 우리가 인식하는 무언가 측정될 수 있는 양이 있는 것을 말하고, '비물리적인 실체'란 절대로 우리가 인식하는 무언가로 나타낼 수 없는 것을 말한다. 그리고 '물질'은 질량이 있으며 어떤 모양으로 공간을 차지하고 있는 물리적인 실체를 말하고, '비물질'은 질량은 없으며 어떤 모양이 없어 공간을 차지하고 있지 않은 물리적인 실체를 말한다.

이러한 비물질의 역할은 물질에 영향을 주어 물질이 존재하게끔 하는 물리적인 그 무언가로 존재하는 실체이다. 예를 들어 보자.

물리적인 실체: 물질, 에너지, 시간, 공간
비물리적인 실체: 영혼
물질: 질량이 있는 모든 것
비물질: 중력, 강력, 약력, 전자기력, 에너지

물질은 스스로 존재하며 변화하는 아무것도 가지고 있지 않다. 비물질에 의존하며 존재하고 변화하는 것이다. 이처럼 물리적인 실체도 스스로 존재하며 변화하는 아무것도 가지고 있지 않다. 이 또한 비물리적인 무언가의 영향으로 존재함이 틀림없다.

예를 들면, 뒤에 이야기할 내용이지만 양자역학적으로 인간의 인식이 평행우주를 만들고, 비물리적인 그 무언가의 작용에 의하여 절대무인 비물리적인 그 무언가에서 태초의 물리적인 플랑크 크기(10^{-33} cm)의 우주가 탄생한다는 것이다. 마찬가지로 인간의 물리적인 실체인 육체의 경우도 스스로는 아무런 현상도 나타낼 수 없지만, 비물리적인 그 무언가인 영혼의 작용으로 나란 존재성도 드러나며 생명 현상도 나타난다.

결국, 나란 자아 현상은 비물리적인 그 무엇이고, 에너지 끈의 앞 단계에 속하는 그 무언가와 같은 것일 것이다. 즉, 물질의 기본입자를 만드는 에너지 끈의 모체가 우리 인간에도 비물리적인 그 무엇으로 작용하고 있다고 생각한다. 이것은 뒤에 이야기할 불교에서의 공 사상과 연관이 있으며 기독교에서는 창조주의 사상과 연관이 있다고 생각한다.

최첨단 과학을 이용한 나란 존재성의 접근

위의 최첨단이론의 수학적인 논리 속에 도출해 낸, 더 이상 접근 불가능한 영역이 '나'란 자아 현상의 도달점이다. 나란 존재성을 논함에 있어서 수학적인 논리의 극한값에 도달했음을 의미한다. 물리적인 육체에 비물리적인 그 무언가가 스며들어 공존하는 이 현상이 추론해 볼 수 있는 한계영역이기 때문이다. 따라서 모든 우주의 절대 학문인 수학과 수학의 표현형인 과학으로 도달한 바로 이 끝점이 나란 존재성의 시작점인 근원이라고 생각한다. 왜냐하면, 우주의 모든 진리는 수학성을 띠고 있어 모든 존재의 진리의 근원은 수학적인 그 무언가에서 출발한다고 생각하기 때문이다. 그래서 수학적으로 접근한 극한값인 위에 설명한 비물리적인 세계의 도달점은 나란 존재성의 시발점임이 틀림없다고 생각한다. 이에 대한 참고 서적으로는 이미 출간한 도서인 본 필자의 책 《존재할 수밖에 없는 창조주》, 《두 개의 법칙으로 창조주의 존재 완벽히 증명》, 《수학은 창조주의 두뇌》를 보시면 한층 더 우주의 진리와 수학과의 관계성을 이해할 수가 있을 것이다. 참고로 이 책들에 나오는 핵심 하나를 보고 넘어가자.

즉, 위의 표는 우주에 수학으로 표현하지 못하는 존재의 대상이 없다는 것으로 본 필자가 발견하여 주장하는 '수학적 절대 우주론'인데, 이것을 보아도 우주 모든 존재의 진리는 수학과 관련됨을 알 수 있다. 그리고 수학적인 논리성으로 나란 존재성의 원천에 도달할 수 있음을 암시하기도 한다.

결론적으로 최첨단 수학 도구를 이용한 과학을 이용하면 우주는 태초에 무한히 작은 한 점이 되고 우주를 생성시키는 4가지 힘의 법칙은 하나의 법칙으로 존재한다. 결국, 지금의 우주 속 삼라만상의 모든 것도 태초에는 하나의 무언가로 존재했다는 것이다. 그리고 수학은 태초 전에는 수학적으로 제로 크기인 절대무(시간, 공간, 물질, 에너지가 모두 제로)였다고 한다. 그러면 물리적인 정보가 존재하지 않으므로 비물리적인 무언가의 상태였다고 생각할 수밖에 없다. 즉, 물리적으로 모든 것이 제로 상태이지만 무언가 존재하는 것이 있다는 것이다. 바로 비물리적인 무언가라는 것이다.

물리적인 것은 생성소멸하고 변화무상하며 고정된 실체가 없는 것이고, 비물리적인 것은 그 무엇에도 영향을 받지 않는 불생불멸로 스스로 영원하게 존재하는 무언가라고 생각한다. 물리적인 것이 탄생되면 비물리적인 것은 물리적인 것과 뗄 수 없는 관계가 되지만 비물리적인 것은 물리적인 것의 영향을 받지 않는 상위 실체라는 것이다. 즉, 비물리적인 것은 물리적인 것을 생성소멸 그리고 변화시키는 무언가이다. 물리적인 실체는 비물리적인 실체인 무언가의 영향 아래에서 운행되고 존재하지만, 비물리적인 것은 독립적으로 스스로 존재할 수 있는 무언가라는 것이다. 따라서 나란 존재성은 비물리적인 것으로 물리적인 것에 영향을 받지 않고 불생불멸로 스스로 존재하는 무언가이다.

결국, 태초 전에는 물리적인 정보인 시간도 공간도 물질도 에너지도 모두가 제로로 아무것도 없지만, 나란 존재성은 비물리적인 정보이므로 물리적인 존재와 관계없이 존재해야만 한다. 즉, 비물리적인 존재인 나란 존재성은 생성·소멸되지 않는 스스로 불생불멸로 존재하는 무언가이므로 태초 전에도 존재했던 무언가라는 것이다.

4장 목차

1. 수학의 본질
2. 우주 모든 시공간의 차원 형성 본질이 수학인 증거
3. 우주 모든 물질의 형성 본질이 수학인 증거
4. 모든 동물과 식물의 형성 본질이 수학인 증거
5. 인간 모든 것의 형성 본질이 수학인 증거
6. 인간을 둘러싼 모든 학문의 형성 본질이 수학인 증거
7. 다중우주와 평행우주도 그 본질적인 형성이 수학인 증거
8. 수학과 나란 존재성

4장

―

수학 속
나란 존재성

1. 수학의 본질

　　수학이란 도대체 무엇인가? 그 본질을 규명해 보자. 우주의 모든 것을 고찰해 보면 그 어느 것도 수학성을 띠지 않는 것이 없다. 즉, 시공간으로부터 우주 삼라만상을 하나하나 그 성질과 존재의 특성을 살펴보면 그 어느 것도 질서 없이 만들어진 것은 없으며 예외 없이 그 목적성까지 존재한다는 것을 알 수 있다. 존재를 운행하는 법칙을 비롯해 비물리적인 존재의 특성까지 그 어느 하나도 존재성의 논리성을 벗어난 것은 존재하지 않는다. 그 좋은 증거 중의 하나가 바로 이 책에서 문자화되고 논리적으로 거론되고 있다는 것이다.

　　결론적으로 우주의 모든 존재는 존재에 따라 그에 맞는 오직 질서체일 때만 그 존재가 가능하다는 것이다. 질서가 있다는 것은 규칙이 있다는 것이요, 규칙이 있다는 것은 수학성을 띤다는 것을 암시하고 있다. 따라서 수학적인 바탕 위에서 존재하는 모든 것이기에 인간이 살아가면서 수학은 선택적으로 발견되는 것이 아니라 필연적으로 발견될 수밖에 없는 분야라는 것을 짐작할 수 있다. 즉, 수학은 모든 존재성의 시작이요 끝이라는 것을 알 수 있다는 것이다.

2. 우주 모든 시공간의 차원 형성 본질이 수학인 증거

3차원과 4차원을 수학으로 표현할 수 있다

우리가 살아가는 공간은 3차원이다. 이 3차원은 최소한 존재의 차원이다. 왜냐하면, 영차원은 크기가 없는 한 점인데 실존할 수 없으며, 1차원은 굵기가 없는 선인데 이 또한 실제 존재 불가능한 세계이다. 2차원은 두께가 없는 평면인데 이러한 것은 절대로 존재할 수가 없다. 3차원은 위에서 존재 불가능하다는 2차원이 무수히 많이 모여서 된 것이며 2차원은 존재 불가능한 1차원이 무수히 많이 모여서 된 것이다. 그리고 1차원은 존재 불가능한 영차원이 무수히 많이 모여서 된 것이다. 이 모든 것은 수학으로 나타낼 수 있다.

4차원 시공간은 아인슈타인의 상대성 이론에 의해서 밝혀졌는데 상대성 이론을 밝히는 과정은 곧 수학을 이용하였다. 아인슈타인의 특수상대성 이론은 빛의 속도는 일정하다는 것에서 수학적으로 유도한 결과, 존재란 움직이는 상태에 따라 시간이 느리게 흘러갈 수도 있고 정지해 버릴 수도 있으며 물체의 크기도 줄어들 수가 있으며 없애 버릴 수도 있다. 또한, 물질의 질량도 속도상태에 따라 크게 할 수도 있고 무한대가 되게 할 수도 있다. 일반상대성 이론은 관성력과 중력은 같다는 것을 가지고 수학적으로 접근해 본 결과 중력에 의하여 주변 공간이 휘어지고, 시간도 왜곡되기도 한다. 결국, 4차원 시공간은 수학적으로 접근하여 밝힌 만큼 모두 수학적으로 표현 가능할 수밖에 없다는 것이다.

11차원 시공간을 수학으로 표현할 수 있다

우주는 무엇으로 만들어져 있을까? 이러한 질문은 모든 사람의 호기심을 자극하기에 충분하다. 가속팽창하고 있는 지금의 우주를 거슬러 올라가면 우주 태초에는 시공간조차 없는 절대무인 상태에서 출발했다고 한다. 수학적으로 제로 크기 상태에서 출발했다는 것이다. 그리고 지금의 우주를 만든 네 가지 힘의 법칙은 열역학 제2법칙에 의하여 태초로 거슬러 올라가면 하나의 법칙으로 통일되어야 한다고 한다. 그래서 이를 해결하려고 수학을 이용하여 태초 하나의 절대 법칙을 발견하는 데 총력을 기울였다. 그 결과 발견한 것이 초끈이론과 M-이론이라는 것이다. 그런데 이 이론이 성립하려니 초끈이론에서는 10차원, M-이론에서는 11차원이 필요하다는 것이다. 이는 수학으로 발견한 것인데, 수학이란 과학을 넘어서 존재하는 초과학적인 세계이다. 수학에서 추론된 이론은 어느 우주에선가 정확히 일치되리라고 생각한다. 본 필자의 책 《존재할 수밖에 없는 창조주》, 《두 개의 법칙으로 창조주의 존재 완벽히 증명》, 《수학은 창조주의 두뇌》에서 밝힌 본 필자가 주장하는 '수학적 절대 우주론'을 잠시 들여다보고 지나가자.

수학으로 표현할 수 있는 모든 시공간 차원의 우주는 곧 실제 존재하는 물리적인 우주가 무조건 존재하며, 수학이 곧 초자연적인 지성체인 창조주의 본성이었다는 것이다. 결국, 자연 현상 중 그 어떠한 것도 수학적으로 풀 수 있다는 뜻이다. 따라서 수학적으로 문제가 없는 초끈이론이나 M-이론은 미래 과학을 이끌어 갈 것이고, 인류 역사상 궁극의 마지막 이론일 수도 있다고 생각한다. 왜냐하면, 질서 있는 자연은 합리적으로 잘 짜여 있어 수학으로 풀 수 있게 되어 있고, 또 자연을 구성하고 있는 4대 힘을 바로 이 초끈이론과 M-이론으로 표현할 수 있기 때문이다. 결국, 초끈이론은 '우주 삼라만상의 근본적인 물질은 끈이라는 형태로 되어 있다'는 것이다. 그런데 이 이론은 약간의 문제점을 안고 있었는데 보완된 것이 M-이론이다. 통일장 이론으로 완벽하게 보이는 이것은 11차원이라야 성립이 되는 것이다. 그리고 초끈이론과 M-이론은 매우 빈틈없는 수학적인 이론으로 구성되어 있다.

　다시 말하면, 과학자들은 상대성 이론과 양자역학이론을 통일할 여러 가지 새로운 모델을 모색하던 중 오직 끈만이 유일하게 모든 문제점을 해결할 수 있다는 결론에 도달하게 되었다. 여기서 '끈'이란, 우주의 기본입자를 생성시키는 1차원적인 무언가를 말한다. 모든 물질이 쿼크보다도 작은 미세한 이 끈의 진동으로 생성된다는 것이다.

초끈이론이나 M-이론 모두 10차원 또는 11차원이란 시공간을 요구하고 있으며, 이 속에서는 자연의 모든 힘의 법칙이 통합된다. 따라서 초끈이나 M-이론은 빈틈없는 매우 정밀한 수학에 의하여 밝혀진 만큼 신뢰가 가는 이론이기 때문에 시공간의 차원은 10차원 또는 11차원이라야 하는 것을 믿어야만 한다. 존재의 궁극 물질이 끈 또는 막이 아니라 하더라도, 끈 이론으로 접근한 초끈이론의 결과와 막 이론으로 접근한 M-이론이 궁극의 기본 물질과 최소한 근사적으로는 동질의 참 진리나 다름없다. 따라서 수학이론이 완벽히 받쳐 주는 초끈이론과 M-이론을 무조건 신뢰하여도 무방하다고 생각한다. 본 필자는 거의 100% 믿는다.

결론적으로 우리의 우주는 11차원으로 되어 있는데 이 사실이 오직 수학이라는 것이 절대적으로 지지해 주고 있다. 즉, 11차원 우리의 우주는 오직 수학적인 이론으로 발견되었으므로, 우리의 우주가 온통 수학으로 되어 있다는 것을 말해 주고 있는 것이나 다름없다는 것이다.

유한차원과 무한차원을 수학으로 표현할 수 있다

차원이란 정확한 수학적 정의를 가지고 있으므로 모든 유한차원으로 확장하여 수학적으로 표현해 볼 수 있다. 수학적으로는 무한대 차원까지 확장할 수 있다. 정확한 수학에 따라 표현되므로 모든 차원의 세계는 곧 수학적 본성을 가지고 있다고 해도 무방하다.

3. 우주 모든 물질의 형성 본질이 수학인 증거

모든 물질을 수학으로 표현할 수 있다

    자연 흐름 법칙인 열역학 제2법칙에 따라 태초로 올라가면 우주 크기는 제로(절대무)이고 우주 삼라만상을 만드는 법칙은 하나로 통합된다. 모든 존재가 하나의 아름다운 대칭성 속에 존재했었다. 초마이크로 우주에서 상대론적 양자역학에 따라 무한척력이 발생(인플레이션)하여 대우주가 만들어졌다. 창조된 시간이 흘러가면서 시간의 흐름에 따라 열역학 제0법칙(열평형 상태법칙으로 에너지를 쓸모없는 에너지로 바꾸게 하는 법칙)이 작용하여 자연 흐름 법칙인 열역학 제2법칙이 활성화되었다. 여기서부터 모든 대칭성이 붕괴하면서 삼라만상을 형성할 많은 것이 시간이 흐름에 따라 하나씩 나오기 시작하였다. 이 모든 것이 수학적인 법칙에 의하여 발생하는 사건들이다.

    좀 더 자세히 알아보자.
    태초에 양자역학적인 불확정성 원리에 의하여 절대무에서 우주가 탄생하였다. 이 우주 탄생의 기원도 양자역학이라는 수학에 의하여 설명할 수 있다. 탄생한 우주 속에서 양자론과 상대론을 결합한 수학은 인플레이션이라는 과정을 거쳐 지금의 우주를 만들었다. 수학적 원리에 의하여 만들어진 우주 속에서 수학적 이론으로 밝혀진 초끈에너지의 진동에 의하여 쿼크와 렙톤이 생성되었고, 이들이 조화롭게 결합하여 양성자와 중성자가 되었다. 양성자와 중성자 그리고 전자도 수학적으로 조화로운 결합 원리에 의하여 결합하여 원자가 되었다.

 원자와 원자의 화학반응도 이진법적인 수학으로 바꾸어 컴퓨터에 저장할 수 있으며, 반대로 다시 컴퓨터에서 시뮬레이션을 통해 화학반응 과정을 확인해 볼 수 있다. 그리고 원자 궤도에서의 전자들의 질서 있는 운동도 이진법적인 수학으로 바꾸어 컴퓨터에 저장할 수 있고, 그리고 컴퓨터에서 다시 전자들의 운동을 출력하여 모니터에서 확인해 볼 수 있다.

 분자와 분자의 반응도 이진법적인 수학으로 바꾸어 컴퓨터에 저장할 수 있으며, 이를 다시 컴퓨터에서 시뮬레이션을 통해 그 화학반응 과정을 확인해 볼 수 있다.
 세상의 모든 물질이 일으키는 화학반응이나 물리적인 반응도 이진법적인 수학으로 바꾸어 컴퓨터에 저장할 수 있으며, 이를 다시 컴퓨터에 시뮬레이션을 통해 그 화학반응이나 물리적인 반응을 확인해 볼 수 있다.

 컴퓨터에 정보를 저장한다는 것은 모든 정보를 모두 이진법적인 수학으로 바꾼다는 것을 의미한다. 따라서 '컴퓨터에 저장할 수 있는 모든 정보는 곧 수학'이라고 할 수 있다. 결국, 우주 삼라만상 오직 수학으로 되어 있기에 본 필자가 다음 표와 같은 '수학적 절대 우주론'을 밝힌 것이다.

빛에 관한 시각의 세계를 이진법의 수학으로 바꾸어 컴퓨터에 저장할 수 있으며, 또한 컴퓨터는 이진법으로 된 시각적인 것을 다시 시각화하여 출력할 수 있다.

소리도 이진법적인 수학으로 바꾸어 컴퓨터에 저장할 수 있는데, 이 이진법적인 수학으로 저장된 이것을 다시 소리로 바꾸어 출력할 수 있다.

결국, 우주에 있는 그 어떠한 것이라도 이처럼 이진법적인 수학으로 바꾸어 컴퓨터에 정보를 저장할 수 있다. 그리고 반대로 다시 이 정보를 원래의 정보로 출력할 수 있다.

결론적으로 우주 삼라만상을 모두 이진법적인 수학 정보로 바꿀 수 있으니, 우주 삼라만상이 곧 수학으로 되어 있다고 할 수 있다. 또한, 앞에서 이야기했듯이 초끈이론에서 모든 물질의 근본은 초끈으로 표현된다고 했는데, 이를 수학적인 것으로 밝혔으니 우주 삼라만상의 근원은 수학으로부터 시작된 것임이 틀림없다. 즉, 우주 삼라만상 모든 것이 이 수학적인 에너지 끈으로 되어 있으니, 당연히 모든 것이 수학적 성질을 띨 수밖에 없다는 것이다.

4장 수학 속 나란 존재성

4. 모든 동물과 식물의 형성 본질이 수학인 증거

모든 동물을 수학으로 표현할 수 있다

　동물도 인간과 마찬가지로 신체에 관한 정보나 그들의 살아가는 정보를 모두 수학으로 표현해 볼 수가 있다. 인간과 차이점은 그들은 인간과 같은 언어가 존재하지 않으므로 생각이란 것이 없어 오직 존재를 위한 본능만 존재한다는 것이 다르다.

　동물의 몸은 세포가 모여 조직이 되고, 조직이 모여 기관이 되고 기관이 모여 기관계가 되며, 기관계가 모여 개체가 된다.
　각 세포를 이루고 있는 모든 것은 물리적·화학적·생물학적으로 표현할 수 있고, 물리적·화학적·생물학적인 것은 질서가 있으므로 수학으로 표현할 수 있고, 수학으로 표현 가능한 것은 컴퓨터의 이진법으로 바꾸어 저장할 수 있다. 그래서 동물의 세포는 수학적 본성을 갖고 있다는 것을 알 수 있다. 컴퓨터로부터 그 동물의 세포에 대한 모든 물리적·화학적·생물학적 정보를 완벽히 뽑아내거나 사실적인 기능까지 재현해 보일 수 있다.
　동물의 조직은 세포가 모여서 된 것이니 당연히 수학적인 성질을 가지고 있어 이진법 수학으로 바꾸어 컴퓨터에 저장할 수 있다. 그리고 컴퓨터로부터 모든 정보를 다시 뽑아내거나 그 기능을 사실적으로 재현해 보일 수 있다. 기관계는 기관이 모여서 된 것이고, 기관은 세포가 모여서 된 것이니 역시 완벽한 수학성을 갖고 있다. 그래서 이진법으로 바꾸어 컴퓨터에 저장할 수 있고, 컴퓨터로부터 모든 정보를 다시 뽑아내거나 그 기능을 사실적으로 재현해 보일 수 있다.

동물의 기관은 조직이 모여서 된 것이고 조직은 세포가 모여서 된 것이니 당연히 수학적인 성질을 가지고 있어 이진법 수학으로 바꾸어 컴퓨터에 저장할 수 있다. 그리고 컴퓨터로부터 모든 정보를 다시 뽑아내거나 그 기능을 사실적으로 재현해 보일 수 있다.

동물의 기관계는 기관이 모여서 된 것이고, 기관은 조직이 모여서 된 것이며, 조직은 세포가 모여서 된 것이다. 세포는 완벽한 수학성을 갖고 있으므로 기관계는 완벽한 수학성을 갖고 있다고 할 수 있다. 그래서 이진법으로 바꾸어 컴퓨터에 저장할 수 있고, 컴퓨터로부터 모든 정보를 다시 뽑아내거나 그 기능을 사실적으로 재현해 보일 수 있다.

동물이란 개체는 기관계가 모여서 된 것이고, 기관계는 기관이 모여서 된 것이며, 기관은 조직이 모여서 된 것이다. 그리고 조직은 세포가 모여서 된 것이니 세포는 완벽한 수학성을 갖고 있으므로 곧 개체는 완벽한 수학성을 갖고 있다고 할 수 있다. 그래서 이진법으로 바꾸어 컴퓨터에 저장할 수 있고, 컴퓨터로부터 모든 정보를 다시 뽑아내거나 그 기능을 사실적으로 재현해 보일 수 있다.

결론적으로 모든 동물은 그 구조적으로 수학으로 표현 가능할 뿐 아니라, 동물 삶의 모든 것도 일정한 질서가 있으므로 수학성을 띠고 있으므로 곧 수학으로 나타낼 수 있다.

모든 식물을 수학으로 표현할 수 있다

식물은 세포 조직 조직계 기관으로 되어 있다. 각 세포를 이루고 있는 모든 것은 물리적·화학적·생물학적으로 표현할 수 있고, 물리적·화학적·생물학적인 것은 질서가 있으므로 수학으로 표현할 수 있고, 수학으로 표현 가능한 것은 컴퓨터의 이진법으로 바꾸어 저장할 수 있다. 그래서 동물의 세포는 수학적 본성을 갖고 있다는 것을 알 수 있다. 컴퓨터로부터 그 동물의 세포에 대한 모든 물리적·화학적·생물학적 정보를 완벽히 뽑아내거나 사실적인 기능까지 재현해 보일 수 있다.

식물의 조직은 세포가 모여서 된 것이니 위와 같이 당연히 수학적인 성질을 가지고 있어 이진법 수학으로 바꾸어 컴퓨터에 저장할 수 있다. 그리고 컴퓨터로부터 모든 정보를 다시 뽑아내거나 그 기능을 사실적으로 재현해 보일 수 있다.

식물의 조직계는 조직이 모여서 된 것이니 위와 같이 당연히 수학적인 성질을 가지고 있어 이진법 수학으로 바꾸어 컴퓨터에 저장할 수 있다. 그리고 컴퓨터로부터 모든 정보를 다시 뽑아내거나 그 기능을 사실적으로 재현해 보일 수 있다.

식물의 기관은 조직계가 모여서 된 것이니 위와 같이 당연히 수학적인 성질을 가지고 있어 이진법 수학으로 바꾸어 컴퓨터에 저장할 수 있다. 그리고 컴퓨터로부터 모든 정보를 다시 뽑아내거나 그 기능을 사실적으로 재현해 보일 수 있다.

식물의 개체는 기관이 모여서 된 것이고, 기관은 조직계가 모여서 된 것이며 조직계는 조직이 모여서 된 것이다. 그리고 조직은 세포가 모여서 된 것이니 곧 개체는 위와 같이 당연히 수학적인 성질을 가지고 있어 이진법 수학으로 바꾸어 컴퓨터에 저장할 수 있다. 그리고 컴퓨터로부터 모든 정보를 다시 뽑아내거나 그 기능을 사실적으로 재현해 보일 수 있다.

컴퓨터는 이진법의 수학적인 논리로만 운행된다. 그래서 컴퓨터는 곧 수학이라고 생각하면 된다. 따라서 식물의 모든 정보를 컴퓨터로 저장하거나 그 특성이나 기능을 재현할 수 있다면 식물은 모두 수학으로 표현할 수 있다는 것이다.

결론적으로 모든 식물은 그 구조적으로 수학적 본성을 가지고 있을 뿐만 아니라 식물의 삶의 과정도 식물에 따라 그 식물에 맞는 매우 질서 있는 규칙을 보여 줌으로 수학적 본성을 가지고 있다고 생각할 수 있다. 결국, 식물의 모든 면을 수학으로 나타낼 수 있다는 것이다.

5. 인간 모든 것의 형성 본질이 수학인 증거

우리 몸도 머리끝부터 발끝까지 모든 것을 수학으로 나타낼 수 있다. 먼저 우리 몸이 본질적으로 무엇으로 만들어져 있기에 우리 몸 자체를 수학으로 표현할 수 있는지 알아보자. 우리 몸을 무한히 확대해 우리 몸을 구성하고 있는 근원을 살펴보자.

끝없이 확대해 들어가 보면 세포가 보이고, 세포를 구성하고 있는 분자가 보이고, 그다음으로 분자 속에 원자가 보인다. 그리고 원자 속에 양성자와 중성자가 보이고, 전자가 보인다. 더 확대해 들어가 보면 쿼크가 보이고, 좀 더 확대해 들어가 보면 존재의 극한인 플랑크 크기(10^{-33}㎝)의 에너지 끈이라는 그 무엇에 도달한다.

이 에너지 끈은 숨겨진 6차원 공간인 '**칼라비-야우**'라는 공간 속에 존재하는데, 이의 존재성을 수학적으로 완벽히 나타낼 수 있으며 컴퓨터로도 완벽히 나타내 보일 수 있다. 컴퓨터는 오직 이진법의 수학적인 논리로만 운행된다. 그래서 컴퓨터는 곧 수학이라고 생각하면 된다. 이에 대해서는 독자들도 쉽게 수긍이 갈 것이다. 이로써 에너지 끈은 곧 수학적인 체계로 되어 있음을 알았다.

다음은 **에너지 끈에 의해서 형성된 쿼크와 렙톤**에 관해서 이야기해 보자. 쿼크와 렙톤의 존재성도 수학적으로 모두 표현할 수 있을 뿐만 아니라, 수학 대체기계인 컴퓨터로도 완벽히 나타낼 수 있다 쿼크와 렙톤은 곧 수학적인 체계로 만들어져 있다는 것을 알 수 있다는 것이다.

다음은 **쿼크와 렙톤에 의해서 형성된 원자**에 관해서 이야기해 보자. 이것의 존재성 또한 수학적으로 모두 표현 가능하며, 수학 대체기계인 컴퓨터로도 완벽히 나타낼 수 있다. 이를 통해 원자는 곧 수학적인 체계로 만들어져 있다는 것을 알 수 있다.

다음은 **원자에 의해서 형성된 분자성 물질 또는 비분자성 물질**에 관해서 이야기해 보자. 이것의 존재성도 수학적으로 모두 표현 가능하며, 수학 대체기계인 컴퓨터로도 완벽히 나타낼 수 있다. 분자성 물질 또는 비분자성 물질은 곧 수학적인 체계로 만들어져 있음을 알 수 있다.

다음은 **분자성 물질 또는 비분자성 물질에 의해서 형성된 세포**에 관해서 이야기해 보자. 세포는 생물의 기본 단위인데, 모든 생물학은 화학적인 것과 물리적인 현상으로 구분하여 모두 설명할 수 있고, 화학적인 것과 물리적인 현상의 모든 것은 수학적으로도 표현할 수 있다. 결국, 세포를 다루는 생물학은 모두 수학적인 체계로 형성되어 있다고 할 수 있다. 이 또한 이진법 수학 대체기계인 컴퓨터로 완벽히 나타낼 수 있으므로 결국 세포는 수학적인 체계로 만들어져 있음을 알 수 있다.

다음은 **세포가 모여 형성된 조직과 기관 그리고 기관계**에 대하여 알아보자. 이들의 생물학적 작용은 모두 화학적·물리적으로 설명할 수 있다. 모든 화학적인 것과 물리적인 현상은 수학적으로 표현 가능하니, 결국 조직과 기관 그리고 기관계를 다루는 생물학은 모두 수학적인 체계로 형성되어 있다고 할 수 있다. 이 또한 이진법 수학 대체기계인 컴퓨터로 완벽히 나타낼 수 있다. 결국, 조직과 기관 그리고 기관계는 수학적인 체계로 만들어져 있음을 알 수 있다.

이에 대하여 쉬운 예를 하나만 들자. 우리가 밥을 먹으면 입에서 음식물을 물리적으로 분쇄하여 음식물의 표면적을 넓혀 놓으면(화학반응이 쉽게 하기 위한 것), 침샘에서는 아밀레이스라는 소화효소가 나와서 화학적 분해 작용을 한다. 위를 지나면서도 역시 물리적인 움직임과 위샘에서는 펩신이라는 소화효소가 나와서 단백질성 음식물을 분해하는 화학반응 과정을 거친다. 소장의 상단부인 십이지장을 지나면서 이자 샘에서 음식물을 화학적으로 분해하는 아밀레이스, 말테이스, 리페이스, 트립신을 분비하여 음식물을 화학적으로 분해한다. 소장을 지나면서 장샘에서는 말테이스, 수크레이스, 락테이스, 펩티데이스라는 소화효소를 분비하여 음식물을 화학적으로 분해한다. 이러한 음식물 소화과정은 물리적인 움직임과 물리적인 분해 그리고 화학적인 분해 과정으로 모두 설명된다. 물리적 현상과 화학적 현상은 모두 수학적으로 표현 가능하므로 결국 소화과정에 관여하는 세포·조직·기관·기관계에 있는 모든 것은 곧 수학적인 체계로 형성되어 있다고 말할 수 있다. 이 역시 이진법 수학 기계인 컴퓨터로 모두 나타낼 수 있다.

인간의 설계도라고 할 수 있는 세포 속의 DNA 정보 또한 모두 이진법적인 수학으로 바꾸어 컴퓨터에 저장할 수가 있다. 이 저장된 이진법적인 수학 정보를 다시 DNA의 원래 정보로 출력할 수도 있다.

신체의 모든 세포·조직·기관·기관계가 이처럼 물리적·화학적 현상으로 설명할 수 있고, 물리적인 것과 화학적인 것은 모두 수학으로 나타낼 수 있으며, 이진법 수학 기계인 컴퓨터로도 완벽하게 표현할 수 있다. 결국, 신체 내부에서 일어나는 모든 생물학적인 현상은 곧 수학적인 체계로 이루어져 있다고 할 수 있다.

인간 신체가 느끼는 시각, 청각, 후각, 미각, 촉각을 수학으로 나타낼 수 있다

신체 외부로부터 오는 모든 자극과 신체의 오감에서 반응하는 현상을 수학적인 것과 관련하여 이야기하고자 한다.

먼저 **시각**에 관하여 이야기해 보자. 시각이라는 것은 시각 기관인 '눈'과 외부의 '가시광선'이라는 전자기파를 만났을 때 나타난다. 가시광선은 물리적인 것으로서 완벽히 수학적으로 표현할 수 있고, 신체의 모든 세포, 조직, 기관, 기관계는 수학으로 나타낼 수 있다고 했기 때문에 우리 몸의 시각 기관인 눈 또한 수학적인 체계로 이루어져 있다고 할 수 있다.

외부 전자기파의 수학적인 성질과 우리 몸의 눈의 수학적인 시스템이 화학적·물리적으로 반응하여 밝음과 어둠을 감지하고 색깔도 인식한다. 물리적·화학적인 모든 것은 곧 수학적 질서의 본성을 가지고 있음이니, 시각을 인식하는 자체가 수학적인 반응 과정이라는 것이다. 즉, 시각 형성 과정을 모두 수학으로 나타낼 수가 있다는 것이다. 시각을 느끼는 주체는 우리 육체가 아니라 우리를 운행하는 우리 육체에 연계된 나란 존재성의 비물리적인 '무언가'이다.

좋은 경치를 보면 무한히 행복한 마음이 드는 것도 외부의 경치로부터 출발한 수학적 성질로 표현 가능한 전자기파인 빛이라는 파동성과 눈과 연계된 뇌의 수학적인 성질로부터의 파동성이 공명 현상을 일으키는 것으로 생각하면 된다. 이 느끼는 주체는 우리를 운행하는 우리 육체에 연계된 나란 존재성의 비물리적인 '무언가'이다.

다음은 **청각**에 관하여 이야기해 보자. 청각이라는 것은 청각 기관인 '귀'와 외부의 '음파'라는 자극이 만났을 때 나타난다. 음파는 물리적인 것으로서 완벽히 수학적으로 표현할 수 있고, 신체의 모든 세포, 조직, 기관, 기관계는 수학적 질서를 가지고 있으므로 모두 수학으로 나타낼 수 있다고 했기 때문에 우리 몸의 청각 기관인 귀 또한 수학적인 체계로 이루어져 있다고 할 수 있다. 외부 음파의 수학적인 성질과 우리 몸인 귀의 수학적인 시스템이 물리적 반응을 일으켜 소리를 인식한다.

그렇다면 자세히 분석해 보자. 외부에서 음파가 고막을 물리적으로 진동시키면, 청소골에서 고막의 진동을 물리적으로 증폭시킨다. 다음은 달팽이관 속의 림프액을 물리적으로 진동시키고, 코르티기관의 청세포를 물리적으로 자극해 전기적 신호를 발생시킨다. 이렇게 발생한 전기신호는 청신경을 통해 대뇌로 전달되고, 대뇌의 청각 담당 세포에서는 이 전기적 신호에 감응된다. 그리고 우리는 이것을 '소리'로 인식한다. 소리를 느끼는 주체는 우리 육체가 아니라 우리를 운행하는 우리 육체에 연계된 나란 존재성의 비물리적인 '무언가'이다. 이러한 청각을 느끼는 모든 과정이 수학적 질서를 벗어난 것은 하나도 없다. 따라서 청각의 형성 과정은 곧 수학으로 나타낼 수 있다.

좋은 음악을 들으면 무한히 행복한 마음이 드는 것도 외부 음파의 수학적인 성질로부터의 파동성과 귀와 연계된 음파 담당 뇌의 수학적인 성질로부터의 파동성이 공명 현상을 일으키는 것이고, 이 느끼는 주체는 우리를 운행하는 우리 육체에 연계된 나란 존재성의 비물리적인 '무언가'이다.

다음은 **후각**에 관하여 이야기해 보자. 후각은 후각기관인 '코'와 외부의

'기체'라는 물질의 화학적 자극이 있을 때 나타난다. 기체는 화학식으로 완벽히 나타낼 수 있고, 화학식으로 나타낼 수 있는 것은 모두 수학적 질서로 분석할 수 있으므로 기체는 수학이라고 할 수 있다. 그리고 신체의 모든 세포, 조직, 기관, 기관계는 수학적 질서를 가지고 있으므로 우리 몸의 후각기관인 코 또한 수학적인 본성으로 질서 있게 후각 체계를 이루고 있다고 할 수 있다. 외부 기체라는 물질의 수학적인 성질과 우리 몸의 코와 연계된 뇌의 수학적인 성질이 반응하여 냄새를 인식한다.

  그렇다면 이러한 과정을 과학적으로 자세히 분석해 보자. 외부에서 기체 화학 물질이 콧속의 윗부분에 있는 후각 상피세포를 자극하여 전기신호를 발생한다. 이 전기신호가 후신경을 통해 대뇌로 전달되고, 대뇌의 후각 감지영역 부분에 감응되면 냄새를 인식한다. 냄새라는 것으로 느끼는 주체는 우리 육체가 아니라 우리를 운행하는 우리 육체에 연계된 나란 존재성의 비물리적인 '무언가'이다. 이러한 후각 형성 모든 과정은 완벽한 수학적 질서 속에서 형성되므로 후각을 느끼는 모든 것은 곧 수학으로 나타낼 수 있다고 할 수 있다.

  다음은 **미각**에 관하여 이야기해 보자. 미각은 미각기관인 '혀'와 외부의 '액체'라는 물질의 화학적 자극이 있을 때 나타난다. 액체는 화학식으로 완벽히 나타낼 수 있는데, 화학식으로 나타낼 수 있는 것은 수학적 질서가 있다는 것이고, 곧 수학으로 나타낼 수 있으므로 액체는 수학적 본성을 가지고 있다고 할 수 있다. 그리고 신체의 모든 세포, 조직, 기관, 기관계는 수학적 본성을 가지고 있으므로 우리 몸의 미각기관인 혀 또한 수학적인 본성을 바탕으로 이루어져 있다고 할 수 있다. 외부 액체라는 물질의 수학적인 성질과 우리 몸 혀의 수학적인 시스템이 물리적으로 반응하여 신호를 만들어 내고 뇌에 전달하여 신호의 수학성과 청각 담당 뇌의 수학성이 감응하여 맛을 인식한다.

그렇다면 이를 과학적으로 자세히 분석해 보자. 외부에서 액체 화학 물질이 혀의 윗부분에 분포하고 미뢰의 미세포가 자극을 받으면 전기적 신호가 발생하여, 발생한 전기신호는 미신경을 통해 대뇌에 전달되며, 대뇌의 미각 담당 세포에서는 전기신호의 수학성과 미각 담당 세포의 수학성이 서로 감응하여 맛을 인식한다. 맛을 느끼는 주체는 우리 육체가 아니라, 우리를 운행하는 우리 육체에 연계된 나란 존재성의 비물리적인 '무언가'이다. 이러한 맛을 느끼는 모든 과정은 수학적 본성을 가지고 있으므로 모두 수학으로 나타낼 수 있다는 것이다.

혀에서 좋은 맛을 보면 무한히 행복한 마음이 드는 것도 외부의 액체 화학 물질의 수학적인 성질로부터의 파동성과 혀와 연계된 뇌의 수학적인 성질로부터의 파동성과 공명 현상을 일으키는 것이라고 보면 된다.

다음은 **촉각**에 관하여 이야기해 보자. 촉각이라는 것은 촉각기관인 '피부'와 외부의 여러 가지 '물리적 자극' 또는 '화학적 자극'이 있을 때 나타난다. 물리적·화학적 자극이 주어질 때, 이때의 자극을 논리적으로 분석할 수 있으니, 곧 수학으로 나타낼 수 있다. 그리고 신체의 모든 세포, 조직, 기관, 기관계는 수학적 본성을 가지고 있으므로 우리 몸의 촉각기관인 피부 또한 수학적인 체계로 이루어져 있다고 할 수 있다.

외부에서 여러 가지 물리적 자극 또는 화학적 자극이 주어질 때, 외부에서 가해지는 물리적·화학적 자극의 수학성과 피부의 여러 가지 감각점의 수학적 시스템이 반응하여 촉감을 인식한다.

그렇다면 자세히 과학적으로 분석해 보자. 외부에서 물리적·화학적 자극이 주어질 때 피부의 촉점·압점·통점·냉점·온점에서 해당 자극에 맞는 전기신호를 발생시킨다. 그리고 감각신경을 통해 대뇌로 전달하고, 대뇌의 촉각 담당 세포에서는 전기신호의 수학적 성질과 뇌의 수학적 성질이 반응하여 촉감을 느끼게 된다. 촉감을 느끼는 주체는 우리 육체가 아니라 우리를 운행하는 우리 육체에 연계된 나란 존재성의 비물리적인 '무언가'이다. 이러한 촉감을 느끼는 모든 과정은 수학적 본성을 가지고 있으므로 모두 수학으로 나타낼 수 있다는 것이다

좋은 감각이 이어지면 무한히 행복한 마음이 드는 것도 외부 자극의 수학적인 성질로부터의 파동성과 피부와 연계된 뇌의 수학적 성질로부터의 파동성이 충돌하여 공명 현상을 일으킨 것이다.

지금까지 나란 육체 속의 모든 것이 수학 그 자체임을 보여 주었다면, 이번에는 나란 존재성의 정신세계로 들어가 생각해 보자. 정신은 우리가 생각할 때 의식과 더불어 발생한다. 생각은 언어가 있어 가능하고, 언어는 오감에 의해서 만들어진다. 그리고 신체의 모든 세포, 조직, 기관, 기관계는 수학적 본성을 가지고 있으므로 우리 몸에서 언어를 발생시키는 오 감각기관은 수학적인 본성으로 이루어져 있다고 할 수 있다.

결국, 수학적 시스템으로 만들어진 오 감각에서 발생한 언어도 수학이고, 언어에 의해서 발생하는 생각의 세계도 수학이며, 생각으로 인해 형성되는 의식과 정신세계 또한 수학이라고 할 수가 있다.

6. 인간을 둘러싼 모든 학문의 형성 본질이 수학인 증거

 인간을 둘러싼 모든 학문의 형성 본질이 수학인 증거를 밝히려면 인간을 둘러싼 모든 학문을 수학으로 표현할 수 있다는 것을 보여 주면 된다.

 인간은 사회적 동물이다. 그래서 인간이 살아가면서 필연적으로 사회 속에서 다양한 학문이 형성되었다. 즉, 수학 · 물리학 · 화학 · 생물학 · 지구과학 · 우주과학 · 정치 · 경제 · 사회 · 문화 · 윤리 · 예술 · 철학 · 종교학과 같은 것들인데 이들은 모두 이진법 수학 기계인 컴퓨터 속에 정보를 저장할 수가 있고, 저장된 것을 밖으로 출력해 볼 수가 있다.

 그럼 좀 더 자세하게 모든 학문이 **수학**이라는 것을 알아보자.
 수학이라는 학문 분야는 모든 이론을 컴퓨터에 저장할 수 있고, 저장된 내용을 컴퓨터상에서 사실적으로 표현할 수가 있다. 컴퓨터는 2진법 수학 기계이므로 컴퓨터를 통해서 수학이라는 학문 자체의 본질적인 성질을 알 수가 있다.

 다음은 **물리학**에 대하여 알아보자. 물리학은 물체의 성질과 변화 그리고 운동, 힘과 에너지에 관하여 다루는 학문이다. 이 물리적인 모든 정보는 컴퓨터에 저장할 수 있으며, 컴퓨터 속에서 사실적으로 실제 물리적인 모든 현상을 재현할 수도 있다. 그런데 컴퓨터는 이진법인 수학적 기계이므로 컴퓨터로 표현할 수 있는 것은 곧 수학으로 되어 있는 것이라고 할 수 있다. 따라서 물리학에서 다루는 모든 것은 곧 수학적 질서로 되어 있는 것으로 생각하면 된다. 이러한 현상은 물리학은 매우 논리적인 학문이고, 논리는 곧 수학으로 나타낼 수가 있기 때문이다.

다음은 **화학**에 대하여 알아보자. 화학은 물질의 성질과 구조, 생성과 분해 반응 그리고 다른 물질과의 반응을 연구하는 학문이다. 이 화학적인 모든 정보는 컴퓨터에 저장할 수 있으며, 컴퓨터 속에서 사실적으로 실제 화학적인 모든 현상을 재현할 수도 있다. 그런데 컴퓨터는 이진법인 수학적 기계이므로 컴퓨터로 표현할 수 있는 것은 곧 수학으로 되어 있는 것이라고 할 수 있다. 따라서 화학에서 다루는 모든 것은 곧 수학적 질서로 되어 있는 것으로 생각하면 된다. 이러한 현상은 화학은 매우 논리적인 학문이고, 논리는 곧 수학으로 나타낼 수가 있기 때문이다.

다음은 **생물학**에 대하여 알아보자. 생물학은 생물의 구조, 기능, 발달 등 여러 가지 생명 현상 등을 연구하는 학문이다. 이 생물학적인 모든 정보는 컴퓨터에 저장할 수 있으며, 컴퓨터 속에서 사실적으로 실제 생물학적인 모든 현상을 재현할 수도 있다. 그런데 컴퓨터는 이진법인 수학적 기계이므로 컴퓨터로 표현할 수 있는 것은 곧 수학으로 되어 있는 것이라고 할 수 있다. 따라서 생물학에서 다루는 모든 것은 곧 수학적 성질로 되어 있는 것으로 생각하면 된다. 이러한 현상은 생물학은 매우 논리적인 질서가 있는 학문이고, 논리는 곧 수학으로 나타낼 수가 있기 때문이다.

다음은 **지구과학**에 대하여 알아보자. 지구과학은 지구를 대상으로 지질학 · 기상학 · 천문학 · 해양학에 관하여 연구하는 학문이다. 지구과학적인 모든 정보는 컴퓨터에 저장할 수 있으며, 컴퓨터 속에서 사실적으로 실제 지구과학적인 모든 현상을 재현할 수도 있다. 그런데 컴퓨터는 이진법인 수학적 기계이므로 컴퓨터로 표현할 수 있는 것은 곧 수학으로 되어 있는 것이라고 할 수 있다. 따라서 지구과학에서 다루는 모든 것은 곧 수학적 성질로 되어 있는 것으로 생각하면 된다. 이러한 현상은 생물학은 매우 논리적인 질서가 있는 학문이고, 논리는 곧 수학으로 나타낼 수가 있기 때문이다.

다음은 **우주과학**에 대하여 알아보자. 우주과학은 우주선(宇宙線)이나 우주전파를 이용하여 우주에 관한 본질과 우주론을 연구하기도 하고, 우리 지구 주변 외부 공간과 관계되는 모든 것과 달 · 행성계 · 태양계 · 은하계 · 태양풍 · 성운 · 블랙홀 · 혜성 등 우주 공간 전체를 대상으로 하는 학문이다. 우주 과학적인 모든 정보는 컴퓨터에 저장할 수 있으며, 컴퓨터 속에서 사실적으로 실제 우주 과학적인 모든 현상을 재현할 수도 있다. 그런데 컴퓨터는 이진법인 수학적 기계이므로 컴퓨터로 표현할 수 있는 것은 곧 수학적 성질로 되어 있는 것이라고 할 수 있다. 따라서 우주과학에서 다루는 모든 것은 곧 수학으로 되어 있는 것으로 생각하면 된다. 이러한 현상은 우주과학은 매우 논리적인 질서가 있는 학문이고, 논리는 곧 수학으로 나타낼 수가 있기 때문이다.

다음은 **정치학**에 대하여 알아보자. 정치학은 정치 및 정치 현상을 연구

대상으로 하는 학문이다. 정치학적인 모든 정보는 컴퓨터에 저장할 수 있으며, 컴퓨터 속에서 사실적으로 실제 정치학적인 모든 현상을 재현할 수도 있다. 그런데 컴퓨터는 이진법인 수학적 기계이므로 컴퓨터로 표현할 수 있는 것은 곧 수학으로 되어 있는 것이라고 할 수 있다. 따라서 정치학에서 다루는 모든 것은 곧 수학적 성질로 되어 있는 것으로 생각하면 된다. 이러한 현상은 사회 속에서 인간을 대상으로 다루어지는 것으로 정치학은 매우 논리적이며 질서가 있는 학문인데, 논리는 곧 수학으로 나타낼 수가 있기 때문이다.

다음은 **경제학**에 대하여 알아보자. 경제학은 사회 속에서 인간이 엮어가는 모든 경제 현상을 다루는 학문이다. 경제학적인 모든 정보는 컴퓨터에 저장할 수 있으며, 컴퓨터 속에서 사실적으로 실제 경제학적인 모든 현상을 재현할 수도 있다. 그런데 컴퓨터는 이진법인 수학적 기계이므로 컴퓨터로 표현할 수 있는 것은 곧 수학적 성질로 되어 있는 것이라고 할 수 있다. 따라서 경제학에서 다루는 모든 것은 곧 수학으로 되어 있는 것으로 생각하면 된다. 이러한 현상은 사회 속에서 살아가는 인간의 삶을 대상으로 다루어지는 것으로 경제학은 매우 논리적이며 질서가 있는 학문인데, 논리는 곧 수학으로 나타낼 수가 있기 때문이다.

다음은 **사회학**에 대하여 알아보자. 사회학은 사회 속에서 인간이 엮어가는 사회의 근본 원리를 탐구하고 여러 가지 사회 현상의 관계를 밝히는 학문이다. 사회학적인 모든 정보는 컴퓨터에 저장할 수 있으며, 컴퓨터 속에서 사실적으로 실제 사회학적인 모든 현상을 재현할 수도 있다. 그런데 컴퓨터는 이진법인 수학적 기계이므로 컴퓨터로 표현할 수 있는 것은 곧 수학적 성질로 되어 있는 것이라고 할 수 있다. 따라서 사회학에서 다루는 모든 것은 곧 수학으로 되어 있는 것으로 생각하면 된다. 이러한 현상은 사회 속에서 살아가는 인간의 삶을 대상으로 다루어지는 것으로 사회학은 매우 논리적이며 질서가 있는 학문인데, 논리는 곧 수학으로 나타낼 수가 있기 때문이다.

이번에는 **문화**에 대하여 알아보자. 문화(文化)는 일반적으로 사회 속에서 사람들이 공동으로 만들어가는 생활양식의 과정이나 그 산물이다. 문화의 모든 정보는 컴퓨터에 저장할 수 있으며, 컴퓨터 속에서 사실적으로 실제 문화의 모든 현상을 재현할 수도 있다. 그런데 컴퓨터는 이진법인 수학적 기계이므로 컴퓨터로 표현할 수 있는 것은 곧 수학으로 되어 있는 것이라고 할 수 있다. 따라서 문화에서 다루는 모든 것은 곧 수학적 성질로 되어 있는 것으로 생각하면 된다. 이러한 현상은 사회 속에서 살아가는 인간의 삶을 대상으로 다루어지는 것으로 문화는 매우 논리적인 질서가 있는 것으로, 논리는 곧 수학으로 나타낼 수가 있기 때문이다.

이번에는 **윤리**에 대하여 알아보자. 윤리는 일반적으로 사회 속에서 인간으로서 행하거나 지켜야 할 도리를 말하는데 윤리의 모든 정보는 컴퓨터에 저장할 수 있으며, 컴퓨터 속에서 사실적으로 실제 윤리의 모든 현상을 재현할 수도 있다. 그런데 컴퓨터는 이진법인 수학적 기계이므로 컴퓨터로 표현할 수 있는 것은 곧 수학적 성질로 되어 있는 것이라고 할 수 있다. 따라서 윤리에서 다루는 모든 것은 곧 수학으로 되어 있는 것으로 생각하면 된다. 이러한 현상은 사회 속에서 살아가는 인간의 삶을 대상으로 다루어지는 것이다. 그래서 윤리는 매우 논리적이며 질서가 있는 것으로, 논리는 곧 수학으로 나타낼 수가 있기 때문이다.

예술은 일반적으로 사회 속에서 문화의 한 부문으로 특별한 재료나 기교 또는 양식과 같은 것으로 인간의 감상 대상이 되는 것으로 아름다움을 표현하려는 인간의 활동과 그 작품을 예술이라고 한다.
  예술의 모든 정보는 컴퓨터에 저장할 수 있으며, 컴퓨터 속에서 사실적으로 실제 문화의 모든 현상을 재현할 수도 있다. 그런데 컴퓨터는 이진법인 수학적 기계이므로 컴퓨터로 표현할 수 있는 것은 곧 수학적 성질로 되어 있는 것이라고 할 수 있다. 따라서 예술에서 다루는 모든 것은 곧 수학으로 되어 있는 것으로 생각하면 된다. 이러한 현상은 사회 속에서 살아가는 인간의 삶을 대상으로 다루어지는 것으로서 예술은 매우 논리적이며 질서가 있는 것으로, 논리는 곧 수학으로 나타낼 수가 있기 때문이다.

철학은 일반적으로 사회 속에서 사람들이 공동으로 만들어 가는 생활양식의 과정이나 그 산물이다. 철학의 모든 정보는 컴퓨터에 저장할 수 있으며, 컴퓨터 속에서 사실적으로 실제 철학의 모든 현상을 재현할 수도 있다. 그런데 컴퓨터는 이진법인 수학적 기계이므로 컴퓨터로 표현할 수 있는 것은 곧 수학적 성질로 되어 있는 것이라고 할 수 있다. 따라서 철학에서 다루는 모든 것은 곧 수학으로 되어 있는 것으로 생각하면 된다. 이러한 현상은 사회 속에서 살아가는 인간의 삶을 대상으로 다루어지는 것으로서 철학은 매우 논리적이며 질서가 있는 것으로, 논리는 곧 수학으로 나타낼 수가 있기 때문이다.

종교학은 일반적으로 사회 속에서 여러 종교 현상을 비교 · 연구하고, 종교의 본질을 객관적 · 보편적으로 연구하는 학문이다. 종교학의 모든 정보는 컴퓨터에 저장할 수 있으며, 컴퓨터 속에서 사실적으로 실제 종교학의 모든 현상을 재현할 수도 있다. 그런데 컴퓨터는 이진법인 수학적 기계이므로 컴퓨터로 표현할 수 있는 것은 곧 수학적 성질로 되어 있는 것이라고 할 수 있다. 따라서 종교학에서 다루는 모든 것은 곧 수학으로 되어 있는 것으로 생각하면 된다. 이러한 현상은 사회 속에서 살아가는 인간의 삶을 대상으로 다루어지는 것으로서 종교학은 매우 논리적인 질서가 있는 것으로, 논리는 곧 수학으로 나타낼 수가 있기 때문이다.

7. 다중우주와 평행우주도 그 본질적인 형성이 수학인 증거

다중우주를 수학으로 나타낼 수 있다

다중우주란 무엇일까? 우리와 같은 우주 또는 조금씩 다르거나 매우 다른 우주가 무수히 많다는 것이다. 우리의 우주는 태양과 같은 별이 2,000억 개 모인 은하계가 또 2,000억 개 있는 모양을 하고 있다. 이러한 어마

어마한 우주가 우리의 우주인데, 이러한 우리의 우주와 같은 것이 무한히 많다는 것이다.

초자연적인 지성체(창조주)는 유일무이한 우리의 우주만을 창조하지 않은 것 같다. 그러면 이 새로운 우주가 어떤 것들이 있으며 왜 이런 다중우주가 있다고 하는지 그 이론적 배경을 살펴보자. 세계 유명 과학자들이 보는 여러 다중우주의 이론적 시각과 본 필자의 시각을 합쳐 중요한 것만 나열해 보자.

'누벼이은 다중우주'라는 것이 있다.
이 우주는 둥근 공 같은 우주가 무수히 많이 나열된 것을 생각하면 알 수가 있다. 또한, 이 우주는 우리와 동일한 물리법칙을 쓰는 우주인데 그 수가 무한히 많다는 것이다. 우주 반지름이 수백억 광년 되는 규모의 우주가 무한히 많다는 것이다. 이 다중우주는 우주가 무한해야 가능한 것인데, 인공위성에서 우주 곡률을 측정한 결과, 곡률이 제로인 평탄한 우주라는 것이 밝혀졌다. 이는 우주가 무한하다는 것이다. 물론 공처럼 유한하지만, 너무 커서 곡률이 제로인 것처럼 측정될 수도 있다. 이는 앞으로 좀 더 정밀하게 측정해 봐야 할 일이다. 만약에 공간의 무한성이 진실이라면 '누벼이은 다중우주'는 수학적으로 존재 가능한 우주이므로 반드시 존재하는 실재의 우주이다. 왜냐하면 '누벼이은 다중우주'의 존재성은 오직 수학적인 논리 속에서 나타내볼 수 있는 우주에 불과하기 때문이다.

'인플레이션 다중우주'라는 것이 있다.

먼저 인플레이션부터 살펴보고, 인플레이션 다중우주가 어떻게 발생하는지 알아보자. 인플레이션(급팽창) 이론은 빅뱅우주론에서 지평선 문제(우주 양 끝이 너무나 똑같다)와 평탄성 문제(우리 우주의 곡률이 제로이다)를 해결하고 우주배경 복사 속에서 인플레이션(급팽창)에서만 가능한 시공간의 흔들림인 중력파 원형 편광을 확인함으로써 검증되었다(중력파는 매우 약해서 인플레이션과 같은 사건이 있어야만 그 흔적을 발견할 수가 있다). 그러면 인플레이션(급팽창)에 의해 다중우주가 생성되는 과정을 알아보자. 비물리적이며 불생불멸로 무한차원 속에 존재하는 초자연적 지성체(창조주)인 그 무언가는 시간도 공간도 물질도 에너지도 없는 절대무에 양자역학적인 불확정성에 의한 양자요동이 있고, 양자 터널 효과에 의해 플랑크 크기(10^{-33}㎝)의 초미니 우주를 탄생시켰다. 갓 탄생한 초미니 우주는 매우 큰 진공에너지를 가졌고, 이 진공에너지인 인플라톤장의 에너지는 양자역학의 불확정성 원리의 지배를 받을 수밖에 없는데 초기 우주는 인플라톤장의 에너지가 매우 컸으므로 양자적 요동도 엄청나게 컸을 것으로 생각한다. 즉, 큰 인플라톤장의 에너지 영역과 낮은 인플라톤장의 에너지 영역이 크게 요동을 친다는 것이다. 또한, 급팽창이 가능한 큰 인플라톤장의 에너지 영역이 급팽창에 따라 증가함으로 이는 새로운 급팽창이 끝없이 가능함을 의미하는데, 여기서 자연스럽게 영구적 급팽창이라는 결론에 도달한다. 즉, 다중우주가 필연적으로 만들어진다는 것이다. 다시 말하면, 시공간 영역마다 다른 농도의 인플라톤이 형성되는데, 높은 농도가 형성된 곳이 끝없이 나타날 수밖에 없고, 이에 따라 이러한 고농도의 인플라톤이 형성된 곳은 급팽창이 나타나 새로운 우주가 만들어진다는 것이다. 이와 같은 현상이 영구적으로 나타남으로 무한개의 우주가 존재하는 다중우주가 만들어진다(급팽창이 일어날 때 고진공에너지인 인플라톤장의 에너지가 저 진공에너지인 인플라톤장의 에너지로 되면서 많은 진공에너지를 공간에 분출하는데, 이때 분출된 진공에너지는 쿼크와 반쿼크, 렙톤과 반렙톤을 만드는 재료가 되었다).

위에 설명한 영구적 인플레이션 우주는 양자론과 상대론을 수학적으로 통합하면 무한척력이라는 힘이 만들어지는데, 이에 의하여 만들어지는 우주이므로 수학적인 근원을 벗어날 수 없는 다중우주이다.

'브레인 다중우주'라는 것이 있다.
이것은 도대체 어떤 다중우주이며 어떻게 추론되었는지 자세히 알아보자. 자연의 흐름 법칙인 열역학 제2법칙에 의하면 우리의 우주는 태초에는 완벽한 질서의 초미니 우주였다고 한다. 즉, 지금 자연에 존재하는 모든 자연을 창생시키는 모든 법칙이 태초에는 하나의 법칙으로 통일되어 있다는 뜻이다. 따라서 지금의 자연을 존재케 하는 모든 법칙을 통합하여 태초의 상태를 만들어 보면, 지금 현재 시공간의 성질을 알 수도 있다. 그리하여 초자연적 지성체(창조주)의 학문인 수학을 이용하여 온 자연의 법칙을 통합하는 이론을 만들기에 이르렀다. 이른바 초끈이론과 M-이론이다. 그런데 이 완벽한 태초의 법칙을 대변할 이론이 성립하려니 10차원 또는 11차원이 필요하다고 한다. 결국, 6차원(초끈이론일 때) 또는 7차원(M-이론일 때)의 우리가 모르는 여분의 차원 공간이 있음을 알았고, 이는 다중우주의 존재를 시사한다. 고차원 시공간이 존재하면 그 속에 다양한 시공간 차원의 다중우주가 존재할 수밖에 없다.

3차원 입체 공간을 11차원 시공간이라고 비유하여 이해를 도와주겠다. 3차원 입체 공간 속에 점·선·면을 무한히 나타낼 수 있는데, 3차원 입체 공간 속의 무한히 많은 점·선·면이 11차원 시공간 속의 다양한 저차원 공간이라는 것이다. 3차원 입체 공간 속에 점이 무수히 많다는 것은 11차원 속에 이에 대응하는 시공간의 수가 무수히 많고, 3차원 입체 공간 속에 선이 무수히 많다는 것은 11차원 속에 이에 대응하는 시공간의 수가 무수히 많다는 뜻이며, 3차원 입체 공간 속에 면이 무수히 많다는 것은 11차원 시공간 속에 이에 대응하는 시공간이 무수히 많다는 뜻이다. 우리가 사는 4차원 시공간은 11차원 시공간 속의 무수히 많은 우주 중의 하나이다. 즉, 우리가 사는 공간 차원인 3-브레인은 11차원 시공간 속에 무수히 많은 브레인 중에 하나라는 것이다. 그러므로 11차원 시공간 속에 저차원 시공간이 무수히 많이 존재하여 다중우주를 형성한다는 것이다. 이 우주는 통일장 이론을 찾던 중 추론된 다중우주로 모두가 수학적으로 접근한 우주이다. 결국, '브레인 다중우주'는 모두가 수학적인 원리로 밝힐 수 있으므로 수학적인 원리로 만들어진 우주라고 할 수 있는 것이다.

'궁극적 다중우주'가 있다.
  이 우주는 본 필자가 가장 좋아하는 다중우주이다. 본 필자가 수학적 절대 우주론과 주기적 절대 우주론에 깨달음을 얻고 심취해 있을 때, 본 필자와 생각을 같이하는 세계적인 과학자가 이미 있었다. 브라이언 그린, 막스 테그마크이다. 그래서 본 필자는 좀 더 자신 있게 힘주어 이 글을 쓰고 있다. 본 필자가 심취해 있던 수학적 절대 우주론은 수학으로 표현할 수 있는 모든 시공간 차원의 우주는 곧 실제 존재하는 물리적인 우주가 무조건 존재하며, 수학이 곧 초자연적인 지성체(창조주)의 본성이었다는 것인데, 수학적 우주와 실제 존재하는 물리적 우주 사이의 관계는 다음과 같다는 것이다.

수학적으로 가능한 모든 차원의 모든 우주

(어딘가 있을 무한차원 속의 무한개의 우주를 완벽하게 추론) (인간이 우둔하여 근사적으로 접근만 하고 있다)

수학적으로 가능한 모든 차원의 모든 우주는 모두
실제로 존재하며 법칙이 다른 무수히 많은 물리적 우주

위에 나타낸 관계는 본 필자의 '수학적 절대 우주론'인데, 수학적 우주와 물리적 우주 사이의 관계를 잘 나타내 주고 있다. 즉, 수학은 신(창조주)의 학문이며, 수학에서 추론된 모든 결과는 절대적으로 어느 우주엔가 일치한다는 것이다. 어느 우주이든지 물리적 우주는 그 우주에 맞는 수학으로 나타낼 수 있다는 것이다.

(물론 인간의 지혜가 부족해 수학적 표현에 서툰 것은, 전적으로 인간이 부족한 탓이지만 그나마 근사적으로 물리적 우주 진실에 가까이 있음은 틀림없다.)

수학으로 표현할 수 있는 우주와 실제 존재하는 물리적인 우주는 같다는 것이다. 따라서 수학적으로 추론되는 모든 우주는 어딘가에 존재하는 실존 우주이므로 무수히 많은 다중우주가 존재할 수밖에 없다.

지금까지 설명한 다중우주는 본 필자가 매우 신뢰하는 다중우주이고 그리고 명확히 가능한 다중우주이라고 생각하며, 수학적으로 접근할 수 있는 다중우주들이라서 위의 다중우주론 중에 하나의 형태만 있는 것이 아니라 모두가 실제 존재하는 다중우주들이다. 이것은 어떠한 우주이든지 수학적 원리로 설명 가능한 우주의 본질적인 성질이다. 위에 설명한 것 외에 가능한 다중우주형태는 더 많이 있다. 새로운 형태의 다중우주에 관한 이야기는 다음 기회로 미루자. 특히 위에 설명한 다중우주 모두를 하나로 통일하라면 역시 본 필자의 수학적 절대 우주론과 일치하는 궁극의 다중우주론이다. 그 이유는 결국 표현은 달리하지만, 수학 영역으로 모두 끌어들일 수 있는 성질을 가지고 있다는 것이다. 모두가 정교한 그 어떤 수학적인 법칙 아래에서 존재하는 것들이라는 것이다.

평행우주를 수학으로 나타낼 수 있다

평행우주는 양자역학이라는 것에 그 뿌리를 두고 있다. 양자역학이 기술하는 도구는 수학이다. 따라서 양자역학에서 추론되는 모든 결과는 그 근원이 수학적인 추론에서 나온 결과인 만큼 모두가 수학성을 갖고 있다.

우리가 사는 3차원 공간과 여분의 6차원 공간을 포함한 총 9차원 공간 속 에너지 끈의 진동 형태에 따라 3차원 공간 속의 우리가 알고 있는 에너지, 쿼크 그리고 렙톤과 같은 각종 소립자가 형성되고, 그 소립자가 모여 양성자 또는 중성자가 되며, 중성자와 양성자가 모여 원자를 형성하고, 원자가 모여 분자나 비분자성 각종 물질을 형성한다. 그리고 그것들이 모여 생명과 우주 삼라만상이 만들어진다. 이처럼 모든 근원이 가장 작은 입자들의 모임이고 이런 입자들은 양자역학이란 영역 속의 수학에 의해서 모두 표현된다는 것이다.

여기서 좀 더 자세히 만물의 기본입자라고 하는 **소립자**의 세계로 들어가 보자. 소립자와 소립자는 완벽히 서로 독립된 실체이다. 또한, 이들은 양자역학으로만 나타낼 수 있다. 양자역학이 적용되는 소립자가 형성되어 있는 세상에는 같은 시간에 동시에 무한히 많은 경우의 소립자가 존재할 수밖에 없다는 것이다. 이것은 무엇을 의미하는가? 양자역학적으로 동시에 무한히 많은 경우의 수를 가지고 있는 소립자의 정체는 우주의 모든 비밀을 밝혀 줄 중요한 단서 가운데 하나이다. 무한히 많은 경우의 수가 존재하지만, 관측 순간 파동적인 정보는 깨어지고 오직 하나의 경우만 관측된다. 무한히 많던 경우의 수는 대체 어디로 사라졌을까? 우리가 모르는 여분의 차원 공간이 필요함을 추론해 볼 수 있다. 동시에 존재의 수도 무한개, 동시에 존재의 위치도 무한개가 가능한 소립자의 본성이 말하는 것은 과연 무엇일까? 무한히 많은 경우가 동시에 확률적으로 존재하는데, 관측과 동시에 존재가 사라져 버린 무한히 많은 경우의 수는 정녕 어디로 갔는지 알고 싶다. 동시에 존재 확률이 제로가 아닌 상태로 있었다는 것은 분명히 무한히 많은 존재가 동시에 존재한다는 것을 의미한다. 사라진 무한히 많은 경우의 수인 소립자는 여분의 차원 공간에 존재하는 것으로 추론된다. 바로 평행우주가 있어야 한다는 것을 말하고 있다. 이 또한 양자역학이 기술하는 수학에 의해서 설명이 된다.

다시 말하면 우주 삼라만상이 모두 소립자로 이루어져 있기 때문에 모든 소립자가 위와 같은 법칙을 따를 수밖에 없다. 거시적인 물체를 구성하고 있는 하나하나, 우주를 구성하고 있는 하나하나 모두가 양자역학의 지배를 받는 미세입자들이고, 이들은 상호 관계하며 물질을 만든다. 관찰자(인식자)에 의해서 파동함수는 붕괴하여 우리가 보고 있는 특정한 형체의 세상을 형성시킨다. 따라서 다음과 같이 표현할 수 있다. 우주에 있는 모든 존재는 무한히 많은 평행우주를 가지고 있다. 즉, 내가 무수히 많다는 것이고, 각기 무수히 많은 나는 각자 우주에서 전연 다르게 살아간다. 이 또한 양자역학이 기술하는 수학으로 접근해 볼 수가 있다.

결론적으로 우주의 기본 물질은 양자역학의 지배를 받고, 기본 물질이 모여서 만들어진 이 우주는 역시 양자역학의 원리에 따라 모든 기본 물질이 동시에 가능한 모든 경우의 수대로 무한히 존재한다. 그리고 모든 경우의 수 하나하나는 시공간이 전연 다른 우주를 형성한다. 그러므로 우주의 모든 것을 형성하고 있는 각각의 기본 소립자는 양자역학적 현상대로 존재하기 때문에 이의 집합체로 이루어진 우주의 삼라만상 모든 것이 무한히 많은 경우의 수대로 존재할 수밖에 없다.

다시 말하면 이 우주에 존재하는 모든 것은 가장 작은 것의 모임이고, 모든 작은 것에는 명확한 양자역학적 분석이 가능하다. 즉, 물리적 실체인 것은 양자론적인 현상을 생각해 볼 수 있다. 미시세계에서 한 개 소립자의 양자역학적인 현상을 생각하면, 입자가 무한히 많은 경우의 수로 존재하는 평행우주는 시공간의 양자화까지 도입한다면 이해하는 데 도움이 될 수도 있다. 이 모든 것은 양자역학이 기술하는 수학으로 접근할 수 있다는 것이다.

8. 수학과 나란 존재성

앞에서는 우주 삼라만상이 모두 수학이라는 언어로 나타낼 수 있음을 보여 주었다. 수학으로 표현하지 못하는 존재의 대상이란 없다는 것이다. 즉, 인간을 포함한 우주의 모든 것이 수학으로 되어 있고 인간의 생각하는 논리성조차 수학적인 본성을 따른다. 그래서 논리성만 있다면 어떤 규칙을 따른다는 것이고 바탕에 수학적 본성을 가지고 있으니 우주의 어떤 참 진리와 연계될 수밖에 없는 무언가라는 것이다. 그래서 수학의 논리성을 이용하여 나란 존재 의식의 정체성을 찾아보자.

우리 몸과 나란 존재성을 수학과 관련하여 생각해 보자.
우리 몸을 이루고 있는 어느 부분도 수학적 본성을 가지고 있지 않은 부분이 없지만, 비물리적인 나란 존재성의 근원일 수는 없다. 왜냐하면, 나란 존재성이 인간의 육체에 존재한다면 모든 사람에게 존재하는 우주 절대 자아 현상인 나란 존재성이 나타날 수 없고 오직 각개 인간의 기계적인 반응만 있을 뿐이다.

정신은 우리가 생각할 때 의식과 더불어 발생한다. 생각은 언어가 있어 가능하고, 언어는 오 감각에 의해서 만들어졌다. 그리고 신체의 모든 세포, 조직, 기관, 기관계는 수학으로 나타낼 수 있기 때문에 우리 몸에서 언어를 발생시키는 오 감각기관은 수학적인 본성으로 이루어져 있다고 할 수 있다.

결론적으로 무한히 많은 우주는 오직 수학적 성질이 있으므로 다음이 성립한다.

위의 표는 우주에 수학으로 표현하지 못하는 존재의 대상이 없다는 것으로 본 필자가 2014년 발견하여 주장하는 '**수학적 절대 우주론**'인데, 이것을 보아도 우주 모든 존재의 진리는 수학과 관련됨을 알 수 있다. 그리고 수학적인 논리성으로 나란 존재성의 원천에도 도달할 수 있다고 생각한다.

앞에서는 우주 삼라만상 모든 것이 수학으로 표현 가능하다는 것을 보여주었다. 나란 존재성도 수학적 본성에서 시작한다고 생각하므로 가장 간단한 수학의 논리로 본질에 접근해 보자.

나 = 우주 절대 독립 자아의식
너 = 우주 절대 독립 자아의식
......
x = 우주 절대 독립 자아의식
나 = 너 = ... = x = 우주 절대 독립 자아의식

위의 논리에서 모든 사람에게 '**우주 절대 독립 자아의식**'이 그 무언가 하

나에서 발생함을 알 수 있다. '그 무언가 하나'란 무엇일까? 우리가 사는 3차원 공간에는 사람마다 그 위상이 전혀 달라 모든 사람을 하나로 인식하는 그 무언가가 존재할 수 없다. 그러므로 3차원 공간을 초월하여 존재하는 무언가임은 틀림없다는 것이다.

수학과 과학은 지금의 우주 상태를 태초로 거슬러 올라가면 한 점이 되고 이윽고 수학적으로는 제로 크기가 된다고 한다. 이는 무엇을 말함인가? 태초에 모든 것이 하나였고, 절대무로 돌아감과 동시에 신의 영역 속의 비물리적인 무언가에 소속되었다는 것을 암시한다. 따라서 모든 인간이 느끼는 나란 존재성의 비물리적인 무언가는 신의 무언가이다. 결국, 지금의 모든 사람이 느끼는 나란 존재성은 태초의 하나였던 상태와 연결되어 있고 태초 전의 비물리적인 것인 무언가의 하나에서 나온 무언가이다.

모든 사람이 느끼는 나란 존재성이 사람마다 독립적으로 존재하는 고유의 무언가 있을 것 같게 생각되지만 절대로 다른 것일 수는 없다. 같은 것이 다르다고 착각할 뿐이다. 그 이유는 위에서 설명한 태초에는 모든 것이 조화로운 하나의 뭔가였던 것인데, 지금의 각 개인의 육체가 자신이라고 착각하는 환상을 만들어 내기 때문에 나타나는 현상이다.

지금의 무한히 큰 우주 시공간조차도 태초에는 그대와 하나였다는 것을 알라. 또한, 우주 시공간 속의 모든 것도 원래는 하나였던 것이다. 그리고 태초 전에는 물리적으로 절대무인 비물리적인 무언가에서 태초가 되면서 물리적으로 하나인 초마이크로 우주로 탄생하였을 것이다. 그리고 지금의 무한히 큰 우주가 되고, 지금의 우주를 운행하는 하나의 무언가가 존재하는데, 우리가 느끼는 나란 존재성은 바로 이것에 기원한 무엇이다.

5장 목차

1. 사회의 본질
2. 사회 속 나란 존재성

5장

―

사회 속
나란 존재성

1. 사회의 본질

사회란 도대체 무엇인가? 인간이 존재하려면 사회를 꼭 형성해야만 존재할 수 있단 말인가? 사회의 그 본질에 대하여 알아보자.

인간이 사회적 동물이라는 것을 분석해 보려면 인간이 사회를 형성하지 않고 살 때의 존재 가능성에 대하여 알아보면 좀 더 쉽게 알 수 있을 것이다.

모든 인간이 독립적으로 혼자 존재한다면 어떻게 될까? 태어날 때부터 가족이란 사회조차 없애 버려 보자. 갓 태어난 생명체의 운명은 어떻게 되려는가? 결과는 뻔한 일이다. 100% 사망이다. 갓 태어난 인간의 뇌에는 존재를 위한 정보가 전연 들어 있지 않은 것이 아니라 무한히 많이 들어 있지만, 부모와 사회에 의해서 하나씩 일깨워져서 삶의 방식을 이해하고 살아가게 된다. 따라서 사회란 인간의 잠재의식 속의 무한한 정보 중에 생존을 위한 정보를 유도해 주는 역할을 할 것이다. 자기 스스로 자각하는 삶은 사망에 이르기 쉬워서 비능률적이라고 생각함으로 창조주는 인간에게 경제적으로 존재할 수 있도록 인간의 내면에 사회성을 삽입해 놓았다. 사회를 형성하지 않으면 외롭고 고독해서 모여서 살 수밖에 없도록 만들어 놓았다는 것이다.

2. 사회 속 나란 존재성

　사회는 수학의 바로 이웃에 있으면서도 분명히 다르다. 자연에서 발견했으면서도 자연을 넘어 존재하는 것이 수학이지만, 사회는 우리의 우주에 속하는 인간이 있기에 존재하는 것이다. 자연에서 발견되어 범우주적으로 존재하는 수학의 논리가 자연의 현상에 사용하면 과학이 되고, 인간과 관련된 각 분야의 학문에 사용하면 인문사회학이 된다.

　인간은 사회적 동물이고, 사회를 떠나서는 절대로 존재할 수 없다. 그래서 사회 속에서 나란 존재성을 찾는 것도, 그 근원인 사고의 발상은 수학의 논리성에 있다. 인간이 자연 속에 존재하고 사회 속에서 살도록 매우 논리성 있게 만들었기 때문에 수학적인 논리성을 떠나서는 나란 존재의 존재성을 확인할 수 없다는 것이다. 그러면 나란 존재는 자연과 사회 속에 그 위상이 분명 존재하는데, 수학적인 논리성으로 하나하나 추적해 보자.

　사회적 동물인 인간에게는 소속 국가가 있어 그 속에서 자신이 맡은 역할도 있다. 사회 속에서 자신이 맡아서 하는 역할도 있고, 가정에서도 자신의 역할이 있다. 따라서 왜 살아가는지, 왜 존재하는지에 대해서는 이 속에서 찾아야 할 것이다. 사실상 모든 인간은 살아가는 이유를 생각하라면, 그 누구도 살아가는 이유를 찾기 어렵다고 할 것이다. 이 때문에 대부분 나란 존재성과 정체성을 잃어버리고 방황하는 사람도 많다.
　인간이 이 땅에 태어나서 인간마다 나란 존재성을 찾기 위해서는 왜 태어났고 왜 살며 무엇을 위해 사는지, 내가 속한 가족·사회·국가·지구의 의미와 나란 존재가 도대체 누구인지 알 필요가 있다. 인간이 태어난 이유부터 파고들어 가 보자.

인간은 자신이 태어난 이유를 절대로 알 수 없다. 왜냐하면, 태어나고 싶어서 태어난 것이 아니기 때문이다. 우리 인간을 태어나게 한 그 무언가가 있다면, 그에게 명확한 이유와 목적이 있을 것이다. 앞장에서 인간이란 존재의 탄생은 무한지능이 필요한 알 수 없는 그 무엇의 개입 없이는 설명되지 않음을 보여 주었다. 그렇다면 초자연적인 그 무엇에 우리의 탄생 이유가 있을 것이다. 우리는 이 초자연적인 지성체에게 인간 탄생의 이유와 목적에 의해 만들어져 살아갈 뿐이라는 것이다. 따라서 우리가 자발적으로 태어난 이유를 알기는 쉽지 않다.

인간은 왜 살까? 인간이 태어난 이유는 알기 어렵다고 하더라도, 사는 이유는 명확히 있어야 한다. 한마디로 '희망이 있어 사다'는 것이다. 우리를 탄생시킨 그 무엇은 우리 인간이 살아갈 이유를 명확히 오 감각을 통해 만들어 놓았다. 그러고 보면 인간의 오 감각이 하는 역할은 무척 많다. 오 감각을 통해 끝없는 언어가 발생했고, 오 감각과 발생한 언어의 조화를 통해 새로이 탄생한 오욕(五慾)이란 욕망이 있어 살아간다. 인간이 욕망을 상실하면 곧 희망을 상실한 것과 같다. 아무리 채워도 채워지지 않는 인간의 욕망은 인간을 존재케 하는 유일한 희망이며, 오직 인간이 그냥 살아가는 이유로서 작용할 뿐이다.

그렇다면 인간은 무엇을 위해 사는지 알아보자. 이는 인간이 살아가는 목적을 묻는 것인데, 이는 인간이 태어난 이유와도 관계된다. 그런데 인간이 태어난 이유가 우리 인간에게 없듯이 우리가 살아가는 목적도 우리 인간에겐 없다고 할 수 있다. 우리 인간은 스스로 태어난 이유와 살아가는 목적을 안다는 것이 쉽지는 않다. 단지 '욕망'이라는 희망이 있어서 끝없이 그 욕망을 채우다가 살아가는 이유와 목적도 모른 채 쓸쓸히 죽어 가는 것이 대부분이다.

그렇다면 이번에는 내가 속한 가족에 대해 알아보자. 내가 나의 가족을 만든 게 아니라, 나를 태어나게 한 그 무언가에 의해서 만들어졌다. 부모님은 나의 생명 설계도를 만들지는 않았지만, 나의 생명 설계도를 가지고 있는 부모의 도움을 받아 내가 태어났다. 그리고 태어나게 도와준 부모 덕분에 가족이 되었다. 결국, 부모님이 나를 만들지는 않았다는 것이다. 내가 태어나는 설계도는 초자연 지성체인 무언가가 만들었다. 부모가 나를 만들 세포 설계도를 조상으로부터 전달받아 보관하고 있다가, 그 무엇의 작용에 의해서 나란 존재가 태어난 것일 뿐이다.

가족이 만들어진 것도 나 자신의 생각이 전혀 반영되지 않았다. 왜 부모 형제가 지금의 부모 형제가 되었는지는 아무도 모른다. 나를 태어나게 한 부모도 모르고 형제자매도 모른다. 그냥 무언가의 뜻에 의해 가족이 되었다. 인간은 혼자 살아갈 수 없는 사회적 동물로서의 그 시작을 알리는 것이 가족이라는 것만 알 뿐이다.

어느 정도 시간이 지나면 새로운 가족을 구성하면서 태어나서 가족이 되었던 옛 가족은 해체된다. 어떠한 존재와 부모 형제라는 가족 구성원이 되든지 대부분 비슷한 전철을 밟는다.

가족은 나란 존재를 보존케 하는 최소한의 사회 집단에 속한다. 인간은 사회적 동물이니 사회를 떠나서 존재할 수 없는데, 인간이 태어나서 어느 정도 자립할 때까지만 가족으로서의 의미가 있다. 자립의 나이가 되면 각자의 능력과 기질대로 사회로 진출하여 짝짓기하고 새로운 가족을 형성하면서, 부모를 주축으로 성장해 왔던 과거 가족은 추억 속에 파묻고 해체된다.

사회 속의 나란 존재는 가족이라는 울타리 속에서 가족 구성원만으로 살아가기에 부족함을 서로 메꾸어 주기 위해 모였다. 인간의 탄생도 가까운 혈연 사이에서의 혼인으로 열성인자가 태어나는 것을 볼 때, 분명 무언가가 우리 인간을 탄생시켰을 때는 사회를 이루어 살아야 하며 가족을 떠나 사회 속에서 종족을 번성시키려는 의미가 담겨 있는 것 같다.

마지막으로 국가란 무엇인지 살펴보자. '인간은 사회적 동물이라고 했다. 그러면 사회가 있으면 되지 국가가 왜 필요하겠는가?'라고 생각할 수도 있을 것이다. 현실적으로 세상을 보면, 국가라는 것이 자연 발생적으로 형성돼 있는 것 같다. 그렇다면 우리 각자의 생존에 국가도 중요하다는 이야기가 된다. 국가란 '이해를 같이하는 단체들의 모임'이다. 이해를 달리하는 사회와의 존재 이유인 '욕망 쟁취'를 위해 서로를 구분하여 서로를 지키는 큰 집단인 셈이다.

인간은 사회적 동물로, 가족을 형성하고, 사회를 형성하고, 국가를 형성한다. 오직 한 개체의 생명 보존을 위해서 사회 속의 나란 존재성이 의미가 있을 뿐이다.

　참고로 사람의 태어난 이유와 목적을 알 수 있는 책을 다음에 출간할 생각이다. 앞에서도 밝혔지만, 우리 인간 자신은 세상에 태어난 이유와 목적을 아는 것이 쉽지 않다고 했다. 그런데 특별한 법칙이란 징검다리를 만들면 드디어 사람이 태어난 이유와 목적이 진리의 창 저 너머에 보인다는 것이다. 그래서 이미 출간한 본 필자의 도서 《두 개의 법칙으로 창조주의 존재 완벽히 증명》에서 본 필자가 2014년 제창하며 사용한 '질서 있는 형체 생성 법칙'과 《창조주=예수 증거》 책에서 사용한, 역시 본 필자가 2015년 제창한 법칙인 '질서 있는 형체 목적 법칙'과 '고질서 다진리 법칙'을 이용하면 인간이 태어난 이유와 목적은 알 수가 있다.[2] 그리고 본 필자의 도서 《신의 생명창조 목적》을 참고로 한다면 더욱 명확해질 것이다.

---

2 여기서 간단히 3개의 법칙을 소개하고 넘어가자. '질서 있는 형체 생성 법칙'은 우주에 있는 무엇이든지 질서 있는 형체가 만들어지려면 '지능', '설계도', '의지' 3가지가 있어야 한다는 것이고, '질서 있는 형체 목적 법칙'은 '질서 있는 형체 생성 법칙'에 따라 만들어진 것은 어떠한 것이든지 그 목적이 있다는 법칙이다. '고질서 다진리 법칙'은 일정 질량 속에 포함된 것의 질서도가 클수록 진리가 많이 포함되어 있다는 법칙이다. 이 3가지 법칙은 불가사의한 초자연 현상을 증명하는 데 없어서는 안 되는 절대 법칙과도 같다. 뒤에 본서에서도 다룰 이 세 법칙은 매우 논리적으로 불가사의한 진리에 접근하는 비법을 독자들은 발견하게 될 것이다.

결론적으로 인간은 사회적 동물이며 절대로 혼자 살 수가 없는데 사회란 공동체 속에서 나란 생명과 다른 생명 간의 서로 간에 밀접한 인과 관계를 유지하며 살아가는 존재성만 확인할 수 있다. 사회 속에서는 나란 존재성의 특별한 존재성을 밝힐 수는 없다는 것이다.

사회 속으로 빠져들면 빠져들수록 더욱이 나란 존재성은 상실한다는 것이다. 그래서 나란 존재성을 깨달으려면 사회 속으로부터 이탈해야만 한다. 무한고독 속으로 빠져들어야만 한다는 것이다. 사회 속에서 많은 사람과 인연을 맺으면 맺을수록 나란 존재성을 깨닫기는 쉽지 않다고 생각할 수 있다.

그러나 사회 속이라 할지라도 나란 존재성을 두고 같이 토론하며 파고 들어가는 과정의 경우가 있다면 좀 더 쉽게 나란 존재성을 깨달을 수 있다고 생각한다. 이유는 하나의 목표로 들어갈 때 옆 사람의 동질적인 에너지는 나란 존재성을 가로막고 있는 많은 장벽을 허무는 데 큰 힘이 되기 때문이다.

6장 목차

1. 식물 삶의 생리와 의식
2. 동물 삶의 생리와 의식
3. 인간 삶 속에서 발견되는 나란 존재성

6장

생물학 속
나란 존재성

1. 식물 삶의 생리와 의식

식물은 움직임이 없다. 가만히 제자리에서 죽을 때까지 아무런 의식도 없이 무감각하게 살아간다. 저들도 만족이란 것이 있을까? 감각도 의식도 없으니, 당연히 만족이 있을 리 없다.

식물의 의식에 관해 이야기해 보자. 식물에 삶의 생리는 논할 수 있어도 의식을 논할 수 없다는 것을 누구나 잘 알 것이다. 그러면 식물에 '의식'이란 말을 붙인 것은 왜인가? 식물은 생명인데도 불구하고 의식 없이 존재하는 생물이다. 이로써 생명을 논할 때 의식이 꼭 필요한지 의식의 본질을 확인시켜 주는 차원에서이다. 그리고 식물의 삶의 생리를 통해 생명이 이미를 밝혀 보며, 꼭 의식이 있어야 생물로서 의미가 있는지에 대해서도 밝혀 본다.

'의식'이란, 외부로부터 오는 정보를 해석하는 능력인 '앎'을 의미한다. 이 '앎'이란 것은 언어에 의해서 발생하고, 언어는 오 감각이라는 감각의 경험과 학습에 의해서 만들어진다. 따라서 감각기관이 없는 식물에 언어가 만들어질 수 없으니, 의식도 발생할 수 없다.

그러면 식물은 의식 없이 생물로서 살아가는 이유가 무엇일까? 물론 이유는 명확히 있다. 이는 생물의 본질을 알면 답이 나온다. 의식이 있어야 생물로서 의미가 있다는 법칙도 없다. 의식이란 생물이 존재하려니 어쩔 수 없이 필요로 해서 형성되는 것일 뿐이다. 세포를 가지고 있고, 살아가기 위해 물질대사를 하며, 생장하고, 자극에 대해 반응을 하며, 또한 항상성을 가지고 있고, 생식과 유전을 하며, 환경에 적응하기 위해서 수평적 진화를 하면 '생물'이라고 한다. 이러한 생물의 조건에 의식의 유무가 중요하지 않다는 것이다.

이제 생물에 의식이 필수가 아니라는 것을 알았다. 의식이란, 살아가려니 어쩔 수 없이 의식이 필요한 생명, 즉 동물과 인간에게만 있는 것이다. 식물은 일단 의식이 없어도 생명을 유지할 수 있다. 그러면 식물은 무엇 때문에 살까? 의식이 없음에도 불구하고 저들은 왜 사는 것일까?

우선 절대적인 진리를 하나 이야기하자면, 식물이 사는 이유는 식물한테는 없다는 것이다. 우리가 인간으로 태어나고 싶어서 태어난 것이 아니듯, 식물도 그 어떠한 이유가 있는지 모르겠지만 단지 태어났기 때문에 살고 있을 뿐이다. 무생물이 원자나 분자 그리고 비분자성 물질 상태 등 각가지 상태에서 생물과는 다른 그들대로의 그 어떤 존재의 법칙 아래 존재하듯이 식물도 식물대로의 존재의 법칙대로 존재할 뿐이다.

그런데 이들 식물이 살아가는 모습을 보면, 불가사의한 삶의 행태를 보인다. 어떻게 자발적으로 세포분열, 물질대사, 자극과 반응, 항상성의 유지, 생식과 유전을 하며, 환경에 적응하기 위해서 수평적 진화를 할까?

특히 불가사의한 것은, 의식도 없는 저들이 바람이 있다는 것을 어떻게 알아 풍매화가 생겼으며, 곤충이 있다는 것을 어떻게 알아 충매화가 생겼으며, 물이 있다는 것을 어떻게 알아 수매화가 생겼단 말인가? 식물 자신이 주변 환경을 인지해서 이렇게 되지는 않았을 것이다. 지성도 없는 이들이 종족보존을 위해 펼치는 불가사의한 무한 신비감은 이루 말할 수 없이 놀랍다.

그러면 식물이 존재하는 이유를 생태계 전체로 확장해서 생각해 보자. 즉, 식물은 아무리 생각해도 무생물인 물체와 다름이 없다. 무생물인 원소도 각기 원소마다 물리적·화학적 성질이 다르고 이들의 존재성은 이들이 모여 물질을 이루고 있는 물질 전체의 세계를 보아야만 이해할 수 있다. 이들 각각 원소는 그냥 특별한 성질이 있는 물질에 불과하다. 따라서 식물의 무언기를 알려면, 이들이 살아가는 생태계 전체를 분석해 보아야 답이 나올 것 같다.

사람의 어떤 기관의 기능을 제대로 알려면, 몸의 전체 중에 그 기관이 속한 위상을 알아야 한다. 즉, 한 기관만을 가지고 기능을 분석하는 것은 아무런 의미도 없다는 것이다. 이는 오직 전체 속에서 그 기관의 역할만 의미가 있음을 의미한다. 따라서 식물도 식물의 세계 전체를 아무리 분석했다고 해도, 식물 하나를 두고는 아무런 의미가 없다. 그래서 식물이 속한 생태계 모두를 분석해야만 답이 나온다. 나아가 좀 더 완벽한 분석을 위해 우주 전체로 확장하면 명확하고 매우 아름다운 답이 나올 것이다.

자, 그럼 식물이 속한 생태계의 흐름을 추적해 보자. 식물이 속한 생태계에는 특별한 존재인 동물로서의 인간과 기타 동물, 식물과 무생물로 이루어져 서로 관련성을 맺고 있다. 생물을 보면 알 수 있는데, 생물에게 중요한 필수 영양소의 모두가 생물이라는 생명체 속에 들어 있다는 것이다. 이에 따라 생명이 생명을 잡아먹어야만 살아갈 수 있다.

먹이사슬 피라미드 구조의 가장 아래 단계는 식물이 차지하고 있다. 식물은 동물이 살 만한 곳이면 지구상 어디에든지 뿌리를 내리고 산다. 그리고 식물이 뿌리를 내리고 사는 곳이면 어디든 어김없이 초식동물이 살고 있다. 그리고 초식동물이 있으면, 육식동물도 어디엔가 분명히 있다.

식물은 지구 곳곳에서 자연 속에 충만해 있는 물과 이산화탄소, 빛에너지를 화학에너지로 전환해 모으고 있다. 모든 동물에 필요한 유기물질을 만드는 작업을 식물이 하는 것이다. 따라서 식물은 오직 동물에게 영양을 공급하기 위해서 존재한다. 무생물에서 생물이 필요로 하는 물질과 에너지 생산이 주목적이며, 이들은 생명이라고 하지만 의식적인 차원에서는 의식이 없으니 무생명과도 같다.

적당한 동물의 번성을 위하여 식물 나름대로 독성도 만들어 놓았는데, 하나를 과잉 섭취하거나 잘못 섭취하면 동물이 죽게도 하여 놓았다. 이렇게 식물 소비자들의 개체 수도 조절되고 있다. 저들이 아무런 의식이 없는

데, 자기 몸을 먹어치우든 무슨 상관이겠는가? 정말 불가사의한 일임은 틀림없다.

 의식 차원에서는 무생물과 동급인 식물이기에, 식물의 독성은 개체 보존과 동물의 개체 수 조절이 분명하다. 도대체 누가 이렇게 해놓았을까? 절대로 식물 자신이 아님은 자명하고, 그를 소비하는 동물도 아님이 자명하고, 인간 또한 그렇게 해놓은 것이 아님이 자명하다. 그렇다면 누가 이렇게 신비스러운 생태계를 조성해 놓았을까? 저절로 되었다고 하기에는 너무나 그 답이 허무하다.

 이러한 불가사의한 세계가 '저절로' 되었다는 것은 '영(0)+영(0)'을 무한히 많이 하면 언젠가는 '일(1)'이 될 수 있다는 것과 같으며, 종이가 태워져 재로 남은 것이 오랜 세월 지나면 언젠가는 우연히 태워지기 전의 종이 상태로 되돌아가는 것과 같다. 깨어진 항아리가 오랜 세월이 지나면 우연히 깨이지기 전의 항아리로 되돌아가는 것과 같으며, 자연원소들이 오랜 세월 지나면 우연히 비행기가 되고 인간이 되는 것과 같다. 이 모든 것들은 자연의 흐름 법칙인 '열역학 제2법칙'에 완전히 위배되는 것이다.

 우리는 아무리 간단한 것이더라도 규칙적인 무언가를 만들려면 무언가를 만들 '지능'과 '설계도' 그리고 설계도대로 만들 '의지'가 있어야 한다는 것을 안다. '지능', '설계도', '의지' 이 세 가지 중 어느 하나라도 없으면 어떠한 간단한 규칙적인 물체도 만들지 못한다. 여기에서 자연에는 우리가 상상도 못 하는 존재인 초자연적인 지성체인 무언가가 있어야 한다는 결론에 도달한다. 그것도 초유의 지성을 가진 지성이 필요할 것 같다. 이에 관한 본 필자의 도서 《두 개의 법칙으로 창조주의 존재 완벽히 증명》이란 책을 참고하면 유익할 것 같다.

인간의 아이큐로 말하면, 무한대의 아이큐를 가진 지성이 되어야만 만들 수 있는 우주 삼라만상이 우리 앞에 펼쳐져 있다. 이 지성체가 우주를 탄생시키고 생태계를 꾸몄을 때는 확실한 그 어떤 이유가 있을 것이다. 초자연적인 지성체의 능력에 비하면 무한히 작은 능력을 갖춘 인간조차도 무언가를 만들 때는 확실한 이유와 목적을 가지고 만든다. 하물며 무한대의 아이큐를 가진 지성체가 무엇을 만듦에 있어서 어떠한 이유와 목적도 없이 그냥 만들었을 리는 없다.

앞에서도 이야기했지만, 저들이 어떻게 바람이 있는 줄 알고 풍매화가 생겼으며 곤충이 있다는 것을 어떻게 알고 충매화가 생겼을까? 곤충들이 식물들의 생식과정을 알고 있어서 식물들은 돕는 것은 당연히 아니고 그들대로의 삶에서 자연스럽게 이루어진 과정인데, 이를 계획한 초자연적인 지성체는 소름이 돋을 만큼 정교하고 오묘하다. 본 필자는 이 불가사의한 식물의 삶의 생리를 수학적인 논리와 과학적인 합리성으로 해결해 보겠다.

식물은 분명히 의식이 없다. 그리고 풍매화와 충매화가 형성되는 것과는 아무런 관련이 없다. 식물을 먹고 사는 동물이나 인간도 이와 아무런 상관이 없다. 지구상 그 무엇도 이것과는 아무런 관련이 없다. 그러면 지구상의 생명이 진화론으로부터 내려왔다는 진화론적으로 접근하면 해결될까?

6장 생물학 속 나란 존재성　　　127

진화론은 진화되었다는 것이 명확한 근거는 없으나 생태계 구조나 화석을 분석할 때 나오는 대략적인 추측에 불과한 이론이다. 그런데 이 진화론적인 추측에 완벽한 반박이론이 물리학에서 나타났다. 바로 자연 흐름 법칙인 '열역학 제2법칙'이다.

자연 흐름 법칙인 열역학 제2법칙은 상대적으로 질서도가 높은 쪽에서 질서도가 낮은 쪽으로 변해 간다는 법칙이다. 그러면 이 자연 흐름 법칙과 식물의 불가사의한 삶의 생리가 어떻게 관련되었는지 밝혀 보고자 한다.

식물이 되기 전인 자연 상태로 있던 생명구성 원소들 그리고 빛에너지인 광자 모두가 상대적으로 무질서하게 흩어져 있다. 그런데 이것들이 모여 질서정연한 질서 있는 식물이라는 생명으로 바뀌어 간다. 매우 무질서한 자연에서 매우 질서가 있는 생명으로의 변화는 명확히 자연의 흐름 법칙에 어긋난다. 그런데 이 자연의 흐름 법칙은 예외가 없는 완벽한 법칙이다. 따라서 자연에서 우연히 식물이 탄생했다는 것은 있을 수 없다는 것이다. 그렇다면 자연 발생적으로도 생명인 식물이 탄생할 수 없으니, 다른 방법을 생각해 보아야겠다.

자연에서 오랜 시간만 지나면 저절로 발생된다는 진화론이 본 필자의 도서 《두 개의 법칙으로 창조주의 존재 완벽히 증명》에서 완벽히 부정되었으니, 사실상 지구상에는 이제 더 이상 생명인 식물이 저절로 발생하는 경우의 수가 존재하지 않는다. 이제까지 지구 안에서는 명백히 답이 없다는 것을 과학적인 근거를 가지고 밝혀 보았으므로, 지금부터는 눈을 우주로 그리고 그보다 큰 곳으로 돌리자.

 지구 밖의 우주로부터 지금도 하루에 약 1억 개의 크고 작은 온갖 유성이 지구 안으로 떨어진다. 먼 옛날에는 지금보다는 더더욱 많았을 것이다. 이 속에 생명인 식물의 근원이 되는 것이 있을런가. 그런데 만약 있다고 해도 문제가 발생한다. 이것들이 도대체 어디에서 만들어져서 우주 속을 떠돈단 말인가? 또다시 지구상에서와 같은 분석을 하노라면, 이것들도 마찬가지로 존재가 부정된다.

 또 한 가지 문제는 이 생명의 원료가 어느 날 식물로 변하는 것이다. 분명히 생명의 근원 물질이라면 아미노산 같은 것일 텐데 그것이 생명이 되는 것도 문제가 되지만, 단세포식물에서 다세포식물로의 변화는 자연 흐름 법칙인 열역학 제2법칙에 위배된다. 단세포식물은 다세포식물보다 상대적으로 무질서도가 높은 식물이고, 다세포식물은 단세포식물보다 상대적으로 무질서도가 낮은 식물이기 때문이다. 결국, 생명의 근원 물질이 우주로부터 와도 생명의 탄생에는 문제가 된다.

 그렇다면 또 다른 방향으로 눈을 돌리자. 무한히 발달한 행성 속의 생명체가 지구로 와서 생명을 퍼뜨렸다고 한다면 말이 될까? 만약 말이 된다고 해도, 이 또한 문제가 있다. 지금 지구에서 생각하는 이동수단으로는 이처럼 무한히 먼 거리로의 이동이 불가능할 것이다. 예를 들어 지구에서 가장 가까운 별까지 가는 데도 빛의 속도로 4광년이 걸린다. 1광년은 빛이 1년 동안 가는 거리이다. 그래서 웜홀과 같은 이동수단 외에는 방법이 없다.

현재 과학으로는 웜홀을 만드는 것이 불가능한 상태이지만 사실 웜홀은 양자론적으로 충분히 가능성이 있는 이론이므로 문명이 매우 발달하여 만드는 것이 가능하다고 가정하자. 그래서 웜홀과 같은 특별한 이동수단으로 와서 생명의 씨앗인 아미노산을 퍼뜨렸다고 했을 때, 그들은 어디에서 발생한 생물일까? 지구 위에서 분석했을 때 완벽히 부정되는 것처럼 똑같은 상황이 초래된다.

이제 남은 것은 한 가지 방법밖에 없다. 초자연적인 지성체가 지구 생성 이후 생명이 살기에 알맞은 적절한 시기에 초자연적인 그 어떤 법칙에 의해 자연 흐름 법칙에 역행하며 생명을 발생시키는 것이다. 적절한 때마다 새로운 종을 또 발생시킨다. 기존의 생물을 이용하여 엄청난 변이를 일으키는 것인데, 이는 지금의 돌연변이와는 전연 다른 변이를 말한다. 돌연변이를 분석해 보면, 대부분 안 좋은 쪽으로 진행된다. 정상 염색체의 병적인 변이가 새로운 종을 발생시키는 기원이라고는 할 수 없다. 결국, 초자연적인 지성체가 각종 생명체를 창조하는 것이다.

본 필자가 보기에는 무한 능력의 초자연적 지성체가 개입된다면 가장 설득력이 있을 것 같다. 이것은 어디까지나 본 필자만의 생각이지만, '수학적인 절대 우주론'을 적용하면 충분히 가능한 이야기이므로 황당한 것이라고만 할 수는 없다. 수학에서 추론된 것은 절대적으로 믿을 수 있고, 과학에서 추론된 것은 적어도 진리 가까이에 있는 그 어떤 진리이기 때문이다.

지금까지 생명 기본 물질인 아미노산이 지구 밖에서 왔다는 학설을 중심으로 살펴보았다. 사실 생명의 근원 물질인 아미노산은 탄소 수소 산소 질소로 되어 있는데, 이들 원소가 주변의 에너지를 받으면 가장 안정된 공유결합한 상태가 아미노산이므로 지구상에서 충분히 만들어질 수가 있다. 그러나 이 자연스러운 생명 기본 물질 아미노산이 어떻게 생명으로 바뀌느냐는 오직 본 필자의 《두 개의 법칙으로 창조주의 존재 완벽히 증명》이란 책을 보고 나면 진화론은 대단원의 막을 내림과 동시에 이제까지 모든 불가사의한 생명현상을 모두 이해하게 된다.

결론적으로 식물의 삶의 생리를 통해 알 수 있는 것은 생명이란 의식이 꼭 있어야 하는 것이 아니라는 것이다. 그리고 지구 전 생태계를 분석해 본 결과 식물이란 생명은 자연에 존재하는 에너지를 생명이 필요로 하는 형태의 에너지로 전환하는 역할을 한다.

2. 동물 삶의 생리와 의식

동물은 움직여야 살 수 있는 생명이다. 식물처럼 가만히 있으면 어떻게 될 것인가? 100% 무조건 죽는다. 살려면 끝없이 움직여야 한다. 몸에 필요한 영양을 섭취하려면 먹을 것을 찾아다녀야 하고, 다른 생명체로부터 공격을 받으면 움직여서 싸우거나 피해야 하고, 종족을 보존하기 위해서는 열심히 움직여서 짝짓기해야만 한다.

그래서 동물은 생존을 위한 감각기관이 발달해 있다. 먹고 싶은 욕구가 있어야 먹을 것이고, 먹을 때 맛을 느끼는 미각이 있어야 먹는 동기가 부여될 것이다. 생식 때도 무언가 생식욕을 유발하는 것이 있어야만 그에 맞는 행동을 할 것이다. 이처럼 동물은 존재의 모든 것을 오직 감각기관에 의존함을 알 수 있다. 동물의 뇌는 인간의 뇌처럼 몸 전체의 기능을 통제하는데, 인간과는 달리 오직 존재를 위한 본능적인 기능만 만들어져 있다. 오직 먹고 성장하고 병들고 늙으면 죽는다. 그리고 먹이사슬 속에서 잡아먹고 잡아먹힌다.

동물을 인간과 식물과 비교해 보자. 식물은 앞에서 이야기했듯이 무생물과 동급이라고 했다. 그런데 동물은 어떤 존재일까? 동물에게는 인간과 같이 시각·청각·후각·미각·촉각의 오 감각이 모두 있다. 그러나 아무리 똑똑한 동물이라도 오 감각으로 인지하여 생존에 필요하면 즉각 대처하는 본능적인 기능만 가지고 있을 뿐, 인간처럼 오 감각을 이용하여 언어를 만들고 이용할 수 있는 사고 작용이 없다. 한마디로 비물리적인 세계로 건너갈 '언어'라는 징검다리가 없다. 따라서 인간과 같은 영혼이라는 것도 존재할까에 대해 의문이 생긴다.

우주 탄생과정에서 우주의 법칙과 우주 삼라만상은 온도가 하강하면서 대칭성이 깨어지면서 발생한다. 그 무엇이 탄생하려면 항상 조화롭고 아름다운 대칭성이 깨어져야만 한다는 것이다. 예를 들면, 우주의 모든 법칙이 하나로 통합되어 있던 법칙이 깨어지면서 새로운 법칙이 갈라져 나왔다. 우리는 주변에서 어떤 것이 깨어지면 깨어지기 전과 비교할 때, 깨어지기

전이 깨어진 후보다는 대칭성을 띠며 조화롭고 아름답다고 할 수 있다.

이처럼 대칭성이 깨어지는 이론을 동물 발생에 적용해 보자. 원래 생명이란 것이 꼭 움직여야 한다는 법은 없다. 대표적인 예가 식물이다. 식물은 분명히 생명이지만, 움직이지 않는다. 그런데 생명이란 대칭성이 깨어지면서 '생각'이라는 것과 '동작'이라는 것이 나왔다. 이것이 바로 동물이다. 대칭성이 깨어지기 전이 깨어진 후보다는 조화롭고 아름다운 것임을 생각했을 때, 대칭성이 깨어지기 전의 상태인 식물이 정말 조화롭고 아름답다는 결론이 나온다.

독자 여러분은 말 못하는 식물이 얼마나 아름답고 숭고한 생명이라는 생각이 들지 않는가? 식물이야말로 스스로 존재에 필요한 모든 것을 해결하면서, 모든 동물과 인간에게 온몸 다 바쳐 희생하고 이 세상을 떠나는 정말로 아름다운 생명이다. 동물과 인간은 하루도 자기 관리를 하지 않으면 추해지지만, 식물은 동물과 인간과는 달리 죽는 날까지 스스로 깨끗한 자태를 유지하는 멋진 생명이다. 식물이야말로 정녕 위대한 생명임을 깨달으면서, 우리는 식물을 대하는 자세를 달리해야 한다고 생각한다.

그러면 위에서 이야기한 대칭성 이야기를 계속하자. 생명이란 대칭성이 붕괴하면서 생각과 동작이 발생하였는데, 이것이 동물이다. 즉, 신경이 있는 동물은 모두가 생명 존재란 대칭성이 붕괴하면서 생각과 동작이 분리되어 나왔다. 식물이 먹이사슬 피라미드 구조에서는 가장 밑에 있어 일방적으로 모든 생명체에 자신의 온몸을 희생하는 생명이지만, 본질적인 것을 분석했을 때 신경이 없는 식물이 동물보다는 상위에 속하는 것을 보면, 정말 진정한 생명으로서의 식물의 위상을 알 것 같다. 그리고 식물처럼 일방적으로 희생하는 생명은 바보가 아니라, 가장 숭고하고 아름다우며 가치 있는 생명임을 깨닫는다.

그러면 동물은 왜 존재하는 것일까? 식물을 먹어치우기 위해 그냥 태어나는 것일까? 동물끼리도 먹고 먹히지 않는가? 동물 하나를 두고 판단할 수는 없는 문제이다. 그래서 생태계 전체를 두고 생각해 보자. 생태계 전체를 분석해 보면, 동물이란 먹이사슬 피라미드에서 식물과 인간 사이를 이어 주는 영양 매개체 역할을 한다는 것을 알 수가 있다. 위대한 식물이 자연에서 발생한 에너지를 다른 생명이 이용할 수 있는 에너지로 합성한다. 그렇게 생산된 영양분은 1차 소비자 동물에서부터 시작해서 이윽고 인간에 이른다.

동물은 당연히 의식이 있다. 즉, 뭔가 '앎'이란 것을 가지고 있다. 본능적으로 살아가는 데 필요한 앎이다. 개체 존속을 위해 분명히 주변으로부터 시각 · 청각 · 후각 · 미각 · 촉각의 다섯 가지 자극에 대해 반응을 한다. 어느 것을 먹어야 하는지 판단하는 데 감각기관이 없어서는 안 된다. 감각기관이 없으면 다른 생명의 공격으로부터 자신을 제대로 지킬 수 없고, 주변 자연환경으로부터 위험에 노출되어 있을 때도 감각기관이 없으면 절대로 자신을 지켜 나갈 수 없다.

동물은 인간과 달리 학습이 없이도 살아가는 본능을 타고난다. 생태계의 먹이사슬 피라미드에서 식물과 인간의 중간에 있지만, 이들은 한편으로는 식물과 거의 같다. 비록 움직이고 있지만, 인간의 움직임과는 전연 다르다. 인간은 태어날 때 인간 세상에 대하여 아무것도 모르고 태어난다. 그 이유는 인간 세상에 필요한 언어를 오 감각을 통해 학습으로 배우고, 그 언어를 이용해 많은 사고 작용을 일으키게 되어 있기 때문이다. 그리고 살아가면서 생존에 필요한 많은 것을 습득해야만 드디어 인간 세상을 살아갈 수 있다. 그런데 동물은 대개 태어날 때부터 생존에 필요한 기본정보를 활용할 수 있도록 태어난다. 즉, 동물은 태어나서 어미로부터 생존에 필요한 학습 없이도 살 수 있는 동물이 많다는 것이다. 주변에서 쉽게 접할 수 있는 예를 들어 보자. 병아리는 알에서 나오자마자 바닥에 있는 모이를 쪼아 먹는 모습을 볼 수 있다. 병아리에겐 살아가는 데 필요한 학습이 전연 필요 없다는 것이다. 이처럼 동물들은 태어난 후 특별한 학습이 필요 없다. 이들에게 두뇌의 필요성은 감각기관을 작동시키고 위험으로부터 자신을 지키려고 있을 뿐, 특별한 이유가 없다. 물론 머리가 매우 뛰어난 동물도 있지만, 이들 모두 동물로서의 생존에 필요한 기본만을 갖고 태어난다. 그 좋은 증거가 아무리 머리가 좋은 동물도 먹고 사는 것 외에는 아무것도 생각하지 않는다는 것이다. 생각이라는 것이 없으니, 이들에게 인간과 같은 언어를 이용한 고등 의식이 있을 리 만무하다.

3. 인간 삶 속에서 발견되는 나란 존재성

　인간의 삶은 식물과 동물의 삶의 생리와는 본질적으로 다르다. 생물로서의 기본본능만 같을 뿐 가는 길이 전연 다르다. 식물은 감각 없이도 살 수 있는 데 반해, 동물은 감각은 있지만 단지 존재에 필요한 기능의 역할만 한다. 따라서 언어가 없으니 생각이 있을 수 없으므로 결국 한편으로는 식물과 거의 같다. 오직 존재를 위한 동적인 기능만 있으니, 식물이 생명 유지만 하는 것과 유사하며, 무생물의 새로운 존재 형태에 지나지 않는다. 자연에 존재하는 무생물과 식물 그리고 동물은 그 존재의 형태와 방식이 다르지만, 모두가 자연에 있는 원소들의 새로운 재배열에 불과하다.

　인간은 오 감각을 이용해 수많은 언어를 만들어 익히고, 그 언어를 이용해 생각을 발생시켜 무한한 상상력을 불러일으킨다. 그러므로 인간은 순수 동물적인 존재의 차원을 넘어, 비물리적인 무언가와 연결하는 기능을 가진 특별한 생명체라고 할 수 있다. 그리고 끝없이 학문을 개척하고 발달시키며 생태계를 지배한다. 무생물과 식물, 동물과는 전혀 다르다. 무생물과 식물, 동물이 순수 존재의 차원에 머물고 있다면, 인간이란 존재는 인간의 육체에 있는 오 감각으로부터 만든 언어와 대뇌 그리고 간뇌라는 것이 삼위일체가 되어 비물리적인 세계의 무한성으로 가는 징검다리 역할을 한다.

　앞에서 인간의 의식 본질과 의식의 근원에 관해 이야기했다면, 여기서는 식물·동물과의 비교를 통해 인간 삶의 생리와 의식에 관하여 이야기하 있다. 인간의 모든 것을 알려면, 이 역시 식물과 동물처럼 인간이 살아가는 생태계 전체를 분석해야 할 것이다. 그리고 더 나아가 우리 지구가 속한 우리 우주까지 모두 수학적인 논리와 과학적인 합리성으로 접근한다면, 답이 명확히 나올 것이다.

우리가 속한 생태계를 분석해 보자. 먹이사슬을 보면, 우리 인간이 속한 위상은 제일 꼭대기에 속해 있음을 알 수 있다. 자연의 변화의 흐름과 생명의 흐름이 인간에 이르러 멈추었다. 그리고 먹이사슬 제일 꼭대기에 속하는 다른 모든 동물은 예외 없이 생태계 유지를 위한 영양 이동과 숫자적인 조절 역할만 한다는 것을 알 수 있다. 먹이사슬 꼭대기에 존재하는 인간은 도대체 생태계에서 과연 어떠한 역할을 할까? 인간도 다른 동물과 같이 생태계의 유지를 위해 존재하는 역할만 하는 것일까? 인간에 대해 좀 더 세밀히 분석해 보자.

먹이사슬 제일 꼭대기에 있는 인간은 다른 동물과 같이 먹이사슬 제일 꼭대기에 속하지만, 존재하는 이유는 전연 다르다. 이는 여러 가지를 들어 알 수 있다.

첫째, 인간의 삶을 관찰해 보면 온갖 언어를 만들어 생각하므로 오직 존재를 위한 순수한 동물적인 동작을 넘어 비물리적인 그 어떤 극한을 향하고 있다는 것이다. 인간의 동물적인 존재성을 초월하는 언어에는 대자연을 바탕으로 한 언어인 수학·물리학·화학·생명과학·지구과학·우주과학과 인간을 중심으로 발생한 언어인 언어학·정치학·경제학·사회학·문화·예술·철학·종교학이 있다.

둘째, 인간은 끝없는 무한 욕망이 있다. 이 무한 욕망은 인간의 희망을 조성하고 삶의 동기를 부여한다. 동물처럼 단순 개체 유지와 종족 보존 본능을 넘어서 존재하는 인간만의 특별한 본능이다. 예를 들어 '식욕'이라는 본능의 경우, 동물은 아무리 똑똑하더라도 순간 먹는 것 외에는 그 어떤 특별한 욕망이 없다. 인간의 식욕은 단순 본능을 넘어 먹거리 문화라는 말을 쓸 정도로 식욕에 대한 의식이 고차원화하고 있다. 성욕도 동물의 본능과는 다른 차원이다. 단순 동물적인 성욕을 넘어 성문화라는 말을 쓸 정도로 성욕에 대한 의식이 고차원화하고 있다. 또한, 인간의 성은 동물이 단순 종족 보존 본능으로 이용하는 데 비해 종족 보존 본능을 넘어 삶의 동기부여의 수단으로까지 이용한다. 물질욕의 경우를 보면 먹이를 비축하는 동물도 있지만, 인간이 물질욕에 사로잡혀 사는 욕망과는 그 본질이 다르다. 동물의 먹이 비축은 본능적인 비축이요, 인간의 물질 비축은 본능적인 것에다 이성적인 것이 포함되어 있다.

인간의 삶의 욕망에는 동물과 달리 '명예욕'이라는 것도 있다. 이 욕망은 비물리적인 세계에서 물리적인 육체의 세계에 영향을 주는 인간에게만 있는 특별한 본능이다. 이는 인간이 살아가면서 느끼는 인간 감성의 많은 부분과 관련되어 있다. 인간과 인간이 대면할 때 느끼는 모든 것의 근원이 이 명예욕과 관련되어 있다고 할 수 있다. 예를 들면 권력에 대한 욕구도 명예욕이요, 본 필자처럼 좀 더 감동을 주는 책을 써서 세상에 알리려는 사고의 근원도 명예욕에 있으며, 세상을 멋있게 살려는 근원도 따지고 보면 그 근원이 명예욕에 있음을 알 수 있다.

인간이 살아가면서 발생하는 식욕과 수면욕 그리고 물질욕은 개체 유지 욕구이고 성욕은 종족보존 욕구인 데 반해, 명예욕은 순수 비물리적인 감성에 호소하는 '그 무언가'이다. 명예욕을 끝없이 추적해 보면 비물리성의 극한의 무언가에 도달하는데, 그 속에 물리적인 세계를 창생하고 운행하는 모든 존재의 근원이 있다.

우리가 생각하기에는 명예욕이 별것 아닌 것 같지만, 그 근원과 인간의 삶을 생각하면 매우 중요하다는 것을 알 수 있다. 인간의 궁극적인 추구의 본질은 바로 이 명예욕에 있다. 말 한마디에 천 냥 빚도 갚으며, 말 한마디에 사람을 좌절시켜 죽일 수도 있고, 말 한마디에 다 죽어 가는 사람을 회생시킬 수도 있는 말의 힘의 근원이 바로 이 명예욕에 있다.

인터넷에 댓글 때문에 자살하는 경우가 이러한 명예욕에 치명상을 입을 때 나타나는 극단적인 현상이다. 세계적인 스타가 되면 광고의 몸값이 올라가는 것을 볼 수 있다. 이 경우도 명예욕의 단면으로 나타난다. 그 스타가 TV에서 어떤 물건을 광고할 때 자기와 같은 단순한 존재인데도 그 사람이 사용한 물건이라고 해서 신뢰한다는 것은 사실 말이 안 되는데도 불구하고, 인간은 신뢰하는 모순을 가지고 있다. 이 모두가 명예욕이라는 비물리적인 인간의 본성의 근원에 연결된 그 무언가에서 작용하는 감정이다

인간이 만든 언어로 무한 상상력을 발휘하여 인간의 삶 속에서 인간 존재의 이유와 목적을 끝없이 추적하지만, 인간의 능력으로는 인간을 발생시킨 근원까지는 도달하지 못한다. 그리고 인간은 삶 속에서 왜 사는지를 생

각하지만, 욕망이란 희망이 인간에게 생존을 가능하게 하고 있다는 것만 알고 있다. 좀 더 궁극의 삶 이유는 연구해 보아야 할 것 같다. 그리고 인간 삶의 목적은 그 윤곽조차 잡기가 쉽지 않다. 사실은 인간은 자신의 의지로 태어난 것이 아니라 그 무언가의 이유와 목적에 의해서 태어났으니, 그 이유와 목적은 '그 무언가'에 있다.

예를 들어 우리가 어떤 이유와 목적으로 자동차를 만든다면, 자동차가 탄생한 이유와 목적은 자동차에 있는 것이 아니라 자동차를 만든 인간에게 있는 것과도 같다. 인간을 발생시킨 이유는 신에게 있겠지만 태어나서 살아가는 이 순간 존재 이유는 욕망이라는 것과 희망이 있어 존재한다는 것은 안다.

우리 인간을 탄생시킨 이유는 인간의 삶 속에서 알 수 없다고 생각하므로 지구 생태계를 벗어나 우주로 눈을 돌려 보자.

우리 우주 속에서 지구가 차지하는 위상을 알아보자. 우리 지구를 알려면 우리 지구가 속한 태양계를 알아야 제대로 알 수 있고, 우리 태양계를 알려면 우리 태양계를 포함한 우리 은하계를 모두를 알아야 제대로 알 수 있으며, 우리 은하계를 알려면 우리 은하계를 포함한 우리 우주 전체를 알아야 제대로 알 수 있다. 또한, 우리 우주를 알려면 우리 우주를 포함한 대우주를 알아야 제대로 알 수 있고, 대우주를 알려면 대우주를 존재케 하는 그 무언가를 알아야 제대로 알 수 있다. 결국 '그 무언가'가 모든 것을 발생시키는 근원이 되는 것이다.

결론적으로 총정리하면 인간도 앞에서 밝혔듯이 자연 흐름 법칙인 열역학 제2법칙에 의해 저절로 나타날 수 없다. 인간 삶의 생리를 보면 알 수 있듯이 이런 무한 정교하고 복잡한 인간이 탄생하려면 무한지능이 필요하다. 그리고 생명체 정보에 대한 무한 지성도 필요하고, 이를 모두 완성할 무한 의지도 필요하다. 그러므로 세월이 많이 흐르면 인간이 저절로 확률적으로 만들어진다는 것은 있을 수 없는 일이다.

본 필자의 생각으로는 수만 명의 천재 과학자가 수백억 년 연구해도, 물질의 근원 생성으로부터 생명 근원 발생과 인간의 발생에 이르기까지 만들 수는 없다고 본다. 이것은 천재적 지능을 가진 인간 무한대 명을 합한 능력보다 훨씬 더 높은 무한대의 지능이 필요한 무언가의 작업이다. 물리적인 실체인 인간의 지능과 인간의 지성으로는 비물리적인 무언가에서 물리적인 무언가로 발생시키는 과정이 원천적으로 불가능하다. 그 이유는 우리의 존재 자체가 유한성을 띠고 있고, 존재하는 것을 이용하는 수준에 영원히 머물 수밖에 없기 때문이다. 따라서 물질을 아무리 정교하게 배열시켜 인간처럼 만들어도 그것은 어디까지나 물질의 정교한 집합체에 불과한 것이다. 절대로 인간이란 생명체가 될 수 없다.

비물리적인 것은 물리적인 것을 탄생시키고 운행하는 모체이기 때문에, 물리적인 실체로 존재하는 그 어떠한 존재도 비물리적인 존재를 넘을 수는 없다. 물리적인 실체는 근원적으로 볼 때 스스로 존재할 수 없으며, 스스로 변화하지도 않는다. 물리적인 실체인 물질에 비물질이 작용하여 겨우 존재를 유지하며 변화가 가능할 뿐이다. 그러나 물리적인 실체인 물질과 비물질은 비물리적인 무언가의 작용 없이는 존재할 수 없다. '인간'이라는 생명을 운행하는 '비물리적인 무언가'는 '물리적인 세계를 지배하는 절대적인 그 무엇'이다.

결론적으로 수학과 과학은 과거로 거슬러 올라가면 우주에는 하나로 된 태초가 존재한다고 한다. 우주는 엔트로피 증가의 방향으로 진행되는데, 지금의 우리 인간의 삶을 지켜보면 갈수록 하나의 대칭성이 있는 것에서 둘로 쪼개어지면서 존재하는 것을 볼 수 있다. 이러한 현상은 갈수록 끝이 없을 것이다. 즉 인간의 삶 자체도 엔트로피 증가의 방향을 따른다는 것이다.

인간의 삶을 통해 발견되는 나란 존재성은 갈수록 복잡해지는 인간의 삶 속에 나타나는 모든 의식이 갈수록 나란 존재성을 찾지 못하게 한다는 것이다. 우주 탄생론적으로 보면 모두 하나같이 우리 인간을 발생시킨 근원과 관련될 수밖에 없을 텐데 현실적으로 인간 의식의 흐름은 멀어져 간다는 것이다. 그러나 고도로 연구되고 있는 형이하학과 형이상학이라는 학문적인 도구 덕분에 나란 존재성에 좀 더 가까이 가는 방법도 있어 다행이라고 생각한다. 이는 본 필자가 2015년 발표한 '고질서 다진리 법칙'이 이를 뒷받침해 준다. '고질서 다진리 법칙'이란 일정 질량 속에는 질서가 있는 존재일수록 그 진리를 논할 수 있는 것이 많다는 것이다. 그래서 고질서체인 인간에게 많은 진리가 노출되어 있고 이의 발견을 통해 많은 본질적인 진리를 깨달을 수 있다는 것이다.

일반적으로 모든 사람의 삶을 보면 삶 속으로 빠져들면 들수록 나란 존재성에 대하여 의문을 갖게 되지만 두 갈래 길에서 방황하게 된다. 그리고 사회 속에서 이탈하여 무한고독 속에서 나란 존재성을 깨닫게 되든지 아니면 사회 속 수많은 인간과 삶을 교류하면서 한평생 즐기며 살다가 마감한다는 것이다.

사회를 이탈하여 무한고독으로 들어가는 순간부터 인간이 가지고 있던 모든 욕망은 하나씩 내려놓게 되고, 이윽고 나란 존재성을 가로막고 있던 모든 욕망이 육체로부터 멀어지는 순간 모든 본질적인 진리가 밖으로 드러난다는 것이다. 즉, 참 나란 존재성이 발견된다는 것이다.

수많은 인간과 삶을 교류하는 경우는 인간의 사회성이 인간이 가지고 있는 욕망의 분출을 현실화한다는 것이다. 그리고 갈수록 욕망 분출의 현실화가 증폭함으로써, 인간 사회 속에서의 삶을 표출하면 할수록 나란 존재성은 잠수해 버린다는 것이다.

7장 목차

1. 아인슈타인의 특수상대성 이론의 본질
2. 특수상대성 이론 속 나란 존재성
3. 아인슈타인의 일반상대성 이론의 본질
4. 일반상대성 이론 속 나란 존재성

7장

아인슈타인 시공간 속
나란 존재성

1. 아인슈타인의 특수상대성 이론의 본질

상대론 분야는 모든 사람이 궁금해하면서도 막상 가장 알기 쉽게 설명을 해도 무슨 말인지 도무지 이해되지 않는다고 하는 분야이다. 이는 과거에도 그랬고, 현재에도 그렇고, 미래에도 영원히 그러할 것이다. 그러면 상대성 이론이 왜 이렇게 어려운 것이지 먼저 짚어 보고, 상대성 이론에서 나란 의식의 근원을 찾아 떠나 보자.

상대성 이론이 이렇게 어려운 이유는 비현실적인 내용을 다루기 때문이다. 얼마나 비현실적인 내용인지 먼저 이야기하고 넘어가자. 관찰자가 등속운동을 하면 빛의 속도는 누가 보더라도 일정하고, 공간을 줄일 수도 있고 없앨 수도 있으며, 시간도 천천히 가게 하든지 시간을 정지시켜 버릴 수도 있다. 질량을 크게 할 수도 있으며 운동하는 물체의 크기를 줄어들게 할 수도 있다. 과연 비현실적인 이야기임은 틀림없지 않은가?

그럼 지금부터 현실적으로 이해하기 어려운 상대성 이론을 본격적으로 좀 더 상세하게 알아보자. 먼저 특수상대성 이론부터 시작하자. '**특수상대성 이론**'이란 그야말로 '특수한 경우의 이론'이다. 어떤 특수한 경우를 말하는 걸까?

관찰자가 등속운동 하는 경우에 적용된다는 것이다. 우리는 관찰자가 등속운동을 하면 모든 물리법칙이 같다는 것을 안다. 그리고 빛이 파동이라고 생각해서 그 매질이 있는지 실험해 보았지만, 매질이 없다는 것이 판명됨으로써 빛은 매질 없이 전달되며 모든 등속운동 하는 좌표계에서는 항상 같다는 것이 입증되었다. 즉, 공간 속에 파동이 빛을 전달하는 '에테르'라는 가상적인 존재를 생각하고 실험해 보았지만, 에테르라는 존재는 없는 것으로 결론 났다는 것이다.

그러면 빛은 매질 없이 전파하는 특수한 파동인데, 빛의 속도가 초속 30만 km라는 것은 과연 '무엇에 대한 상대속도이냐?'는 문제가 생긴다. 이에 대해 갈릴레이 상대론에서 모든 관성계에서 물리법칙은 같다는 점을 생각하여 빛을 법칙화해 버렸다. 어떤 관성계에서 누가 보아도 초속 30만 km라는 것이다. 즉, 빛의 속도는 물체의 속도와는 달리 물리법칙과 같아서 모든 관성계에서 같다. 등속운동만 하는 관찰자라면 그 누가 보아도 빛의 속도는 초속 30만 km로 일정하다는 것이다.

빛의 속도가 등속운동 하는 좌표계에서는 누가 보아도 항상 일정하다는 조건으로 유도된 식에는 다음과 같이 네 개가 있다.

$$m = \frac{m_0}{\sqrt{1-(\frac{v}{c})^2}} \qquad l = l_0\sqrt{1-(\frac{v}{c})^2}$$

$$t = \frac{t_0}{\sqrt{1-(\frac{v}{c})^2}} \qquad E = mc^2$$

m_0 : 정지 때의 관측 질량
m : 운동 때의 관측 질량
l_0 : 정지 때의 관측 길이
l : 운동 때의 관측 길이
t_0 : 정지 때의 관측 시간
t : 운동 때의 관측 시간
v : 물체의 속도
c : 빛의 속도
E : 정지질량 에너지

위의 네 가지 공식이 의미하는 것이 무엇일까? 물체의 속도가 빨라지면 외부에 있는 관찰자가 보기에는 그 물체 속에서는 시간이 천천히 흘러가는 것처럼 보인다. 또한, 외부에 있는 관찰자가 보기에는 그 물체의 크기가 수축하게 보이며, 물체의 질량이 증가해 보인다는 것이다. 그리고 질량은 곧 에너지라는 것이다. 이것을 빛에 적용해 보자. 인간이 빛을 타고 세상을 관측한다고 가정하면, 세상이 제로 크기로 보이며 시간은 정지해 있는 것으로 보이는 것이다.

위의 말들이 의미하는 것은 무엇일까? 우리는 무언가 늘어나든지 줄어들 수 있는 것은 명백히 물리적 실체라고 말한다. 한마디로 무언가 존재하기 때문에 변화시킬 수 있다. 물체를 늘이고 축소하고 자르는 것처럼 말이다.

결국, 시간과 공간 그리고 질량은 이와 같은 성질의 물리적 실체이다. 즉, 시간을 천천히 가게 할 수도 있고 아예 멈춰 버리게 할 수도 있다는 것이다. 공간을 축소해 아예 없애 버릴 수도 있으며, 질량을 계속 증가시켜 무한대로 만들 수도 있다. 물체가 빛의 속도로 달리면 시간이 멈춰서 흘러가지 않으며, 달리는 물체가 차지하고 있는 공간의 크기가 없어지며 질량이 무한대로 변한다. 질량은 에너지이니, 빛의 속도로 달리는 물체는 무한대의 에너지를 가진다.

빛의 속도로 달리면 존재가 없어져 버림과 동시에 시간은 정지하고, 에너지는 무한대이니 우주 탄생 때의 태초를 상상케 한다. 빛이 우주의 법칙을 발생시키는 데 '절대성을 갖는 무언가'라는 것을 단적으로 알 수 있다.

이제까지 특수상대성 이론에 관해서 설명했는데, 이해하기 힘들 것으로 생각한다. 당연히 도대체 무슨 말인지 모르겠다고 생각하면 정상이며, 오히려 당연히 이해한다고 생각하는 것이 비정상이다. 서두에서도 말했듯이 매우 비현실적인 이론이라서 대부분 사람이 이해한다는 것은 사실상 불가능할지도 모르겠다.

본 필자도 사고의 세계를 무한히 확장해 가능성 있는 차원의 수까지 무한대로 접근시키면서, 끝없는 미지의 진리를 받아들일 마음의 준비를 한 상태이기 때문에 그나마 이해하고 있을 뿐이다. 또한, 본 필자는 특수상대성 이론이 수학적인 정확성을 포함한 이론이기에 더더욱 신뢰하며, 관측상 입증되었기 때문에 완벽히 믿는다. 특수상대성 이론은 인간이 3차원 공간 속에서 인식하며 이해하기란 너무나 어려운 이론이다. 본 필자의 생각으로는 인류가 끝나는 날까지 영원히 알기 어려운 이론이라고 생각한다.

위 특수상대성 이론을 제대로 이해하려면, 이를 알게 쉽게 표현해 놓은 책을 읽어 보아야 한다. 본 책에서는 의식과 나의 존재성을 밝히는 것이 주목적이므로 결과적인 것만 가지고 이야기하고 있음을 양해 바란다. 더불어 이론의 이해 과정은 다른 책을 참고하기 바란다. 이에 관해서는 본 필자가 쓴 《존재할 수밖에 없는 창조주》 또는 《수학·과학 속에서 밝혀진 창조주》에서도 매우 쉽게 잘 표현해 놓았다.

2. 특수상대성 이론 속 나란 존재성

그러면 이 이론을 통해 나의 존재성에 그 어떤 것을 알게 하는지 생각해 보자. 나란 존재는 태어나서 3차원 공간 속에서 자랐고, 3차원 공간 속에서 오감의 학습을 통해 발생한 언어에 의해 생각하고 의식하며 판단하고 결론을 내린다. 이처럼 나의 사전엔 3차원 공간에서 보고 듣고 느끼는 언어 외에는 존재하지 않기 때문에 인간이 3차원 공간을 떠나 진실에 가까이 접근하기가 쉽지 않다.

특수상대성 이론을 통해 좀 더 본질적인 진리는 우리의 인식 너머에 존재한다는 것을 알아야 한다. 앞에서 이야기한 대로 진리의 근원적인 세계의 모든 것은 우리의 인식 밖에서 존재한다는 것을 알 수 있었다. 단적으로 과학적인 실례를 보여 주는 검증된 과학이 바로 '**특수상대성 이론**'이다.

우리의 의식 세계가 3차원 공간에 머물러 있어서는 절대로 이 공간에 존재하지 않는 진리의 실체를 알 수 없으며, 따라서 비물리적인 나란 존재의 존재성도 깨달을 수 없다.

결론적으로 특수상대성 이론을 통해 깨달을 수 있는 것은 4차원 시공간의 성질을 인간 뇌의 단순 인식으로는 인식할 수 있는 것이 아니라는 것이다. 오직 아인슈타인처럼 인간이 인식하는 범위를 넘어갈 수 있는 초월의식이 존재할 때만이 가능하며 여기에 필요한 도구로 수학이라는 신이 준 도구가 있다는 것이다. 즉, 빛의 속도는 관성계에 있는 관찰자 누가 보더라도 일정하다고 빛의 속도를 법칙화한 직관력을 신이 아인슈타인에게 주었고, 또한 신이 준 도구인 수학을 이용하였기 때문에 특수상대성 이론을 발견할 수 있었다는 것이다. 이처럼 나란 존재성도 단순 의식으로는 그 근원에 도달할 수 없다는 것이고 여기에도 신이 준 직관력과 논리적인 수학이 필요하리라는 것이다.

3. 아인슈타인의 일반상대성 이론의 본질

독자 여러분은 살아가면서 일반상대성 이론에 관해 무수히 많이 들었으리라고 생각한다. 그런데 특수상대성 이론처럼 이해하기 매우 어려워서 이 분야의 과학자가 아니면 그 어떠한 과학자도 제대로 이해하지 못하는 것이

현실이다. 왜 이렇게 어려울까? 이 또한 특수상대성 이론처럼 우리의 인식 너머의 개념이기 때문이다.

본 필자 생각으로는 인류가 끝나는 날까지 일반상대성 이론이 어렵다는 생각은 변하지 않을 것이다. 왜냐하면, 인간이 태어나서 오감을 통해 각종 언어를 익혀 3차원 공간에서 자라면서 새겨진 언어 외에는 머릿속에 없으므로 3차원 밖의 세계를 이해할 수 있는 언어는 존재하지 않는다. 머리에도 없는 언어 개념을 떠올려야 하므로 이해하기 어려운 것이다.

일반상대성 이론이 얼마나 비현실적인 내용인지 먼저 이야기하고 넘어가자. 질량이 있으면 시공간이 휘어지는데, 질량이 매우 크면 빛도 빠져나오지 못하는 블랙홀이 만들어진다. 빛을 흡수하는 블랙홀이 있으므로 빨려 들어간 빛이 나갈 웜홀도 만들어지며 빛이 빠져나갈 화이트홀도 만들어진다. 블랙홀 부근에서는 시간이 정지해 버리는 사상의 지평선도 있다. 가장 중요한 것은 시공간이 휘어진다는 것인데 과연 비현실적인 이야기임은 틀림없지 않은가? 시공간이 휘는 것을 이해해야만 한다!

그럼 **일반상대성 이론**이란 도대체 어떤 것인지 좀 더 자세히 알아보자. 그림을 그려 가면서 상세한 이해를 도운 책은 본 필자가 쓴 《존재할 수밖에 없는 창조주》 또는 《수학·과학 속에서 밝혀진 창조주》를 참조하면 될 것이다. 여기서는 중요한 가정과 결론을 가지고 우리 인간 의식의 위상을 밝혀 본다.

일반상대성 이론은 특수상대성 이론을 일반화시킨 이론이다. 특수상대성 이론은 등속도 좌표계에서 적용되는 것임에 반해, 일반상대성 이론은 가속도 좌표계로 확장한 것이다. 특수상대성 이론이 빛의 속도는 일정하다는 전제하에서 모든 것을 유도하고 확인한 것처럼 일반상대성 이론에서도 뭔가 새로운 결과를 끌어낼 기준 식이 필요하다. 가속도에 질량을 곱하면 힘이 된다는 것은 중학교 때 배운 내용이기 때문에 누구나 안다. 그러면 가속도와 관련시켜야 하니, 우주에 존재하는 네 가지 힘을 생각해 볼 수밖에 없겠다.

중력, 전자기력, 강력, 약력의 네 가지 힘 중에서 물체가 가속운동을 할 때 관성력과 동격인 것은 오직 중력뿐이다. 관성력은 물체가 가속운동을 할 때 물체 반대방향으로 느끼는 실제 존재하지 않는 가짜 힘이다. 중력의 경우, 자유낙하하는 엘리베이터 속에서는 무중력이라는 것을 누구나 안다. 즉, 측정 장소를 지표에서 자유낙하하는 엘리베이터 속으로 바꾸었으므로 중력이 사라진 것이다.

이렇게 측정 좌표계를 바꾸면 사라지는 힘은 진정한 힘이 아니다. 따라서 가짜 힘인 관성력과 진정한 힘이 아닌 중력은 한통속인 것 같다. 예를 들어, 중력 가속도와 같은 가속도로 운동하는 밀폐된 우주선 속에 있으면 지구상에 멈춰 있는지 중력 가속도로 가속운동하고 있는지 알 수 없기 때문이다. 이처럼 중력은 진정한 힘이 아니라고 한다. 행성 지표면에서 낙하하는 물체는 도대체 중력의 힘에 의한 낙하운동이 아니라면 도대체 무엇에 의한 낙하운동이란 말인가? 그리고 행성이 태양 주위를 도는 것은 태양의 중력에 의한 것이 아니라면, 그 무엇에 의한 회전운동이란 말인가?

그래서 아인슈타인은 기발한 생각을 했다. 질량의 중력에 의한 운동은 없으므로 공간이 휘어져 있고, 휘어진 공간을 따라 물체들이 움직이는 모습이 자유낙하하는 것처럼 보일 뿐이라는 것이다. 그리고 행성이 태양에 의해 휘어진 공간을 따라 태양 둘레를 그냥 움직일 뿐인데, 태양의 중력에 의해 끌어당겨지면서 도는 것 같은 착각이 든다는 것이다.

결국, 관성력과 중력이 같은 성질의 힘이라는 것에서 다음과 같은 결과를 끌어내었다. 질량에 의한 중력이 있으면, 그 주변 공간을 휘게 한다. 또한, 시간도 천천히 가게 한다. 질량이 매우 커서 중력이 커지면 빛도 못 빠져나가게 할 만큼 공간이 크게 왜곡된다. 이것은 독자들이 많이 들어 본 **'블랙홀'**이다. 이 블랙홀에는 시간이 정지해 버리는 사상의 지평선도 있다.

중력이 있으면 공간이 휜다는 것은 무엇으로 알 수 있을까? 예를 들면, 정지질량이 제로인 빛은 언제나 최단거리를 이동하는 성질이 있다. 태양 부근에서 개기일식 때 태양 뒤의 별빛이 휘어 오는 것을 1919년 에딩턴이 발견했다. 빛은 분명히 최단거리를 이동했는데, 3차원 공간 속에 사는 인간의 눈에는 빛이 휘어져 진행하는 것처럼 보이는 것이다.

3차원 공간에서 휘어진 빛은 우리 인간의 눈에는 빛이 휘어진 것처럼 보이지만, 4차원 시공간 입장에서는 최단거리로 이동한 것에 불과하다. 즉, 4차원에서는 직진한 것으로 생각하면 된다. 4차원 시공간에서 직진현상이

3차원 시공간에서 휘어져 보인다는 것을 이해한다는 것은 인간의 머리로는 이해 불가능하다.

이를 이해하기 위해 다른 차원을 끌어들여 보자. 2차원 평면 위에서 두 지점의 최단거리는 1차원에서 보면 휘어져 있는 것처럼 보인다. 아래 그림을 보면, 2차원 위의 한 점 A에서 B까지 2차원상에서는 분명 최단거리임은 틀림없다.

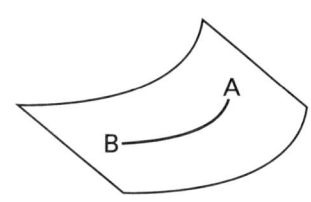

아래 그림의 1차원에서 보면, A에서 B까지가 곡선으로 최단거리가 아닌 것처럼 보인다. 그림에 표시한 점선이 최단거리인 것처럼 보이지만, 2차원 위에서 보여 준 위의 그림은 분명 A에서 B까지의 곡선 모양이 최단거리임은 틀림없다.

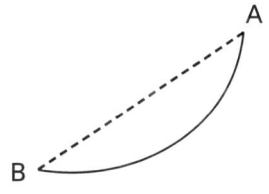

위의 그림에서 1차원을 3차원이라고 생각하고 2차원을 4차원이라고 생각하면 이해에 도움이 될 것이다.

결국, 4차원에서 최단거리인 직선은 3차원 공간에서 보면 휘어져 보일 수도 있다는 것이다. 이처럼 차원을 달리하면, 우리가 생각하는 것과는 전연 다른 형상이 나타날 수 있다.

그리고 블랙홀이 있다는 것은 빛이 왜곡된 공간으로 들어갔다고 해석할 수밖에 없다. 이는 최단거리를 이동하는 빛의 성질을 생각하면 이해할 수 있다. 블랙홀 속으로 빠져들어 간 빛은 과연 어디로 갔을까? 독자들은 매우 궁금할 것이다. 이와 관련된 책만 따로 다음에 출간할 예정이다.

4. 일반상대성 이론 속 나란 존재성

일반상대성 이론 결과에서 우리는 무엇을 알 수 있을까? 특수상대성 이론에서 이야기한 것처럼 우리는 3차원 공간에서 태어났고, 그 속에서 대자연의 환경을 오감으로 느끼면서 수많은 언어가 만들어졌는데, 이 언어에 의해서 나란 존재성 의식의 근원을 찾아보았다.

관성력과 중력이 같다는 것에서 펼쳐지는 것이 일반상대성 이론이다. 중력과 관성력이 같다는 것은 바로 인간이 인식하는 세계이다. 비물리적인 존재인 인간의 인식과 연관성이 있다는 것이다. 그러나 이것은 4차원 시공간 속에서의 한 특성일 뿐 그 이상은 아니다.

나란 존재성은 비물리적인 무언가인데 물리적인 실체인 4차원 시공간에서 비롯될 수 없기 때문이다. 비물리적인 것은 물리적인 것을 운행하는 주체이므로 물리적인 실체인 시공간에서 나란 존재성의 근원이 있을 수 없다는 것이다. 결국, 나란 존재성은 4차원 시공간이 아닌 무언가 필요하다는 결론에 도달한다.

결론적으로 일반상대성 이론도 특수상대성 이론처럼 4차원 시공간의 성질을 인간 뇌의 단순 인식으로는 인식할 수 있는 것이 아니라는 것이다. 오직 아인슈타인처럼 인간이 인식하는 범위를 넘어갈 수 있는 초월의식이 존재할 때만이 가능하며 여기에 필요한 도구는 수학이라는 신이 준 도구가 있다는 것이다. 즉, 중력과 관성력이 동질의 것이라는 직관력을 신이 아인슈타인에게 주었고, 또한 신이 준 도구인 수학을 이용하였기 때문에 일반상대성 이론을 발견할 수 있었다는 것이다. 이처럼 나란 존재성도 단순 의식으로는 그 근원에 도달할 수 없다는 것이고 여기에도 신이 준 직관력과 논리적인 수학이 필요하리라는 것이다.

8장 목차

1. 마음의 상대성 발생
2. 만족의 주관적인 마음의 상대성
3. 시간의 주관적인 마음의 상대성
4. 현재는 무한 과거이고 또한 무한 미래이다
5. 고통지수에 따른 인간의 마음
6. 자살하는 심리의 창조론적 관점
7. 물리적인 세계와 비물리적인 세계의 징검다리
8. 100년 산 사람과 100억 년 산 사람의 느낌이 같은 이유
9. 창조론적 관점에서 마음의 상대성이 존재하는 이유
10. 마음의 상대성 효과 속 나란 존재성

8장

―

마음의 상대성 효과 속
나란 존재성

1. 마음의 상대성 발생

인간의 마음은 오감에서 만들어진 언어로부터 발생한다는 것을 앞에서 계속 이야기해 왔다. 그런데 인간의 마음은 마음을 만든 감각에 의해서 좌우된다. 감각이란 모두 상대적으로 존재한다. 시각·청각·후각·미각·촉각 모두가 상대적으로 인식되므로, 이로부터 출발한 무한 언어의 세계도 인식과 관련하여 오직 상대적으로만 존재한다.

그렇다면 마음의 만족 상대성에 대하여 먼저 이야기해 보자. 인간에게는 욕망이 있어서 인간이 존재할 수 있다고 앞에서 이야기했다. 욕망의 근원이 바로 상대적인 느낌을 일으키는 감각에서 왔다. 이런 감각에 의한 상대성 효과는 만족의 주관적인 마음이 상대성과 시간의 주관적인 마음의 상대성이라는 결과를 가져온다. 각각의 경우에 대하여 자세히 알아보자.

2. 만족의 주관적인 마음의 상대성

    10,000원을 가진 사람이 1,000원을 가진 사람을 보면 자신이 많이 가진 것처럼 보이지만, 10,000원을 가진 사람이 1,000,000원을 가진 사람을 보면 자신이 거지처럼 느껴진다. 자신이 10,000원을 가지고 있다는 사실에는 변함이 없는데, 주변에 의해서 마음이 느끼는 세계는 상대적으로 다른 것이다.

    어떤 사람이 돈 1억 원을 가지고 있다고 하자. 이 사람은 만족할까? 답은 '마음의 상대성에 의해서 알 수가 없다'는 것이다. 감각에 뿌리를 둔 욕망은 끝이 없고 느끼는 감정은 그 언제나 상대성을 띤다. 즉, 돈을 가지고 있는 주변 환경에 의해 그 마음이 결정된다는 것이다. 주변 환경을 둘러보아 주변 사람들이 1억 원에 비해 돈이 없으면 만족을 느낀다. 만족은 곧 행복이다. 반면에 주변을 둘러보았을 때, 주변 사람들이 10억 원 또는 20억 원 이상의 상대적으로 많은 돈을 가지고 있으면 상대적으로 좌절을 느낀다. 좌절은 곧 불행이다.

    그렇다면 이번에는 100억 원을 가지고 있다면 만족하고 행복할까? 당연히 만족하고 행복한 것처럼 보인다고 생각하는 사람이 있다면, 100억 원보다 아주 적은 돈을 가지고 있는 독자임은 틀림없다. 반면에 매우 적다고 생각하는 독자가 있다면, 분명히 100억 원보다 훨씬 많은 돈을 가지고 있는 독자임은 틀림없다. 만약에 돈 한 푼도 없는 사람이 100억 원을 가진 사람을 본다면, 엄청난 부자로 보일 것이다. 만일 100억 원의 빚을 안고 있는 사람이 본다면, 상상을 초월할 만큼 부러운 부자로 보일 것이다. 이처럼 100억 원이란 돈이 바뀌지는 않았는데, 보는 관점에 따라 매우 많게도 보이고 매우 적게도 보인다. 따라서 보는 관점이 어디에 있느냐가 만족의 상태가 달라진다.

3. 시간의 주관적인 마음의 상대성

이번에는 시간의 주관적인 마음의 상대성에 관해 이야기해 보자. 시간의 흐름에는 달력에 의한 객관적인 시간의 흐름도 있고, 각 인간마다 상대적으로 느끼는 주관적인 시간의 흐름이 있다. 그래서 마음의 세계에서 아인슈타인 시공간 이론인 상대성 이론처럼 한번 생각해 보자. 시간에 대한 모든 마음은 상대적인 것이지, 절대성을 가진 마음은 존재하지 않는다. 그 실례를 하나씩 들어 보자.

달력의 십 년이란 시간 흐름을 두고 모든 사람에게 물어보라. 모두가 마음에서 느끼는 그 시간의 길이가 다름을 알 수 있다. 모든 사람의 주관적인 시간 길이는 어떤 특정 사건이나 시공간 속 그 존재의 마음의 상태에 따라 상대적으로 인식되기 때문이다. 즉, 행복한 사람은 10년이 1년처럼 흘러간 느낌이 들 것이고, 고통 속에 사는 사람은 10년이 100년처럼 느껴졌을 것이다.

 이러한 현상은 시공간이 양자화되어 있고 상대론적인 성질을 띠고 있어, 그 누구도 동질성을 가지고 있지 않으므로 인간 인식에 차이를 가지고 온다는 것이다. 그리고 뇌에서 생명 보존성인 자발적인 반응에 따른 인식이 수반되기 때문이다.

 결국, 1년이란 시간을 두고 유아기에 느끼는 시간의 흐름과 아동기에 느끼는 시간의 흐름, 청소년기에 느끼는 시간의 흐름, 장년기에 느끼는 시간의 흐름, 노년기에 느끼는 시간의 흐름, 모두가 다 다르다는 것이다. 아마도 유아기에서 노년기로 갈수록 시간이 빠르다고 할 것이다. 왜 그런가? 쉽게 설명해 보자.

 인간은 가보지 않은 세계에 대해서는 모든 것이 새로우니 순간마다 긴장하고, 그 긴장의 순간들이 시간과 관계를 맺고 고스란히 기억 속에 저장된다. 생명의 유지에 긴장이 매우 중요하다고 인식하는 뇌는 자발적으로 그 긴장한 순간의 모든 정보를 시간에 따라 깡그리 저장하려고 반응한다. 그래서 삶의 시간 축을 따라 많이 저장된 정보는 시간의 길이에 비례한다.

 노년기에 접근할수록 어떠한 것도 새로운 것이 없고 항상 이제까지 경험한 것들을 되풀이하는 일과만 있을 뿐이다. 10년이 흘러도 같은 기억을 되돌아보는 것에 불과하므로, 즉 삶의 시간 축을 따라 긴장되지도 않으므로 뇌는 새로이 기억해야 할 것이 없다고 생각하고 그냥 지나간다. 뇌에는 새로이 저장된 것이 없으므로 10년이 흘러도 금방 흐른 것처럼 보인다.

   그래서 연령대별로 느끼는 시간의 흐름 속도는
   10대가 시속 10km로 달리는 것처럼 느껴지고,
   20대가 시속 20km로 달리는 것처럼 느껴지고,
   30대가 시속 30km로 달리는 것처럼 느껴지고,
   40대가 시속 40km로 달리는 것처럼 느껴지고,
   50대가 시속 50km로 달리는 것처럼 느껴지고,
   60대가 시속 60km로 달리는 것처럼 느껴진다면,
   말이 되는 것 같지 않은가?

위에 보인 세계를 탈피하고자 하는 60대가 있다면 과연 가능할까? 당연히 가능하다. 시속 10km의 시간의 흐름을 느끼려면 10대처럼 살면 된다. 10대의 아이들처럼 행동하라는 것이 아니라, 60대이지만 지금 사는 것과는 전연 다른 새로운 경험이 세계를 살면 된다는 것이다. 10대들처럼 매 순간 긴장하고 주변을 의식하며 미지의 세계를 끝없이 개척하라. 그러면 뇌는 삶의 긴장도에 비례하여 생명 유지에 필요성을 느끼고 삶의 시간 축을 따라 순간마다 정보를 저장하려고 반응한다. 그리하다 보면 결국 10대들에게 있는 시간의 흐름을 느끼리라. 그러나 10대의 뇌보다는 60대의 뇌가 그 기능이 많이 떨어져 기억력이 감퇴하여 10대처럼 기억하지는 못할 것이다. 그래서 10대의 시간 흐름처럼 길게 느껴지지는 않을 것이다. 이것은 어쩔 수 없는 생물학적인 한계이다.

만약에 10대인 사람이 세상을 살기가 싫어 60대처럼 빠른 시간의 흐름을 인식하려면, 60대처럼 살면 될 것이다. 60대처럼 행동하라는 것이 아니라 60대처럼 오직 살아온 길을 되새기면서 살고 새로운 세계를 단절시키라는 것이다. 그리고 매사에 무한 평온함으로, 순간을 천국의 마음으로 즐겨라. 그러면 60대와 같은 시간의 흐름을 느끼리라. 왜냐하면, 긴장이 전연 없는 삶에서 뇌는 어떠한 새로운 정보도 인식하지 않고 저장되지도 않으니, 시간의 흐름이란 시간 축을 따라 저장된 정보의 길이에 비례하므로 시간이 순식간에 흐른 것처럼 느껴진다.

독자들의 이해를 돕기 위해 이러한 현상의 가장 쉬운 예를 하나 들어 보겠다. 전신 마취를 한 후 5시간 동안 수술한 환자가 있다면, 이 환자는 마취 시작 후 5시간은 시간 축을 따라 뇌에 저장된 정보가 없다. 이 사람은 마취 시작 시점과 5시간 후 깬 상태를 마치 순간 이동한 것과 같은 시간의 흐름으로 느낀다. 즉, 마취된 5시간 동안은 시간을 인식할 수 없으므로 5시간이 흘렀는데도 마취 시작 시점과 마취가 풀린 5시간 이후 시점의 시간만을 인식한 것이다. 한마디로, 이 환자에게는 5시간이 전혀 흐르지 않은 것이다. 이처럼 뇌에 시간 축을 따라 저장된 정보는 시간의 흐름 인식에 절대적인 기준이 됨을 알 수 있다.

4. 현재는 무한 과거이고
또한 무한 미래이다

아인슈타인의 상대성 이론에서 시간은 물리적 실체이니 과거도 실체로서 있고, 현재도 실체로서 있고, 미래도 실체로서 존재한다.

그렇다면,
1년 전의 사람은 지금의 그대를
1년 후의 미래인으로 생각할 것이다.
10년 전의 사람은 지금의 그대를
10년 후의 미래인으로 생각할 것이다.
100년 전의 사람은 지금의 그대를
100년 후의 미래인으로 생각할 것이다.
1,000년 전의 사람은 지금의 그대를
1,000년 후의 미래인으로 생각할 것이다.
10,000년 전의 사람은 지금의 그대를
10,000년 후의 미래인으로 생각할 것이다.
1억 년 전의 사람은 지금의 그대를
1억 년 후의 미래인으로 생각할 것이다.
1,000억 년 전의 사람은 지금의 그대를
1,000억 년 후의 미래인으로 생각할 것이다.
무한 과거 전의 사람은 지금의 그대를

무한 미래 시점의 미래인으로 생각할 것이다.

거꾸로 생각해 보자.
1년 후의 사람은 지금의 그대를
1년 전의 과거인으로 생각할 것이다.
10년 후의 사람은 지금의 그대를
10년 전의 과거인으로 생각할 것이다.
100년 후의 사람은 지금의 그대를
100년 전의 과거인으로 생각할 것이다.
1,000년 후의 사람은 지금의 그대를
1,000년 전의 과거인으로 생각할 것이다.
10,000년 후의 사람은 지금의 그대를
10,000년 전의 과거인으로 생각할 것이다.
1억 년 후의 사람은 지금의 그대를
1억 년 전의 과거인으로 생각할 것이다.
1,000억 년 후의 사람은 지금의 그대를
1,000억 년 전의 과거인으로 생각할 것이다.
무한 미래의 사람은 지금의 그대를
무한 과거 시점의 과거인으로 생각할 것이다.

그리고 비물리적인 무언가의 물리적인 존재성으로의 변화와 그 수학적인 표현 본질의 근원은 같으므로, 이 한순간이 곧 영원이라고 해도 될 것 같다. 마음의 상대성 효과를 끝없이 깊게 파고들어 가 보면, 이 한순간 속

8장 마음의 상대성 효과 속 나란 존재성

에 모든 순간이 공존하며, 곧 영원이라는 것이 공존한다는 것을 알 수 있다. 아인슈타인의 상대성 이론에서도 시간은 물리적 실체이고 정지시켜 버릴 수도 있다고 했다. 시간이 정지했다는 것은 영원한 시간이 되었다는 것과 같은 개념이다. 따라서 어떤 시공간 속의 한순간은 다른 시공간 속에서는 영원의 시간이 될 수 있다는 얘기다.

5. 고통지수에 따른 인간의 마음

　이번에는 색다른 예를 들어 보자. 어떤 사람이 온도가 1,000도 되는 철판 위에서 살이 타지 않는 뜨거운 고통만 느끼는 경우를 생각해 보자. 이 사람은 1시간이 얼마의 시간 길이로 보일까? 아마도 정지해 버린 것처럼 보일 것이다. 어쩌면 1초가 1년으로 보일지도 모르겠다. 시간이 흘러가지 않는 것으로 보일 때, 인간은 대개 자살해 버린다. 1초를 버티기 힘들 정도로 고통스럽기 때문이다. 그러나 지켜보는 사람의 시간은 평소의 시간 흐름과 같다. 왜 이런 일이 벌어질까?

　시간의 흐름은 그 시간을 깊이 인식할수록 흘러가지 않는다. 1,000도나 되는 철판 위에 있는 사람은 너무 고통스러움으로 시간 속으로 무한히 깊이 스며들어 가 무한히 작은 시간도 인식되기 시작한다. 그것을 지켜보는 사람은 1,000도 철판 위의 환경과는 전연 다르므로 1,000도 철판 위의 사람처럼 무한 긴장감이 없어 특별한 시간의 흐름을 감지하지 못하고, 평소와 같은 일반적인 시간 흐름을 느낄 뿐이다. 1,000도 철판 밖의 사람에게는 시간의 흐름이 그렇게 길게 느껴지지 않는다는 것이다.

비록 시공간은 바로 옆에 있어 비슷해 보이는 것 같지만, 1,000도 철판 위의 인간은 블랙홀 부근의 사상의 지평선에 있는 것과도 같다. 그래서 시간의 흐름이 없는 것이다. 이 때문에 1,000도 철판 밖의 사람이 느끼는 1시간은 1,000도 철판 위의 사람에게는 시간의 흐름이 끝없이 정체되어 1억 년처럼 길게 느껴질 수도 있다. 사실 1,000도 철판 위에서 죽지 않고 산 사람이 있다면, 1시간이 무한대의 시간으로 인식되었을 수도 있으리라.

이처럼 느끼는 마음의 상태에 따라 시간의 길이는 상대적으로 다르다. 고통지수가 클수록 시간의 길이는 길게 느껴진다. 반대로 고통지수가 작을수록 마음이 느끼는 시간의 길이는 짧아진다. 고통지수가 무한에 이르면 마음이 느끼는 시간의 길이도 무한에 이르고, 대개 이런 경우 인간은 자멸해 버린다. 즉, 자살한다는 것이다.

결론적으로 고통지수는 시간을 인식함에 영향을 주는데, 고통지수가 클수록 느끼는 시간은 천천히 흐르며, 고통지수가 작을수록 느끼는 시간의 흐름은 빠르다고 할 수 있다.

6. 자살하는 심리의 창조론적 관점

자살하는 사람의 경우, 두뇌가 감당할 수 없을 만큼 고통지수가 너무 크기 때문에 1초가 너무 길게 느껴지는 것이다. 인간의 두뇌는 시간의 흐름이 순탄할 때 제대로 작동된다. 너무 고통이 심해 1초가 안 흘러가는 것처럼 느끼는 상황이 벌어지면, 두뇌는 존재를 보존하지 못하고 스스로 소멸하는 쪽으로 흘러간다. 이것이 자살이라는 것이다. 여기서 고통이라고 해서 무조건 통증을 수반하는 것은 아니다. 시간이 흘러가지 않는 상황이라면 모두 해당한다. 예를 들면, 통증은 없지만, 우울증이 극에 이르러도 우리의 두뇌는 견디지 못한다. 고통이 극한에 이르러 시간이 흘러가는 것을 두뇌가 인지하지 못하면, 시간의 흐름 속에 활성화되어야 하는 신체의 모든 기능이 마비되거나 리듬이 깨지는 것이다.

결론적으로 '**고통지수**'란 '인간의 두뇌가 감당하기 힘든 모든 것'의 정도를 지칭한다. 이에 따라 내릴 수 있는 결론은 '마음이 시간에 대해 느끼는 절대성은 없다'는 것이다. 인간이 가지고 있는 이러한 심리는 신이 인간을 창조할 때 이미 만들어 놓은 것인데, 인간이 너무 고통스럽거나 번민이 극한에 이르면 인간을 통한 신의 목적이 달성될 수 없기에 존재를 소멸시키는 프로그램이 돌아가는 것으로 생각한다.

7. 물리적인 세계와 비물리적인 세계의 징검다리

이제까지 마음이 느끼는 시간의 상대성에 관해 이야기했다면 이번에는 인간의 생각 근원으로부터 구체적으로 뇌의 인식에 대하여 알아보자.

오감을 이용한 학습을 통해 언어가 발생하고, 그 언어는 생각을 만든다고 했다. 바로 이 생각이 '**의식의 세계**'라는 것이다. 바로 이 의식이 온갖 정신세계를 이끌어 가는 마음이다. 비물리적이며 스스로 존재하는 초자연적인 지성체는 물질을 탄생시키고 인간을 탄생시켰다. 또한, 이 물질로 만들어진 인간 육체의 오감을 통해 언어를 만들었고, 언어를 통해 생각을 만들어 결국 비물리적·초자연적인 지성체 본질의 한 면이 '인간의 마음'이라는 비물리적인 형태로 나타났다.

어차피 인간에게서 나타나는 물리적·비물리적인 모든 것이 초자연적인 지성체의 그 무엇을 나타내고 있다는 것을 잊지 말자. 그러면 마음을 생성시키는 오감의 주체는 육체이지만, 이 오감에서 생성된 마음의 근원은 우리 육체에 존재하지 않는 무엇이다. 즉, 육체와 다른 초자연적인 지성체의 비물리적인 그 무엇이 나타나고 있는 것이다. 또한, 오감에서 만들어진 언어는 물리적인 성분으로 만들어진 육체와 비물리적 세계인 초자연적 지성체의 세계를 잇는 징검다리 역할을 한다.

8. 100년 산 사람과 100억 년 산 사람의 느낌이 같은 이유

뇌가 인식하는 시간의 길이는 뇌가 인식하며 뇌에 그 무언가를 새기면서 측정되는데, 너무 행복한 사람은 뇌 밖의 정보나 자체적으로 만들어 내는 정보로부터 표면적인 감정을 즐기므로 긴장감이 없다. 그래서 뇌는 생명의 존재에 필요한 정보라는 인식이 없어 체험하는 순간을 뇌에 저장하려고 반응하지 않는다. 즉, 시간에 대한 인식이 없어 시간이 아무리 많이 흘러도 뇌에는 기록된 정보가 없어 마치 시간이 빨리 가는 것처럼 느껴지는 것이다. 이에 반해 고통스러운 사람은 고통을 인내하느라 자신 속에서 끝없는 시간의 인식 속에 해결의 실마리를 찾게 되므로 뇌에는 많은 정보가 저장된다. 따라서 아무리 짧은 시간이 흘러도 마치 많은 시간이 흐른 것처럼 인식된다는 것이다.

인간의 뇌의 작용을 시간의 인식과 관련하여 좀 더 알아보면, 인간의 뇌는 시간이 너무 오래 지난 것은 거의 망각해 버린다. 만약 100억 년을 인간이 산다면, 100억 년의 대부분은 모두 망각해 버리고 최근 수년 안의 것만 제대로 기억한다. 10년 이상만 지나도 망각률 100%에 접근한다. 매우 인상 깊거나 자극적인 기억 말고는 대부분 망각해 버린다. 100억 년을 살아도, 100억 년을 산 느낌이 없다는 것이다. 즉, 뇌의 시간의 길이에 대한 인식은 뇌에 새겨진 것이 기억될 때만이 인식한다.

결과적으로 100억 년 산 사람과 100년을 산 사람의 주관적인 삶의 길이는 거의 같다. 아무리 오래 살아도 뇌에서 그것을 주관적으로 인식하지 못하면 아무런 의미도 없다. 100년을 산 사람이 죽을 때 아쉽듯이 100억 년을 산 사람 역시 죽을 때 아쉽다. 결국, 100년을 살았는데도 100억 년을 살았다고 생각해도 별로 문제가 되지 않는다. 이에 따라 인간의 수명을 끝없이 연장할 필요성이 없다는 결론에 도달한다.

살다가 젊어서 죽든지 늙어서 죽든지, 사실 그 차이는 별로 없다. 죽음을 맞이하는 순간이 무섭고 힘들어서 그렇지만, 삶의 길이와 관계없이 모든 존재의 존재 가치는 똑같다. 그러므로 빨리 죽는 것을 두려워하지 말자.

9. 창조론적 관점에서 마음의 상대성이 존재하는 이유

이제 마음의 상대성에 대해 결론을 내려 보자. 초자연적인 지성체는 인간의 마음이 왜 이토록 절대성을 띠지 않고 상대성을 띠게 하였을까? 그 답은 절대성을 띠었을 때 문제가 발생하기 때문이다. 만약에 인간의 마음이 절대성을 띨 경우를 생각해 보자. 어느 정도 만족하면 더 이상 추구하지 않을 것이고, 추구하지 않는다는 것은 희망 상실과 같으며, 희망 상실은 곧 좌절과 같고, 이윽고 자멸해 버릴 수 있다.

인간은 본능적인 욕망과 희망을 먹고 산다. 그리고 이러한 욕망과 희망을 끝없이 추구해야만 건강하고 존재에 유리하게 만들어져 있다. 현실에 만족하는 것은 한편으로는 욕망과 희망 상실과 같으며, 욕망과 희망 상실은 인간의 존재 프로그램에 최악의 영향을 미친다. 따라서 죽는 날까지 끝없이 무언가 욕망과 희망적인 것을 추구하라. 이런 욕망과 희망적인 감정은 인간이 존재하려는 마음의 상대성에서 발생한다. 결국, 마음의 상대성 효과는 초자연적인 지성체가 인간에게 바라는 본질이다.

10. 마음의 상대성 효과 속 나란 존재성

인간의 마음은 비물리적인 무언가이고, 무한 진리의 근원이란 바탕 위에 존재한다. 따라서 인간의 마음속에는 모든 사람의 인격이 존재하고 인간의 마음속에는 모든 경우의 수가 존재한다. 인간은 살아가면서 하나씩 발견해 갈 뿐이다. 즉, 그 육체의 유전자에 맞는 인격이 하나 형성한다는 것이다. 그런데 유전자에 따라서는 두 개 이상의 인격체가 발견되기도 한다. 다 인격체라고 하는 것이다. 한 인간에게 하나의 인격체가 형성되어야만 그 인간이 살아가는 데 생존 적응력이 뛰어나다. 그런데 두 개 이상의 인격체가 형성되면 대개 그 몸의 존재성에 혼란을 겪는다.

만족이란 느낌의 상대성이든지 시간적인 느낌의 상대성이든지 그 느낌을 인식하는 것은 하나의 육체에서 비롯되지만, 주체는 모든 인격체와 모든 경우의 수가 존재하며 결정화된 뿌리가 없는 비물리적인 마음의 무한성에 그 근원이 연계되어 있다는 것을 알 수가 있다.

결론적으로 마음의 상대성을 통해 알아본 나란 존재성은 물리적인 육체처럼 결정화되어 존재하는 것이 아니라 무한 변화성이 존재한다는 것이다. 그 마음의 흐름에도 경계성이 없는 연속적인 값을 갖는 비물리적인 무언가라는 것을 알 수 있다는 것이다. 결국, 마음의 상대성에서는 본질적으로 고정된 실체가 없는 마음의 속성을 깨달을 수 있었는데, 바로 고정된 실체가 없다는 것은 각 개인마다 육체에는 고유의 나란 존재성이 없다는 것을 암시한다는 것이다. 그러면 나란 존재성은 고정된 실체가 없으니 어떻게 이해해야만 할 것인가? 이는 각 개인의 육체에 나란 존재성이 존재하는 것이 아니므로 우리의 육체가 가지고 있는 존재를 위한 욕망의 굴레를 벗어 버려야만 참 나란 존재성에 접근할 수 있다는 것을 암시한다.

9장 목차

1. 초끈이론과 여분의 차원 발견
2. 초끈이론이 만드는 세상
3. 초끈이론과 나란 존재성
4. M-이론의 발견과 M-이론이 만드는 세상
5. M-이론과 나란 존재성

9장

—

초끈이론과 M-이론 속
나란 존재성

1. 초끈이론과 여분의 차원 발견

새로운 진리에 대한 우리의 믿음과 자세

　수학의 추론은 어느 우주엔가 정확히 맞아떨어지는 진리이고, 과학의 추론은 추론한 대상이 속한 우주의 진리에 어떠한 방식으로 해석하든지 근사적인 진리이다. 왜냐하면, 어차피 자연은 모두가 암호로 되어 있어 해독 방법은 무한히 많을 수 있는데, 우리 인간이 만든 언어로 해독하기에는 근사적일 수밖에 없다. 따라서 우리 우주의 과학에서 발견한 4가지 힘의 법칙은 우리 우주의 인간이 발견한 수학적 논리성으로 접근한 우리 우주의 과학 법칙이다. 또한, 4가지 힘을 하나로 통합한 초끈이론도 수학을 이용하여 밝힌 우리 우주의 과학이론이다. 수학 자체적으로는 발견한 법칙이 어느 우주엔가 100% 존재하는 것이지만, 우리 우주의 정보로부터 수학적인 추론을 한 것이므로 4가지 힘의 법칙이나 초끈이론은 근사적으로 진리이다. 그래서 본 필자의 말은 근사적으로 진리이니, 적어도 믿어야만 한다.

　그래도 너무나 황당해서 못 믿는 독자가 있다면, 다음과 같이 한마디 하고 싶다. "우리 인간이 3차원 공간에서 태어나 오감을 통해 3차원 공간 속에서 체험하면서 3차원 속에서의 언어들만 가지고 있고, 그것으로 무한한 진리의 세계를 판단한다는 것은 잘못이지 않겠는가?"라고 말이다.

3차원 공간에서 만들어진 언어 중에서 3차원에 머물지 않고 무한차원에까지 진리를 이끌어 주는 우주의 절대적인 언어인 수학이라는 언어를 사용하면 밝혀지는 새로운 진리가 끝이 없다. 지금 이 순간도 진리는 끝없이 발견되어 쏟아져 나오고 있다.

지구와 우리 우주를 떠나 대우주에 이르기까지 진리를 생각해 보자. 그리고 더 나아가 존재의 무한차원에 이르기까지 접근하여 진리를 생각하자면 우리가 생각하는 모든 지식은 우물 안의 개구리에 불과할 뿐이라는 것을 알 수 있다. 우물 밖에는 헤아릴 수 없는 제각기 다른 산과 들이 무수히 많다. 우물 밖에는 우물 안에서 볼 수 없었던 다른 진리가 무한히 많다는 것이다. 그것이 다는 아니다. 우리 지구를 떠나 보면 상상을 초월하는 진리의 태양계가 펼쳐져 있다. 이 속에서도 불가사의한 진리가 우리를 맞이한다. 이것으로 끝은 아니다. 진리의 태양계를 떠나 좀 더 멀리 보고 있노라면 우리 은하계가 무한 새로운 진리를 머금고 우리를 기다린다. 이것으로 다라고 생각하면 안 된다. 은하계를 떠나 무한 멀리 지켜보면 우리 우주란 것이 새로운 무한 진리를 머금고 우리를 기다린다. 이것으로 또한 끝은 아니다. 우리 우주와 같은 우주가 우주에는 무한히 많다는 것이다. 이 속에서 알아야 할 것이 얼마나 된다고 생각하는가? 이번에는 존재 가능한 수학적인 차원을 높여 가노라면 무한에 이르기까지 새로운 진리의 영역이 끝없이 나온다. 결국, 인간은 더 이상 접근하지 못하는 진리의 극한값에 도달하고야 만다.

그리고 앞에서도 이미 언급했지만, 본 필자가 주장하는 아래 표와 같은 '수학적 절대 우주론'에서 보면, 수학으로 표현할 수 있는 모든 우주는 존재하므로 곧 무한차원 속에 무한 고유의 특성을 가진 우주가 무한개 존재한다. 인간의 능력으로는 도저히 가늠이 안 되고 형용할 수 없는 불가사의한 세계 속에 우리가 존재하는 것이다.

수학적으로 가능한 모든 차원의 모든 우주

(어딘가 있을 무한차원 속의 무한개의 우주를 완벽하게 추론) ⇅ (인간이 우둔하여 근사적으로 접근만 하고 있다)

수학적으로 가능한 모든 차원의 모든 우주는 모두 실제로 존재하며 법칙이 다른 무수히 많은 물리적 우주

그러고 보면 제아무리 인간의 과학 문명이 발달하였다고 해도, 이 모든 진리에 비하여 영원히 제로 수준이다. 이는 다음과 같은 식으로 표현할 수 있다.

$$\frac{\text{인간의 과학 문명의 극한값}}{\text{실제 존재하는 모든 진리}} = \text{제로}$$

따라서 우리가 알고 있는 것을 잠시 내려놓고 무한 진리에 다가가기 위해 목숨 바쳐 연구하는 수많은 천재 수학자와 과학자의 세계를 받아들여야 한다고 외치고 싶다.

말도 안 된다는 소리로 제발 무시하지는 말자. 우물 밖의 모든 진리를 무시해 버리고 스스로 우물 안으로 잠수하는 꼴이 된다. 쉽게 말하면, 1㎝ 자로 $10^{10,000,000}$㎞의 세계를 재면서 논할 수 있겠는가? 만약 부정적인 시각으로만 보면 인간의 좁은 식견 속에서만 머물러 있으며, 세계적인 천재 수학자와 천재 과학자들을 모두 부정하는 것이 되며 살아 있는 동안 아무런 것도 얻지 못하고 자신만의 좁은 공간에 갇혀 있게 된다. 즉 우물 안에 모든 진리의 세계가 있다고 착각하며 한평생 살다가 늙어 죽을 것이다.

따라서 수학적이고 과학적인 모든 것의 진리는 세계적인 천재 수학자와 천재 과학자들이 평생 연구한 결과물들이다. 이 위대한 수학자와 과학자들이 발견한 이론을 바탕으로 엮어 가는 거의 진리나 다름없는 본 필자의 말은 모두 믿자. 수학적인 논리성과 과학적인 합리성이 주장하는 것은 우주의 본 모습이고 진리의 본성이니 믿자는 것이다.

수학자들과 과학자들의 주장은 100% 정확한 진리는 아닐지라도 적어도 근사적인 진리이므로 무조건 믿고 따라가 보자. 그러면 무한 신비의 세계가 나타난다. 비록 근사적인 진리라 할지라도 이렇게 많은 새로운 진리가 있다는 것은 100% 진리이다. 이 어려운 새로운 진리의 세계를 본 필자가 체험시켜 주고자 한다. 언젠가는 우리가 인식할 수 없는 세계에 이렇게 많은 무한 신비의 진리가 있다는 것을 깨달을 것이다. 그리고 이 모든 것은 실제 존재하는 진리의 본성이며, 본 필자는 거의 100%에 가깝게 믿고 있다.

우리가 알아야 할 것이 우리 앞에 무한히 펼쳐져 있다. 시간이 없다. 짧은 인생에 이 무한 진리의 일부만이라도 최대한 알고 죽어야 할 것이 아니겠는가? 그리고 지금까지 연구해 놓은 것을 믿는 순간, 이제까지 수많은 수학자와 과학자가 오랜 세월 동안 일구어 놓은 세계와 본 필자가 수십 년 동안 모든 수학과 과학을 연구하여 이룩한 통합 지식의 세계가 모두 독자 여러분들의 것이 된다.

초끈이론의 발견

자연에는 '자연 흐름 법칙'이라는 것이 있다. 자연 흐름 법칙을 '열역학 제2법칙'이라고도 하는데, 이 법칙은 자연 현상의 모든 것에 예외 없이 적용되며, 시간의 전과 후를 논함에 없어서는 안 될 절대 법칙이다. 이 법칙은 앞에서 이미 소개하면서 예도 들었지만, 새로운 예를 들면서 한 번 더 소개하고자 한다.

어떤 한 장소에 공을 일정한 간격으로 아주 질서 있게 나열해 놓았다고 가정하자. 시간이 지나면서 주변 환경으로부터 여기저기서 힘을 받아 변형되고 흐트러진다. 그런데 주변에서 끝없이 힘을 받아 움직이며 시간이 무한히 흘러도, 처음 상태로는 절대로 돌아가지 않는다.

매우 질서가 정연한 처음의 상태는 흐트러진 나중보다는 무질서도가 작다고 하고, 나중에 제멋대로 흐트러진 상태는 처음 질서 정연한 상태보다는 무질서도가 크다고 한다. 이처럼 자연에서는 시간이 지날수록 질서가 없어지는 쪽으로 움직인다. 즉, 무질서도가 큰 쪽으로 움직인다는 것이다. 이번에는 이 이론을 삼라만상을 만드는 자연법칙에 적용해 보자.

자연을 만드는 힘의 법칙에는 네 가지가 있다. '중력, 강한 상호 작용력, 약한 상호 작용력, 전자기력'이라는 것이 있다. 이 4가지 힘만 있으면 우주 삼라만상 모든 것을 다 만들 수 있다는 것이다. 인간조차 이 힘에 의해서 만들어진다. 즉, 전자기력이다. 인간의 몸을 구성하고 있는 모든 것은 전자기력으로 설명할 수 있다.

이 네 가지 힘을 가지고 시간을 거슬러 태초로 올라가면 하나의 법칙이 된다. 왜냐하면, 자연의 흐름 법칙에 의하면 시간을 거슬러 올라갈수록 모든 자연법칙이 하나로 조화롭게 통합되기 때문이다. 즉, 태초에는 매우 조화로운 무언가의 하나의 법칙이 있었다는 것이다. 매우 조화로운 무언가의 법칙이 되려면 오직 완벽한 하나의 법칙으로 되는 수밖에 없는데, 이것은 중력의 법칙, 전자기력의 법칙, 강력의 법칙, 약력의 법칙이 모두 합쳐져 하나로 된 법칙임을 말하고 있다. 그래서 과학자들이 많은 세월을 통해서 하나의 법칙을 발견하는 데 심혈을 기울였다.

그 결과 초끈이론이라는 것을 발견했는데, 이 이론은 모든 법칙을 하나로 만드는 데 문제가 없었다. 많은 모델을 이용해 보았지만, 오직 1차원으로 된 끈만이 모든 법칙의 통합에 문제가 없었다는 것이다. 그래서 완성된 것이 **초끈이론**이다. 여기서 쓰인 끈의 길이는 플랑크 길이(10^{-33}cm)의 수십 배 정도라고 한다.

여분의 차원 발견

초끈이론은 자연의 4가지 법칙을 하나로 통합한 법칙이지만, 이 초끈이론이 성립하려니 우리가 사는 시공간에서는 적용되지 않는다는 것이다. 그래서 공간의 차원을 하나씩 올려 가면서 적용해 보았다. 우리가 사는 3차원 공간 말고도 6개의 차원 공간이 더 있어야 한다는 것이다. 모든 자연을 만드는 법칙에 모두 적용되므로 이 6개의 여분의 차원 공간은 아마도 대자연 속에 있는 모든 것과 공존해야만 한다.

수학적인 추론에 의하면, 이 6차원 여분의 차원 공간은 플랑크 크기(10^{-33}cm)로 칼라비-야우 도형 모양으로 돌돌 말려 있다고 한다. 이것은 태초 양자론적으로 탄생한 플랑크 크기의 우주가 팽창하지 않고 태초 그대로 존재하는 여분의 차원 공간이다. 모든 공간에 있지만, 6개의 자유도(물체가 움직일 때 독립적으로 움직일 수 있는 방향이 6개나 있다는 뜻)를 가지고 무한히 작게 존재하기 때문에 우리의 눈에는 절대로 보이지 않는다.

우리가 사는 3차원 공간과 1차원 시간 차원까지 더하면, 총 10차원 시공간에서 적용되는 셈이다. 결론적으로 우리가 사는 우주에는 우리가 알 수 없는 여분의 차원 공간이 있다는 것이다.

끈의 성질을 보면, **'닫힌 끈'**과 **'열린 끈'**의 두 종류로 되어 있다. 우주에 존재하는 대부분은 열린 끈으로 되어 있어 우리의 우주를 절대로 벗어날 수는 없지만, **'중력자'**라는 입자는 닫힌 끈으로 되어 있어 우리가 존재하는 차원의 막 우주를 이탈하여 여분의 다른 차원으로 자유롭게 이동한다고 한다.

초끈이론에서는 우리가 사는 시공간 속에 우리가 인식할 수 없는 6개의 공간 차원이 우리와 공존한다는 것이다. 이 얼마나 신비로운 현상인가? 나를 둘러싸고 있는 곳은 10차원 시공간이고, 그중에서 우리가 인식하는 것은 오직 3차원 공간뿐이다. 그리고 우리가 인식하는 공간도 물체처럼 조작할 수 있는 물리적 실체 속에서 산다. 우리가 의식하는 비물리적인 그 무엇은 이 10차원 공간 속에서 해석한다면, 나란 존재의 발생을 알 수 있지는 않을까?

10차원 시공간 속에 있는 9개의 차원 공간 속에서는 비물리적인 성질과 물리적인 성질의 중간형의 알 수 없는 그 어떤 에너지 끈의 진동에 의해서 쿼크라는 입자가 만들어진다. 그리고 그 쿼크에 의해서 양성자와 중성자가 만들어지고, 그렇게 형성된 양성자와 중성자, 전자는 원자를 만든다. 그리고 원자는 분자성 물질과 비분자성 물질을 만들어, 우리와 우리 앞의 삼라만상을 만든다.

결국, 나란 존재성 의식의 본질은 원래 비물리적인 성질의 그 무엇이다. 따라서 물리적인 성질과 비물리적인 성질의 중간형인 그 무언가의 에너지 진동과 관계되지는 않을까 싶다. 그래서 여분의 차원 속에서 그 본질을 파악해 볼 필요가 있다고 생각한다.

2. 초끈이론이 만드는 세상

초끈이론은 우주의 모든 것이 끈으로 되어 있다는 것인데, 끈에는 닫힌 끈과 열린 끈이 있다. 대부분 우주 삼라만상은 열려 있는 끈으로 되어 있어 우리 우주에 구속되어 있다. 그래서 우리 우주를 절대로 이탈할 수가 없다. 그러나 중력자와 같은 것은 닫힌 끈으로 되어 있어 유일하게 우리 우주를 탈출할 수가 있다고 한다.

열려 있는 끈으로 우리 우주에 속박된 우주 삼라만상은 물리법칙이 항상 그 어느 선에서 제한이 가해진다. 한마디로 우리 우주에서만의 우주 법칙이다. 반면 중력자는 우리 우주를 이탈할 수 있으므로 범우주적인 무언가이고 초자연적인 지성체인 창조주는 모든 우주 사이의 연결 수단으로 중력자라는 것을 만들어 놓은 것 같다.

3. 초끈이론과 나란 존재성

초끈이론에서 모든 존재의 존재성은 초끈이라는 것에서 시작한다. 나의 몸을 구성하고 있는 모든 것도 바로 초끈에 의하여 형성된 것에 불과하다.
초끈에 의하여 형성된 육체의 존재성은 러더퍼드의 알파입자 산란 실험으로 밝혀진 것에 의하면 0.00000001%만 진실이므로 육체의 존재는 스크린 영상처럼 환상에 지나지 않고 이러한 환상이 매개되어 나타난 정신적인 나란 존재성은 초끈과 전연 관계없는 존재성이므로 4차원 시공간 속에서 존재할 수가 없는 무언가이다.

앞에서도 이야기했지만 '**물리적인 실체**'란 우리가 인식하는 무언가 측정될 수 있는 양이 있는 것을 말하고, '**비물리적인 실체**'란 우리가 인식하는 무언가로 절대로 나타낼 수 없는 것을 말한다. 그리고 '**물질**'은 질량이 있으며 어떤 모양으로 공간을 차지하고 있는 물리적인 실체를 말하고, '**비물질**'은 질량은 없으며 어떤 모양이 없어 공간을 차지하고 있지 않은 물리적인 실체를 말한다.

이러한 비물질의 역할은 물질에 영향을 주어 물질이 존재하게끔 하는 물리적인 그 무언가로 존재하는 실체이다. 예를 들어 보자.

물리적인 실체: 물질, 에너지, 시간, 공간
비물리적인 실체: 영혼
물질: 질량이 있는 모든 것
비물질: 중력, 강력, 약력, 전자기력, 에너지

물질은 스스로 존재하며 변화하는 아무것도 가지고 있지 않다. 비물질에 의존하며 존재하고 변화하는 것이다. 이처럼 물리적인 실체도 스스로 존재하며 변화하는 아무것도 가지고 있지 않다. 이 또한 비물리적인 무언가의 영향으로 존재함이 틀림없다.

결론적으로 지금 우주의 모든 법칙은 태초가 있다는 것을 말하고 있고 태초에는 모두가 하나로 통합된 상태가 있다고 한다. 그래서 만물을 생성시키는 힘을 하나로 통합시킨 결과 초끈이론이 탄생되었다. 이처럼 **초끈이론은 모든 물질의 기본입자는 점입자가 아니라 끈이어야 한다는 것**이다. 사실 점입자이든지 끈이든지 모양으로는 나란 존재성을 밝히는 데 도움이 되지는 않는다. 그러나 초끈이론이 적용되면 모든 것이 하나의 법칙 아래 존재하는 것이지만 시공간이 10차원이 되어야만 한다는 것이다. 모든 법칙이 하나로 통합되고 무한히 작은 한 점이 되는 상황에서 비물리적인 것까지 태초에 하나로 있었을 것이다. 비물리적인 것은 물리적인 것을 결정짓고 물리적인 것을 운행하는 무언가이다. 그래서 무한히 작은 마이크로 우주 안에 비물리적인 무언가까지 합해서 모두 한 점 안에 공존했을 것이다.

빅뱅과 인플레이션이 있으면서 10차원 중의 3차원 공간만 무한 팽창하고 나머지 차원은 태초 상태에 머물러 있으면서 3차원 공간과 함께 팽창한다고 한다. 그래서 우리가 사는 공간 속에 무한히 작은 여분의 차원이 숨어 있다고 한다. 이 여분의 차원은 지구에서 불가사의한 여러 현상을 설명할 수 있다. 여기에서 인간의 나란 존재성도 해결될 것인지 추론해 보았지만 아무리 고차원이더라도 태초에 한 점으로부터 시공간이 같이 만들어졌다면 아인슈타인의 상대성 이론에서 4차원 시공간이 물리적 실체인 것처럼 10차원 시공간도 물리적 실체여야만 된다는 결론에 도달한다. 따라서 10차원이 아니라 아무리 고차원이더라도 생성된 차원은 비물리적인 무언가에 의하여 생성된 물리적인 실체이다.

따라서 시공간 자체 속에 나란 존재성의 근원은 찾을 수 없다. 태초는 무한히 작은 한 점이므로 물리적인 고차원 시공간조차도 태초엔 비물리적인 나란 존재성과 하나일 수밖에 없다. 그리고 태초 이전에는 수학적으로 제로 크기인 절대무라고 함으로 물리적인 실체가 존재하지 않는다. 결국, 나란 존재성은 태초 너머에 있는 무언가여야만 한다.

수학적으로 절대무란 제로 크기의 우주로 시간도 공간도 물질도 에너지도 없는 물리적으로 아무것도 존재하지 않는 것을 말함이다. 그러나 물리적인 실체를 있게 하는 비물리적인 실체는 이와 상관없이 불생불멸하며 스스로 존재하는 영원성의 무언가이다.

4. M-이론의 발견과 M-이론이 만드는 세상

M-이론의 발견

M-이론은 초끈이론에 이어 나온 이론인데, 이 이론을 발견한 과정은 다음과 같다. 한 가지 만물의 법칙을 찾고 있었던 과학자들이 많이 모여들어 초끈이론에 관해 연구하기 시작했는데, 그 결과 다섯 개의 다른 꼴이 나왔다. 한 개의 완벽한 꼴을 찾고 있던 과학자들에게 충격이 아닐 수

없었다. 정작 통일장 이론이 될 것이라고 확신하며 매달렸지만, 결과는 단 하나의 통일장 이론이 아니라 5개가 되어 버렸기 때문이다.

이때 미국의 과학자 에드워드 위튼이 5개의 이론을 합친 **M-이론** (Membrane)을 내놓았다. 즉, 10차원을 1차원 더 높여 11차원으로 만들고 '**대칭성**'이라는 개념을 도입하면, 5개의 초끈이론을 하나로 합칠 수 있다는 것이다. 그런데 1차원 초끈이 막이 되어 버렸다. 결국, M-이론은 '**2차원 막 이론**'인 셈이다. 결론적으로 우리가 사는 이 우주는 우리가 인식할 수 있는 3차원 공간과 시간 차원 외에도 우리가 모르는 차원의 공간이 많이 있다.

이것은 자연의 흐름 법칙인 열역학 제2법칙에 의해 태초에는 완벽히 조화로운 질서 아래 오직 하나의 법칙인 우주가 있어야 하므로 삼라만상을 만드는 힘의 법칙을 통합하는 것은 절대적으로 필요하다. 따라서 범우주적인 언어인 수학에서 도출된 M 이론은 태초 하나의 법칙인 통일장 이론으로 본 필자는 100% 진리라고 믿고 있지만, 아직 해결해야 할 것이 있는 이론이다.

M-이론이 만드는 세상

M-이론을 이해하자면 무엇보다 브레인을 이해해야만 한다. M-이론을 브레인이론이라고 하고 싶다. 브레인이란 1차원 끈이 아닌 모든 형태를 지

칭한다. 그러면 M-이론이 만드는 세상에 대하여 자세하게 알아보자.

초끈이론은 만물이 끈으로 되어 있다는 이론이다. 우주 삼라만상을 만드는 힘의 법칙을 통합하니 만물의 근원이 끈으로 되어 있다는 것이다. 그런데 조금의 문제를 안고 있었다. 그래서 그 문제점을 해결한 이론이 M-이론이다. 그런데 초끈이론의 문제점을 해결한 M-이론은 만물의 근원이 1차원 끈을 포함하여 2차원 이상의 요소들도 포함할 수 있다는 것이다. 다시 말하면 만물의 근원이 1차원 끈이 아니라 2차원막(2-브레인)일 수도 있고, 3차원 브레인(3-브레인), 4차원 브레인(4-브레인), 5차원 브레인(5-브레인), 6차원 브레인(6-브레인), 7차원 브레인(7-브레인), 8차원 브레인(8-브레인), 9차원 브레인(9-브레인)일 수도 있다는 것이다.

M-이론에 대해서는 대부분의 독자 여러분은 무슨 말인지 잘 이해하지 못할 것이므로 이해를 돕기 위해 다음과 같이 나타내어 보자. 11차원 시공간 속에는 여러 가지 공간이 떠다니는데, 이 각각의 공간을 '**브레인(brane)**'이라 한다. 2-브레인, 3-브레인, 4-브레인, 5-브레인, 6-브레인, 7-브레인, 8-브레인, 9-브레인 공간까지 있을 수 있다.

다음과 같이 생각하면, 이해에 더욱 도움이 된다. 4차원 이상에서 우리 인간은 인식할 수 없으므로 우리가 인식할 수 있도록 비유해서 설명해 보자. 우리가 잘 아는 3차원 공간이 있다고 하자. 이 속에는 무한히 많은 점이 있고, 무한히 많은 선이 있고, 무한히 많은 면이 있다. 3차원 공간이 11차원 시공간이며, 3차원 공간 속의 점·선·면이 11차원 시공간 속을 떠다니는 공간인 브레인이다. 각 공간 브레인 사이에는 불연속이라 서로 소통할 수는 없다.

초끈이론에서 우리가 모르는 6개의 여분의 차원 공간을 발견했다. M-이론에서는 차원이 하나 늘어났다. 7개의 여분의 차원이다. 이 속에서 존재할 수 있는 우주는 거의 무한개 가능하다. 즉, 다중우주가 있을 수밖에 없으며, 이러한 거의 무한개의 다중우주 모두가 11차원 시공간 속에 들어 있다.

그러나 이것도 더 큰 차원 속의 하나라면, 너무 사고를 비약한 것일까? 절대로 아니다. 본 필자의 《수학적인 절대 우주론》에 의하면, 수학적으로 표현 가능한 모든 우주는 실제 존재할 수밖에 없는 것이 우주 존재의 본성이며 진리의 본성이다. 여기서는 적어도 11차원 시공간이 있다는 것만 알자. 그리고 우리가 의식할 수 없는 무한 진리가 우리 앞에 펼쳐져 있음을 알고 넘어가자.

5. M-이론과 나란 존재성

M-이론은 초끈이론의 문제점을 해결하면서 나온 이론이다. 초끈이론은 만물의 근원이 끈으로 되어 있다는 이론이고, M-이론은 만물의 근원

이 브레인으로 되어 있다는 이론이다. **브레인**이란 끈을 제외한 모든 형태를 말한다. 초끈이론의 문제점을 완벽히 보완하여 통일장 이론처럼 보이는 M-이론이 탄생했지만, 이 이론이 적용되려면 11차원이란 시공간 차원이 있어야만 가능하다는 것이다.

4차원 시공간은 아인슈타인의 상대성 이론에 의하여 물리적 실체로 밝혀졌지만 11차원 시공간은 M-이론에서 요구되는 시공간이다. 물리적 실체인 것인지는 밝혀지지 않은 상태이다. 그러나 본 필자의 생각으로는 100% 물리적 실체라고 생각한다. 왜냐하면, 존재 자체가 물리적 실체임을 나타내기 때문에 몇 차원이든지 무조건 물리적 실체라고 생각한다.

M-이론은 초끈이론과 비교할 때 여분의 차원이 하나 더 있지만, 나란 의식의 존재를 논할 때는 본질적으로 같이 생각해야 한다. 나란 존재성의 의식이 비물리적인 성질을 나타내므로, 나란 존재성의 우주 절대 의식의 근원은 물리적인 실체성을 가지고 있는 극한 너머에 있을 수밖에 없다. 따라서 10차원 물리적인 세계를 밝히는 초끈이론이나 11차원의 물리적인 세계를 밝히는 M-이론으로는 밝힐 수 없음을 알 수 있다.

10장 목차

1. 차원의 본질
2. 0차원, 1차원, 2차원의 본질
3. 3차원, 4차원의 본질
4. 5차원~11차원의 본질
5. 유한차원과 무한차원의 본질
6. 유한차원과 무한차원 속 나란 존재성

10장

모든 차원 속
나란 존재성

1. 차원의 본질

'**차원**'이란 과연 무엇일까? 마음대로 독립적으로 움직일 수 있는 방향, 즉 '**자유도**'를 말한다. 예를 들어 3차원이라면 자유롭게 독립적으로 움직일 수 있는 방향이 3개 있다는 것이다. 즉, x방향·y방향·z방향과 같이 각 방향은 서로 독립되어 있어 3개 방향으로는 자유롭게 움직일 수 있다는 것이다.

그렇다면 끝없이 차원 수를 높여 갈 수 있을까? 즉, 0차원, 1차원, 2차원, 3차원, ⋯, 100차원, ⋯, 1,000차원, ⋯, n차원, 여기서 n을 무한대로 보내면 어떨까? 결론부터 말하자면 가능하다. 이를 이해하기 위해 하나씩 예를 들어 보자.

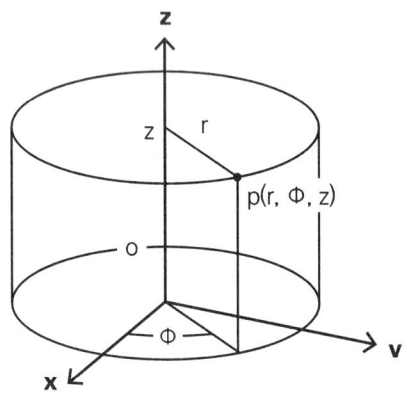

z축으로부터 거리가 r이고 x축으로부터 사이 각이 Φ, 원점으로부터 높이가 z인 원통으로 되어 있는 세상이 있다면(r, Φ, z)라는 것으로 3개의 자유도를 생각해 볼 수 있다.

즉, 위의 그림에서 r은 z축과 점 p와 거리, Φ는 벡터 op를 XY 평면으로 정사영 했을 때 x축과 이루는 각이다. z는 벡터 op를 z축에 정사영 했을 때 z의 값이다.

가까이 볼 때는 자유도가 3개인 3차원이지만, r에 비해 z가 충분히 크면서 이 원통 세상으로부터 충분히 멀리 떨어져서 원통의 세상을 바라보면 1차원 선처럼 보일 것이다. 1차원 선이라면 자유도가 하나뿐이다. 이처럼 보는 관점에 따라 차원은 달라질 수가 있다.

그리고 멀리서 원통을 관찰할 때 원통 표면의 어떤 존재가 관측자 쪽에 있을 때는 존재가 관측되던 것이 존재가 원통 뒤편으로 가면 존재 자체가 사라지는 것처럼 보일 것이다.

우리가 사는 세상은 우리의 관점에서 3차원처럼 보이지만 무한히 작은 세계로 끝없이 들어가든지 무한히 큰 세계로 끝없이 들어가든지 하면 새로운 차원이 끝없이 나타날 수 있다고 생각한다. 수학적 논리를 펴면 무수히 많은 다른 차원이 끝없이 나타날 수밖에 없으며 무한대에 가까운 차원까지 존재 가능하다는 것이다.

그러면 지금부터 차원에 대해 자세하게 분석해 보기로 하자.

2. 0차원, 1차원, 2차원의 본질

0차원은 크기가 없는 한 점이고 1차원은 굵기가 없는 선이며 2차원은 두께가 없는 평면이다. 이 3개의 차원은 본질적으로 존재할 수 없는 차원이지만 없어서는 안 되는 차원이기도 하다. 각 차원에 대하여 자세하게 알아보자.

0차원의 본질

0차원이라면 자유도가 0개 있어 독립적으로 자유롭게 움직일 수 있는 방향이 하나도 없다는 뜻이다. 일반적으로 0차원을 나타낼 때는 크기가 없는 점의 형태로 나타낸다. 크기가 없는 점은 현실적으로 존재 불가능하지만, 실제 지금의 우주를 과거로 거슬러 올라가면, 0차원이 된다고 한다. 따라서 아무것도 없는 존재이지만, 우주 진리를 논함에서 없어서는 안 될 매우 중요한 차원이다.

실존하는 최소 차원은 3차원인데, 0차원이 무수히 많이 모여 1차원이 되고, 1차원이 무수히 많이 모여 2차원이 되며, 2차원이 무수히 많이 모여 3차원이 된다. 따라서 0차원이란 존재는 존재를 논함에서 없어서는 안 될 매우 중요한 요소이다.

1차원의 본질

　1차원이라면 자유도가 한 개 있어, 독립적으로 자유롭게 움직일 수 있는 방향이 한 개 있다는 뜻이다. 일반적으로 1차원을 나타낼 때는 직선의 형태로 나타낸다. 굵기가 없는 직선 형태이므로 실존 불가능하다. 그러나 실제 우주 존재의 진리를 논함에서 없어서는 안 되는 매우 중요한 차원이다. 실존하는 최소 차원은 3차원인데, 0차원이 무수히 많이 모여 1차원이 되고, 1차원이 무수히 많이 모여 2차원이 되며, 2차원이 무수히 많이 모여 3차원이 되기 때문이다.

　1차원에 대한 독자들의 이해를 돕기 위해 1차원 세상에서는 어떤 일이 벌어지는지 다음 그림으로 표현해 보자. 1차원 존재가 걸어가다가 아래의 그림처럼 장애물을 만나면 어떻게 될 것인가?

　1차원에서는 앞과 뒤라는 생각 외에는 그 어떠한 생각도 못 한다. 실제 앞과 뒤 외에는 존재하지 않기 때문에 속수무책이다. 그러나 2차원 존재가 본다면, 다음 그림처럼 간단히 피해 갈 것이다.

2차원의 본질

이번에는 2차원에 대해 알아보자. 2차원이라면 자유도가 두 개 있어서 독립적으로 자유롭게 움직일 수 있는 방향이 두 개 있다는 뜻이다. 일반적으로 2차원을 나타낼 때는 두께가 없는 면의 형태로 나타내므로 실제로 존재하기란 불가능하다. 그러나 실제 우주의 존재의 진리를 논함에서 없어서는 안 될 매우 중요한 차원이다. 실존하는 최소 차원은 3차원인데, 0차원이 무수히 많이 모여 1차원이 되고, 1차원이 무수히 많이 모여 2차원이 되며, 2차원이 무수히 많이 모여 3차원이 되기 때문이다.

2차원에 대한 독자들의 이해를 돕기 위해 2차원 세상에서는 어떤 일이 벌어지는지 그림으로 표현해 보자. 2차원 존재가 다음 그림처럼 야구를 하고 있다고 가정하자.

그런데 타자가 공을 치는 순간, 공이 위로 날아갔다고 하자. 그러면 2차원상에서는 잠시 공이 사라졌다가 멀리서 갑자기 나타난 것처럼 보일 것이다. 다음 그림처럼 말이다.

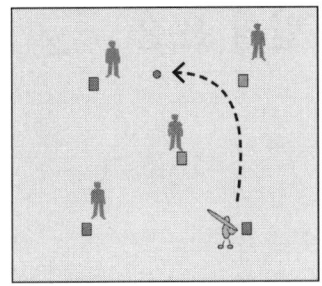

이러한 상황을 2차원인 생명체가 생각하기는 불가능하다. '위'라는 언어가 존재하지 않는 세상에 살면서 어떻게 이 상황을 이해할 수 있겠는가? 아무리 천재적인 2차원 생명체가 있어도 이를 이해하기는 불가능하다. 위라는 방향을 아는 것이 아니라 단지 새로운 차원이 있을 것이라는 추론 정도만 할 수 있을 뿐이다.

그러나 '위'라는 차원을 아는 3차원 생명체가 보면, 위 상황을 자연스럽게 이해할 수 있다. 즉, 다음 그림처럼 공이 이동한다는 사실을 알 수 있다.

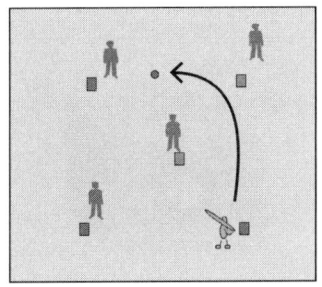

3. 3차원, 4차원의 본질

3차원의 본질

다음은 3차원에 대해 알아보자. 3차원이라면 자유도가 세 개 있다. 독립적으로 자유롭게 움직일 수 있는 방향이 세 개 있다는 뜻이다. 일반적으로 3차원을 나타낼 때는 공간의 형태로 나타낸다. 실존하는 최소 차원은 3차원이므로 우리가 사는 공간으로 표현할 수 있고, 우리는 존재 가능한 최소의 차원에 사는 셈이다. 간단히 말해서, 우리가 인식하면서 사는 공간이 3차원이라는 뜻이다.

독자들의 이해를 돕기 위해 3차원 세상에서는 어떤 일이 벌어지는지 다음 그림처럼 표현해 보자. 3차원의 존재가 다음 그림처럼 금고에 물건을 넣어 놓고 잠근 후 열쇠를 잃어버렸다. 이 금고는 부술 수도 없으며 열쇠 없이는 절대로 열 수 없다고 하자.

3차원 생명체는 이 문제를 절대로 해결할 수 없다. 3차원 생명체는 오직 가로, 세로, 높이라는 세계 외에는 몰라서 새로운 차원인 '시간'이란 축을 따라 이동할 수 없기 때문이다.

그러나 시간이라는 차원을 자유도로 가지고 있는 4차원 생명체가 있다면, 당연히 해결할 수 있다. 4차원은 앞뒤, 좌우상하 그리고 과거·현재·미래라는 시간차원이 있는 것인데, 금고를 잠그기 전의 과거로 돌아가면 금고 속의 보물을 꺼낼 수 있다. 한마디로 4차원 세계에서 잠금은 무의미하다는 것이다. 다음 그림처럼 곧장 잠그기 전의 시간으로 돌아가면 그만이기 때문이다.

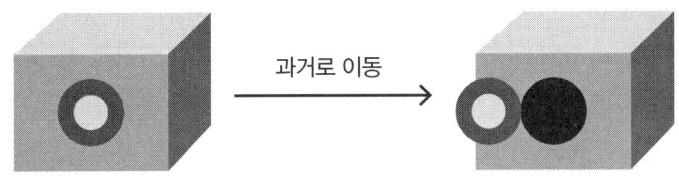

4차원의 본질

다음에는 4차원에 대해 알아보자. 4차원이라면 자유도가 네 개 있어 독립적으로 자유롭게 움직일 수 있는 방향이 네 개 있다는 뜻이다. 이것은 어떻게 표현할 수 있을까? 아인슈타인의 상대성 이론에 의하면, 우리가 사는 곳이 4차원 시공간으로 만들어져 있다고 한다. 우리가 태어나서 인식하면서 사는 3차원 공간에, 우리가 인식할 수는 없지만, 시간이란 방향의 차원이 있다는 것이다. 과거와 현재, 미래가 바로 그것이다. 아인슈타인의 상대성 이론에서 시간도 물리적 실체임을 보여 주고 있으므로 독립적으로 자유롭게 과거·현재·미래를 왔다 갔다 움직일 수 있는 방향이라는 것이다. 지금 과학 수준으로는 불가능하지만, 언젠가는 타임머신을 만들 수 있을 거라고 생각한다.

4차원이란 어떤 것인지는 3차원에 사는 우리가 아무리 설명을 해도 명확하게 이해하기는 불가능하다. 그러나 독자들의 이해를 돕기 위해 4차원 세상에는 어떤 일이 벌어지는지, 좀 더 색다른 생각을 해 보자. 20살 쌍둥이가 있다고 하자. 한 명은 지구에 남아 있고 한 명은 우주선을 타고 빛의 속도에 가까울 만큼 빠른 속도로 우주여행을 하고 돌아왔다고 하자. 그런데 우주여행을 한 사람에게는 1달이 흘렀는데, 지구에 남아 있던 쌍둥이의 나이는 80살이 되었다. 이를 이해하려면 4차원 시공간을 알아야 한다. 또 한 가지 예를 들어 보자. 20살의 쌍둥이가 있는데, 한 사람은 지구에 남아 있고 한 사람은 블랙홀 주위를 한 바퀴 돌아 지구에 돌아왔다. 우주선에 탔던 사람에게는 한 달이 지났는데, 지구에 남아 있던 사람은 90살이 되었다. 이 또한 4차원 시공간의 성질을 알아야 이해할 수 있다. 결국, 4차원 시공간에는 우리가 사는 3차원 공간에 시간이 관여되어 있다는 것만 알자.

4. 5차원~11차원의 본질

다음은 5차원 시공간에 대해 알아보자. **5차원**은 자유도가 다섯 개 있어 독립적으로 자유롭게 움직일 수 있는 방향이 다섯 개 있다. 이것은 우리가 사는 3차원 공간과 1차원 시간 그리고 무한히 작아 보이지 않는 1개의 차원 공간으로, 우리가 사는 모든 곳에 존재한다. 5차원 중 3차원 공간만 우리가 인식할 수 있고, 나머지 2개 차원은 절대로 인식할 수 없다.

다음은 6차원 시공간에 대해 알아보자. **6차원**이라면, 자유도가 여섯 개 있어 독립적으로 자유롭게 움직일 수 있는 방향이 여섯 개 있다는 뜻이다. 우리가 사는 3차원 공간과 1차원 시간 그리고 무한히 작아 보이지 않는 2개의 차원 공간으로 되어 있는 6차원 시공간은 우리가 사는 모든 곳에 존재한다. 6차원 중 3차원 공간만 우리가 인식할 수 있고, 나머지 3개 차원은 절대로 인식할 수 없는 차원이다.

다음은 7차원 시공간에 대해 알아보자. **7차원**은 자유도가 일곱 개 있어 독립적으로 자유롭게 움직일 수 있는 방향이 일곱 개 있다. 이것은 우리가 사는 3차원 공간과 1차원 시간 그리고 무한히 작아 보이지 않는 3개의 차원 공간으로, 우리가 사는 모든 곳에 존재한다. 7차원 중 3차원 공간만 우리가 인식할 수 있고, 나머지 4개 차원은 절대로 인식할 수 없다.

다음은 8차원 시공간에 대해 알아보자. **8차원**이라면, 자유도가 여덟 개 있어 독립적으로 자유롭게 움직일 수 있는 방향이 여덟 개 있다는 뜻이다. 우리가 사는 3차원 공간과 1차원 시간 그리고 무한히 작아 보이지 않는 4개의 차원 공간으로 구성된 8차원 시공간은 우리가 사는 모든 곳에 존재한다. 8차원 중 3차원 공간만 우리가 인식할 수 있고, 나머지 5개 차원은 절대로 인식할 수 없는 차원이다.

다음은 9차원 시공간에 대해 알아보자. **9차원**은 자유도가 9개 있어, 독립적으로 자유롭게 움직일 수 있는 방향이 아홉 개 있다. 이것은 우리가 사는 3차원 공간과 1차원 시간 그리고 무한히 작아서 보이지 않는 5개의 차원 공간으로, 우리가 사는 모든 곳에 존재한다. 9차원 중 3차원 공간만 우리가 인식할 수가 있고 나머지 6개 차원은 절대로 인식할 수 없다.

다음은 10차원 시공간에 대해 알아보자. **10차원**이라면, 자유도가 열 개 있어 독립적으로 자유롭게 움직일 수 있는 방향이 열 개 있다는 뜻이다. 이것은 우리가 사는 3차원 공간과 1차원 시간 그리고 무한히 작아 보이지 않는 6개의 차원 공간으로 이루어져 있으며, 우리가 사는 모든 곳에 존재한다. 10차원 중 3차원 공간만 우리가 인식할 수 있고, 나머지 7개 차원은 절대로 인식할 수 없는 차원이다.

다음은 11차원 시공간에 대해 알아보자. **11차원**이라면 자유도가 열한 개 있어 독립적으로 자유롭게 움직일 수 있는 방향이 열한 개 있다는 뜻이다. 우리가 사는 3차원 공간과 1차원 시간 그리고 무한히 작아 보이지 않는 7개의 차원 공간으로 구성된 11차원 시공간은 우리가 사는 모든 곳에 존재한다. 11차원 중 3차원 공간만 우리가 인식할 수 있고, 나머지 8개 차원은 절대로 인식할 수 없다.

바로 여기까지가 수학자와 과학자들이 연구한 현재 우리 우주가 속한 모든 존재 차원의 세계이며, 독자들이 체감으로 느끼도록 나열해 본 것이다. 그러면 11차원으로 모든 존재의 차원은 끝인가? 본 필자의 '수학적 절대 우주론'에 따라 생각해 보면 존재의 차원은 끝이 없다. 인간이 이제 발견한 것이 11차원일 뿐이다.

우리가 사는 3차원 공간에는 절대 해결 못 하는 것들이 너무나 많다. 대표적인 초과학적인 현상들에는 중력이 전자기력의 $\frac{1}{10^{40}}$ 밖에 안 될 정도로 매우 작은 원인, 미시세계에서 일어나는 불가사의한 양자론적인 현상이 있다. 양자론적인 현상에는 초미세 공간에 도달하면 시공간이 요동치는 현상, 원자핵 주위를 도는 전자의 절대로 통과 못 하는 불연속적인 다른 궤도로의 이동 현상, 관측하기 전에는 무한대로 존재하던 것이 관측한 순간 하나의 입자로 관측되는 현상, 소립자가 절대로 통과할 수 없는 장벽을 투과하는 터널링 효과와 같은 것이다. 인간 누구에게나 있는 나란 존재의 자아 현상도 우리가 사는 3차원 공간에서는 절대로 해석 불가능한 현상이다.

즉, 우리가 사는 3차원 공간 속의 뇌 속에는 3차원을 초과하는 존재에 대해서는 절대로 인식할 수 없으며, 대부분 사람은 이해조차 불가능하다. 본 필자도 이러한 불가사의한 진리들을 인식하기 위해서 모든 진리가 초자연적인 지성체의 본성이라고 생각하고 '수학적 논리성으로 추론된 것은 곧 진리'라고 생각하기에 믿고 이해할 뿐이다. 그래서 이런 불가사의한 것을 우리가 모르는 여분의 차원으로 연결한다면, 상당수가 해결될 수 있을 것이다.

5. 유한차원과 무한차원의 본질

이제까지 존재 가능한 모든 차원은 최첨단 수학과 과학을 총동원한 결과, 우리가 인식하는 3차원 공간과 시간 1차원 그리고 여분의 7차원 공간으로 구성된 11차원이라는 것을 알았다. 이 11차원 속에는 우리 우주 크기와 비슷한 크기의 우주가 무한개 존재한다. 그러면 대우주에는 더 이상 공간 차원의 우주는 있을 수 없을까? 지금부터는 수학과 과학으로 접근할 수 있는 극한의 세계를 살펴보자.

태초에 우리의 우주는 빅뱅과 인플레이션을 통해 생성되었고, 우주 만물의 기본입자 16개가 우리가 사는 3차원 공간과 여분의 6차원 공간을 합한 9차원 공간 속에서 생성되었다. 이 16개의 기본입자는 탄생 초기에는 질량을 갖고 있지 않았으므로 힉스 메커니즘을 통해서 질량을 얻었고, 우주 기본입자가 모여 중성자와 양성자가 되었다. 이러한 양성자와 중성자 그리고 전자가 모여 원자가 되었고, 원자가 모여 분자 물질이 되거나 비분자성 물질이 되었다. 분자성 물질과 비분자성 물질이 모여 지구라는 행성도 만들어지고, 식물과 동물을 거쳐 이윽고 인간이 만들어졌다.

태양과 주변 온갖 것들이 모여 태양계를 형성하였고, 태양계와 같은 2,000억 개의 항성이 모여 은하계를 형성하였다. 또 은하계가 모여 은하군을 만들었고, 은하군이 모여 은하단을 만들었고, 은하단이 모여 초은하단을 만들었다. 초은하단이 모여 2,000억 개의 은하가 모여 있는 우리의 우주를 만들었다. 또 우리의 우주와 같은 우주들이 모여 10^{500}개라는 숫자가 나올 만큼의 '**다중우주**'를 만들었다. 또한, 양자론적으로 '**평행우주**'라는 우리 우주와 같은 우주가 무한개 존재한다.

지금까지 이야기한 것이 과학과 수학에 의해 밝혀진 모든 것들이다. 비물리적인 성질의 그 무엇에서 시작하여, 끝없이 큰 규모로 형성되고 있는 모습을 볼 수 있다. 어차피 비물리적인 그 무엇에서 물리적인 그 무엇으로의 전환이라면, 비물리적인 것은 물리적인 차원에서 보면 제한성이 없는 무한성을 가지고 있으므로 차원에도 제한이 없으리라고 확신한다. 아래의 표와 같은 본 필자의 '수학적 절대 우주론'을 보면, 이 같은 사실을 좀 더 실감할 수 있다.

수학적으로 가능한 모든 차원의 모든 우주

(어딘가 있을 무한차원 속의 무한개의 우주를 완벽하게 추론) (인간이 우둔하여 근사적으로 접근만 하고 있다)

수학적으로 가능한 모든 차원의 모든 우주는 모두 실제로 존재하며 법칙이 다른 무수히 많은 물리적 우주

결국, 11차원이란 시공간도 명백히 존재의 세계이므로 물리적인 실체이고, 무한차원에 비하면 아무것도 아니다. 따라서 지금까지 이야기한 모든 것이 비물리적인 그 무엇에서 물리적인 그 무엇으로 전환된 작은 물리적인 실체에 지나지 않는다고 생각한다. 이처럼 사고를 비약해 나가는 이유는 비물리적인 실체와 비물리적인 실체 사이를 이어 주는 그 무엇이 없는 '불연속'이고, 그 사이에서는 끝없는 물리적인 실체가 생성될 수도 있다는 것이다. 결과적으로 비물리적인 무언가가 만들어 내는 물리적인 세계란 끝없는 유한차원이 연속될 것이라는 생각이다. 아래와 같이 말이다.

0차원(실제 존재 불가능한 차원, 존재의 차원을 채우는 기본 요소, 비물리적인 그 무엇)
⇨ 1차원(실제 존재 불가능한 차원, 존재의 차원을 채우는 기본 요소, 비물리적인 그 무엇)
⇨ 2차원(실제 존재 불가능한 차원, 존재의 차원을 채우는 기본 요소, 비물리적인 그 무엇)
⇨ 3차원(실제 존재 가능한 최소 차원, 우리가 인식하는 공간)
⇨ 4차원(우리가 사는 시공간)
⇨ 5차원(4차원 공간+1차원 시간)
⇨ 6차원(5차원 공간+1차원 시간)
⇨ 7차원(6차원 공간+1차원 시간)
⇨ 8차원(7차원 공간+1차원 시간)
⇨ 9차원(8차원 공간+1차원 시간)
⇨ 10차원(9차원 공간+1차원 시간)
⇨ 11차원(10차원 공간+1차원 시간)
(우주란 존재의 차원이 과학과 수학에 의해 알려진 것으로, 현재까지 모든 차원이 여기까지이다.)

⇨ 12차원(11차원 공간+1차원 시간)

⇨ 13차원(12차원 공간+1차원 시간)
⇨ 14차원(13차원 공간+1차원 시간)
⇨ 15차원(14차원 공간+1차원 시간)
……
⇨ n차원((n−1)차원 공간+1차원 시간)

여기서 'n'이란 무한대를 제외한 모든 수이다. 무한대는 숫자가 아니므로 무한대의 차원은 있을 수 없고, 어차피 물리적으로 존재해야 하는 세계이니 무한대에 가까운 어떤 수이다.

6. 유한차원과 무한차원 속 나란 존재성

무한차원은 실제 존재하지 않는 것이고 무한차원에 가까운 유한차원은 수학적으로 무조건 존재한다. 수학적으로 존재 가능한 것은 무조건 물리적으로 존재할 수밖에 없다(수학적 절대 우주론). 그러나 나란 존재성은 비물리적인 것이다. 따라서 어떠한 차원이든지 물리적인 차원 속에 비물리적인 근원이 있을 수가 없다.

앞에서도 이야기했지만, 물리적인 실체와 비물리적인 실체 그리고 물질과 비물질에 관하여 또다시 되짚어 보자. '물리적인 실체'란 우리가 인식하는 무언가 측정될 수 있는 양이 있는 것을 말하고, '비물리적인 실체'란 절대로 우리가 인식하는 무언가로 나타낼 수 없는 것을 말한다. 그리고 '물질'은 질량이 있으며 어떤 모양으로 공간을 차지하고 있는 물리적인 실체를 말하고, '비물질'은 질량은 없으며 어떤 모양이 없어 공간을 차지하고 있지 않은 물리적인 실체를 말한다. 이러한 비물질의 역할은 물질에 영향을 주어 물질이 존재하게끔 하는 물리적인 그 무언가로 존재하는 실체이다. 예를 들어 보자.

물리적인 실체: 물질, 에너지, 시간, 공간
비물리적인 실체: 영혼
물질: 질량이 있는 모든 것
비물질: 중력, 강력, 약력, 전자기력, 에너지

  물질은 스스로 존재하며 변화하는 아무것도 가지고 있지 않다. 비물질에 의존하며 존재하고 변화하는 것이다. 이처럼 물리적인 실체도 스스로 존재하며 변화하는 아무것도 가지고 있지 않다. 이 또한 비물리적인 무언가의 영향으로 존재함이 틀림없다.

  결론적으로 차원 수란 **자유도의 수**를 말함이다. 자유도의 수란 물리적인 세계에서 논하는 개념이므로 어떠한 고차원이든지 물리적인 존재성을 가지고 있다는 것이다.

  물리적인 성질을 띠고 있는 어떠한 유한차원이든지 비물리적인 무언가의 영향력 없이는 존재할 수가 없다. 즉, 비물리적인 무언가의 영향을 받아 존재하는 물리적인 모든 유한차원에 나란 존재성의 근원이 존재할 수가 없다. 왜냐하면, 비물리적인 것이 물리적인 것을 생성·소멸시키며 운행하는 것으로 비물리적인 것은 물리적인 것의 상위 개념이기 때문이다. 나란 존재성은 비물리적인 것으로 모든 유한차원을 생성·소멸시키는 비물리적인 절대자의 전지전능한 세계에 근원을 둔 무언가이다. 결국, 나란 존재성은 비물리적인 것으로 실재 존재하는 모든 물리적인 존재성을 뛰어넘어 존재하는 무언가이다.

11장 목차

1. 우주 모든 존재의 법칙 탄생
2. 인간 존재의 법칙 탄생과 의식의 근원
3. 대칭성 붕괴를 통한 시공간과 물질 탄생
4. 대칭성 붕괴이론을 통해 추론한 의식의 근원
5. 인간이 다가적인 탄생론적 차원에서 추론한 의식의 근원

11장

우주 탄생론적으로 본
나란 존재성

1. 우주 모든 존재의 법칙 탄생

모든 것에는 시작이 있고, 또 그것이 유지되려면 그에 따른 존재의 법칙이라는 것이 뒤따른다. 우리가 지금 사는 세상도 어떻게 시작되었든 그 시작이 명확히 존재하고, 지금에 이르렀다. 어떤 사건이 발생하면 그 주변에 사건과 관계되는 많은 단서를 흘려놓는다. 그래서 그 단서들을 시간을 거슬러 역추적하면 사건의 시작을 알아낼 수 있듯이, 우리의 세상도 분명한 시작이 있었으니 시간을 거슬러 올라가 보자. 그러면 **'빅뱅'**이라는 순간에 도달한다.

지금의 세상을 과학적으로 분석해 보면, 무조건 빅뱅과 인플레이션이 있을 수밖에 없다. 그 이유는 우주 배경 복사의 결과가 말해 주고 있다. 우주 배경 복사 확인 결과, 우주의 모든 곳의 온도가 거의 같다는 것이다. 우주의 모든 곳의 온도를 어떻게 알 수 있을까? 온도는 '적외선'이라는 전자기파로 관측할 수 있는데, 이 무한히 커 보이는 우주 모든 방향에서 오는 적외선의 파장이 같다는 것이다. 이는 빅뱅과 인플레이션 없이는 불가능하다.

우주 배경 복사 속에서 시공간의 흔들림 현상인 중력파의 원형 편광 현상(2014년 미국 하버드-스미스소니언 천체물리센터 연구팀 발견)이 발견됨으로써 인플레이션은 사실화되었다. 따라서 지금의 우주는 빅뱅과 인플레이션의 결과임이 틀림없으므로, 도대체 무엇이 왜 빅뱅을 일으켰는가 하는 의문이 생긴다.

그리고 자연의 흐름 법칙인 열역학 제2법칙은 무질서도가 과거로 거슬러 올라갈수록 점점 작아지는데, 결국 빅뱅 시점에 도달하면 완벽한 조화로운 하나의 법칙이 존재해야만 한다. 이 조화로운 하나의 법칙이 어떻게 여러 법칙으로 분리되어 나와, 지금의 우주 삼라만상을 만들었는지 알아보기 위해 존재의 법칙 탄생과정을 살펴보자.

빅뱅이 일어난 후, 하나의 법칙으로 있던 존재의 절대 법칙이 우주 온도가 내려감에 따라 대칭성이 붕괴하면서, 중력의 법칙과 나머지 법칙(강력·약력·전자기력)이 분리되었다. 그리고 다시 온도가 내려가면서 강력과 나머지 법칙(약력·전자기력)이 분리되었고, 또다시 온도가 내려가면서 약력과 전자기력이 분리되어 나왔다.

이 네 가지 힘의 법칙이 분리되어 나와 우주 속 모든 것을 만드는 역할을 담당하게 되었는데, 먼저 은하계·항성·지구를 존재하게 하는 것은 중력의 법칙이 담당하고, 모든 생명체가 존재하게 하는 것은 전자기력의 법칙이 담당한다. 그리고 원자를 존재하게 하는 것은 강한 상호 작용력이 담당한다. 원자 변환법 중의 하나인 '베타 붕괴'라는 것도 있는데 이는 핵붕괴를 통해 원자를 다른 원자로 전환하게 하는 역할을 한다. 이때 작용하는 힘은 약한 상호 작용력이다. 이 네 가지 힘만 알면, 우주 삼라만상을 존재하게 하는 모든 것을 설명할 수 있다.

그럼 지금부터는 우주 삼라만상이 존재함으로써 이 존재하는 것들이 또 어떤 새로운 법칙을 만들어 운행하고 있는지 알아보자.

세상 만물이 제자리에 가만히 있는 것은 존재하지 않는다. 따라서 움직이는 운동의 관측은 매우 중요하다고 할 수 있다. 동물도 존재하기 위해서는 움직이지 않으면 안 된다. 식물도 외적으로는 움직임이 없는 것처럼 보이지만 조금씩 변화가 있으며, 내적으로는 맹렬하게 생명 활동을 하느라 바쁘게 움직인다. 무생물의 세계도 이와 다르지 않다. 그 대표적인 예가 작은 입자들의 열운동인 '브라운 운동'이다. 기체들도 그 온도에 맞는 끝없는 열운동을 한다. 원자와 전자들도 원자핵 주위를 끊임없이 돌고 있다. 이 우주에 완전 정지란 존재할 수 없다.

모든 것은 절대온도가 0K가 되지 않으면 무조건 움직이게 되어 있다. 따라서 존재하는 것은 현실적으로 0K가 절대로 될 수 없으므로 무조건 움직이게 되어 있고 그것에 맞게 변화한다.

즉, 존재하는 것은 외적으로 무조건 움직이며, 물질 구성하는 원자 속의 전자는 끝없이 움직이며, 원자 자체도 그 온도에 맞는 열적 진동을 한다. 우리가 말하고 있는 정지란 상대적인 정지만 있을 뿐 절대적인 정지란 존재하지 않는다. 결론은 생물이든 무생물이든 존재하는 모든 것은 무조건 움직이게 되어 있다는 것이다. 그래서 만물의 움직임에 관한 법칙이 매우 중요하다. 또한, 만물의 움직임에는 힘과 에너지가 관여되어 있다.

'물리학'이 바로 움직임과 힘 에너지를 다루는 학문이다. 눈에 보이는 것들의 운동과 힘 그리고 에너지를 다룰 수도 있고, 눈에 보이지 않는 원자나 아원자, 쿼크, 전자, 초끈의 운동에 관한 운동이나 힘 에너지를 다룰 수도 있고, 전자기파의 형태로 존재하는 것의 운동이나 에너지를 다룰 때도 있다.

그러면 다양한 과학적인 존재의 법칙 중 움직임과 힘 에너지에 대한 법칙을 일부분만 살펴보자.

관성의 법칙
물체에 외부에서 힘이 가해지지 않을 때의 법칙. 외부에서 힘이 가해지지 않으면 정지해 있던 물체는 영원히 관성계에서 보았을 때 상대적으로 정지해 있고, 운동하던 물체는 등속 직선 운동한다.

가속도의 법칙
물체에 외부에서 힘이 가해질 때의 법칙. 물체의 가속도는 가한 힘에 비례하고, 질량에 반비례한다.

작용 반작용의 법칙
물체에 외부에서 힘이 가해질 때, 물체 상호 간에 작용하는 법칙. 힘을 가하면 힘을 가한 물체나 힘을 받는 물체는 힘의 크기가 같고 힘의 방향이 반대인 같은 작용선상에서 서로를 향해 상대적으로 작용한다.

케플러의 법칙

행성이 태양 둘레를 돌 때의 법칙. 도는 속도에 따른 도는 모양과 도는 궤도의 장반경에 따른 도는 주기가 특별한 법칙대로 돈다는 법칙이다.

렌츠의 법칙

기전력의 방향에 관한 법칙. 전자기유도에서 기전력이 발생할 때, 기전력의 방향에 관한 법칙이다.

퀴리의 법칙

물질의 자화율은 절대온도에 반비례한다는 법칙

운동량 보존의 법칙

어떤 물체가 운동할 때 외부에서 힘이 가해지지 않으면 전체 운동량은 항상 일정하다는 법칙. 만약에 두 물체가 충돌하면 충돌 전의 각각 물체가 갖는 총 운동량의 합과 충돌 후 각각 물체가 갖는 운동량이 갖는 총합은 항상 일정하다는 것이다.

역학적 에너지 보존의 법칙

역학적 에너지는 항상 일정하다는 법칙(위치에너지+운동에너지=역학적 에너지)

에너지보존의 법칙

에너지 형태가 바뀌는 경우, 외부로부터 고립된 계에서는 물리적·화학적 변화에 상관없이 계가 가지고 있는 에너지 총합은 항상 일정하다는 법칙. 무(無)에서 유(有)가 창조될 수 없다는 원리이다.

옴의 법칙

도체에 전류가 흐를 때 가해 준 전압과 저항과의 관계 법칙. 도선을 흐르는 전류는 가해 준 전압의 크기에 정비례하고, 저항에 반비례한다는 것이다.

쿨롱의 법칙

전기를 띠고 있는 두 입자 사이에 작용하는 힘에 관한 법칙. 두 전하 사이의 힘은 두 전하량의 곱에 비례하고, 거리의 제곱에 반비례한다.

전하량 보존의 법칙

전하는 새로 생성되거나 없어지지 않고 항상 처음의 전하량을 유지한다는 법칙

줄의 법칙

도선에 정상 전류가 흐를 때 발생하는 열의 양과 전류 저항 시간에 관한 법칙. 도선에 정상 전류가 흐를 때, 일정한 시간 안에 발생하는 열의 양은 전류 세기의 제곱과 도선의 저항에 비례한다.

가우스의 법칙
닫힌곡면에 대해서 폐곡면을 통과하는 전기력선속은 폐곡면 속의 알짜 전하량에 비례한다는 법칙

패러데이의 법칙
유도 기전력에 의해 발생하는 기전력의 세기에 관한 법칙

스넬의 법칙
파동이 굴절할 때의 법칙

반사의 법칙
파동이 반사할 때의 법칙

플레밍의 법칙
자기장 속에서 전류가 흐를 때, 힘이 받는 방향에 관한 법칙

열역학 제0법칙
두 물체 온도의 평형상태에 관한 법칙으로, 같은 온도라면 이들은 곧 평형상태에 있다.

열역학 제1법칙
에너지 보존법칙. 에너지는 창조되지도 않고 파괴되지도 않으며, 한 형태에서 다른 형태로 바뀔 수 있다.

열역학 제2법칙

자연의 흐름 법칙. 자연은 엔트로피(무질서도)가 증가하는 방향으로 흐른다.

열역학 제3법칙

무질서도인 엔트로피는 온도가 절대영도에 접근함에 따라 일정한 값에 접근한다는 법칙. 절대영도는 계들이 갖는 최소 에너지를 갖는 온도이다.

보일의 법칙

밀폐된 기체에서 온도가 일정할 때 압력과 부피와의 관계 법칙

샤를의 법칙

밀폐된 기체에서 압력이 일정할 때 온도와 부피와의 관계 법칙

보일·샤를의 법칙

밀폐된 기체에서 나타나는 절대온도와 부피·압력과의 관계 법칙

라울의 법칙

용액의 증기압력 내림 현상은 용질 분자가 용매 분자를 끌어당기므로 증발을 방해하는 현상이다.

돌턴의 부분 압력법칙

혼합된 기체에서 특정 기체가 받는 부분 압력의 총합은 전체 압력과 같다.

헨리의 법칙
용매에 녹지 않는 기체에 압력을 가해 녹일 때, 액체에 용해된 기체의 무게와 기체에 가해 준 압력과의 관계 법칙. 용매에 녹지 않는 기체에 압력을 가해 액체에 용해될 경우, 액체에 용해된 기체의 무게는 기체에 가해 준 압력에 비례한다.

질량 보존의 법칙
화학반응에서 반응 전의 질량과 반응 후의 질량은 일정하다는 법칙

일정 성분비의 법칙
화합물을 구성하는 원소의 질량비는 일정하다는 법칙

기체반응의 법칙
화학반응에서 반응물과 생성물이 기체일 때는 같은 온도와 같은 압력 아래에서 이들 기체 사이에 간단한 정수의 부피 비가 존재한다는 법칙

아보가드로의 법칙
모든 기체는 같은 온도, 같은 압력, 같은 부피 속에는 같은 수의 분자가 들어 있다는 법칙

그레이엄의 확산 속도의 법칙
기체분자가 퍼져 나갈 때의 분자의 질량과 속도와의 규칙에 관한 법칙

동일 과정의 법칙
현재 지구상에 일어나는 변화가 과거에도 동일하게 일어났다는 법칙

지층 누중의 법칙
지층의 역전이 없을 경우, 아래로 갈수록 오래된 지층이라는 법칙

동물군 천이의 법칙
지층의 시대에 따라 동물의 화석도 다르다는 법칙

부정합의 법칙
정합 면 아래위는 매우 큰 시간의 차가 있다는 법칙

관입의 법칙
관입한 암석은 관입 당한 암석보다 최근 암석이라는 법칙

티티우스–보데 법칙
태양계의 행성이 그 어떤 특정한 수의 배열로 나열되어 있다는 법칙으로, 새로운 소행성 발견의 계기가 된 법칙

허블의 법칙
은하의 후퇴 속도와 은하 간 거리에 관한 법칙으로, 빅뱅 이론의 기초가 된 법칙

자극과 반응의 법칙

생물체는 외부의 자극에 대하여 반응한다는 법칙으로, 눈은 빛의 자극에 대해 반응을 하고, 귀는 음파에 대해 반응하며, 코는 기체 화학 물질에 대해 반응한다. 그리고 혀는 액체 화학 물질에 대해 반응하고, 피부는 접촉·압력·온도·화학 물질에 대해 반응을 한다.

항상성의 법칙

생명체가 주변의 환경 변화에 대해 생명 현상이 정상적으로 일어날 수 있도록 일정한 상태를 유지하는 법칙

베버의 법칙

자극받고 있던 감각기가 새로운 자극을 인식할 때의 법칙. 자극을 받는 감각기에 새로운 자극을 주어서 변화된 감각의 느낌을 알려면, 처음 주어진 자극이 약하면 새로운 자극이 약해도 변화된 느낌을 알 수 있고, 처음 자극이 크면 강한 자극을 주어야만 새로운 자극에의 변화된 느낌을 알 수 있다.

2. 인간 존재의 법칙 탄생과 의식의 근원

인간이 존재하려면 어떤 법칙이 필요한가? 인간이 살아가면서 법칙처럼 생각할 수 있는 것을 여러 가지 생각해 보자.

먼저, **적자생존 법칙**을 생각해 볼 수 있다. 어떤 특수한 환경이 주어졌을 때, 생존 경쟁에서 그 환경에 적응하는 존재만 살아남고 나머지는 도태된다는 것이다.

그리고 인간 마음에 존재한 **관성의 법칙**도 생각해 볼 수 있다. 언제나 삶의 관성에 의해서 무의식적으로 움직인다. 어떤 미지의 장소에 갈 경우, 앉던 자리에 항상 다시 앉는 것도 관성 탓이다. 따라서 처음 겪는 모든 것은 불안정하고 서툴 수밖에 없으므로 생명 보호 차원에서 정보에 익숙한 선택을 한다는 것이다.

한계효용체감의 법칙이라는 것도 있다. 세상의 어떤 것도 시간이 지나면, 그 느낌이 둔화한다는 법칙이다.

환생의 법칙도 생각해 볼 수 있는데, 인간은 비물리적인 무언가의 육체를 통한 교감이 있을 수밖에 없기 때문이다. 결국, 인간 마음속 나란 존재성의 우주 절대 자아의식은 생성·소멸하는 것이 아니어서 반드시 다시 태어난다. 붓다는 "모든 욕망을 소멸시키면 존재 이유가 사라지면서 더 이상 나란 존재성의 우주 절대 자아가 태어나지 않고 소멸한다"라고 했다. 그리고 다시 태어나지 않는 그 무언가는 영원히 비물리적이고 절대적인 그 무언가에 스스로 영원히 존재한다고 생각한다.

그다음으로 **균형의 법칙**을 생각해 볼 수 있다. 모든 것을 다 가질 수는 없다는 것이다. 큰 것을 가지면 반드시 무언가 또 다른 큰 것이 없어진다는 것이다. 예를 들어 보면 대통령이 된다면 국가의 가장 큰 권력을 가지고 있다. 그러나 그만큼 큰 것인 개인적인 사생활은 사실상 불가능하다. 자유롭게 외출할 수가 없다. 임기를 마친 뒤에도 항상 모범을 보여야 하며, 나들이도 쉽진 않다.

존재와 존재의 상관법칙도 생각해 볼 수 있다. 존재 사이에는 어떤 식으로든 무조건 연관성이 있다. 독립적인 존재란 없다. 모든 존재는 서로 뗄 수 없는 그 무언가의 연관성이 있다.

당위의 법칙이라는 것도 있다. 사회 속의 인간이 의무적으로 지켜야 할 법칙으로, 끝이 없는 욕망을 지닌 인간이 서로 조화롭게 살아가는 데 필요한 지켜야 할 의무와 같은 법칙이다. 이를 어기면, 사회는 그에 따른 범죄자라는 명목으로 그 인간을 응징한다. 자연법칙이 절대 법칙이라면, 당위의 법칙은 절대성이 없는 지켜야 할 의무적인 법칙이다.

마지막으로, **희소성의 법칙**이 있다. 인간의 욕망은 끝이 없는데, 인간의 욕망을 만족하게 해 줄 물질적·정신적인 자원은 한정되어 있다는 법칙이다. 눈에 보이는 물질적 자원적인 면에서 생각해 보면, 지구상에 존재하는 자원은 한정되어 있는데 그것을 필요로 하는 사람들의 욕망은 끝이 없다. 눈에 보이지 않는 정신적인 면에서 생각해 보면, 인간이 살아가면서 하고 싶은 욕망은 끝이 없는데 인간의 수명은 제한되어 있다는 것이다.

3. 대칭성 붕괴를 통한 시공간과 물질 탄생

먼저 대칭성이 무엇인지 알아보자. **대칭**이란 점대칭, 선대칭, 면대칭과 같이 변환시켜도 아무런 변화가 나타나지 않는 것을 말한다. 좌우를 바꿀 때 마치 바꾸지 않은 것처럼 똑같다면 바로 **선대칭**에 속한다. 이처럼 우주 태초엔 시간과 공간, 물질과 에너지 만물을 만드는 4힘까지 모두 완벽한 대칭성을 이루고 있었다. 태초엔 모든 것이 하나로 합쳐진 완벽한 대칭성의 '그 무언가'였을 것이다.

대칭성이 가진 에너지는 대칭성이 붕괴한 것들의 총합 에너지보다 크다. 따라서 온도가 내려가면, 에너지가 높은 상태에 존재하던 대칭성이 스스로 깨어지면서 새로운 것들로 나타난다. 태초에 빅뱅과 인플레이션을 거치면서 온도는 하강했고, 대칭성을 띠고 있던 것들이 자발적으로 붕괴하면서 대칭성이 깨져 버려 각기 존재한다.

그러면 태초로부터 대칭성 붕괴를 통해 시공간과 물질이 어떻게 나타났는지 자세히 알아보자. 자연에는 자연 흐름 법칙이 있다. 곧, 열역학 제2법칙이다. 이에 따르면, 우주 태초로 시간을 거슬러 올라갈수록 모든 것들이 통합되면서 조화로워진다고 한다. 결국, 태초에 도달하면 완벽한 하나의 조화로운 질서의 대칭성만 존재한다. 무질서도가 매우 낮은 상태이다.

앞에서 언급한 우주의 탄생과정을 대칭성 붕괴로 설명해 보자. 우주의 법칙은 태초에 하나로 대칭성을 띠면서 존재했다. 이 완벽한 대칭성을 띤 법칙이 빅뱅과 인플레이션을 일으키면서 공간이 커짐에 따라 온도는 하강했고, 온도 하강에 따라 대칭성이 깨어지기 시작했다. 즉, 시공간과 만물을 생성시키는 힘이 하나씩 그 대칭성이 깨어지면서 나타났다는 것이다. 첫 번째로 4힘이 통합된 대칭성에서, 온도가 하강하면서 그 대칭성이 깨어지면서 삼라만상을 만드는 힘인 중력이 떨어져 나왔다. 두 번째로 3힘이 대칭을 이루다가, 온도가 하강에 따른 자발적 대칭성 붕괴로 강한 상호 작용이 떨어져 나왔다. 세 번째로 2힘이 대칭성을 이루다가, 온도 하강에 따라 전자기력과 약한 상호 작용이 분리되어 나왔다.

결국, 만물을 만드는 모든 힘이 우주 온도의 하강에 따라 자발적인 대칭성 붕괴로 4힘이 모두 형성되었다. 대칭성은 온도가 높은 상태에서 유지되고, 온도가 내려가면 자발적으로 대칭성이 붕괴하는 성질이 있기 때문에 위와 같이 붕괴하는 것이다.

한마디로 에너지가 높은 상태에서는 대칭성을 유지할 수 있지만, 온도가 그 대칭성에 맞지 않은 온도가 되면 스스로 깨어져서 대칭을 이루고 있던 각기 요소들로 분리되어 나타난다. 빅뱅과 인플레이션 이후 공간이 끝없이 팽창함에 따라 온도는 계속 하강할 수밖에 없고, 끝없는 온도 하강에 따라 각기 대칭성이 깨어지면서 그 대칭을 이루고 있던 각기 요소들이 나타났다.

이 같은 **'자발적 대칭성 붕괴'**란 곧 우주의 삼라만상 생성 비법과도 같다. 대칭은 그 언제나 인간에게 아름다움을 느끼게 한다. 이 아름다운 대칭성이 붕괴하면, 자연에 뭔가 새로운 것을 남긴다. 결국, 대칭성의 붕괴는 모든 것을 창생시키는 비법이다.

물질과 반물질은 서로 만나면 에너지로 바뀌면서 소멸한다. 태초에 물질과 반물질도 조화로운 하나의 대칭성을 유지하다가 대칭성이 붕괴하면서 물질이 반물질보다 더 많음으로써 대칭을 유지하고 있던 상황이 붕괴하면서 지금의 물질만 남아 오늘날 우리의 우주가 만들어지는 계기도 되었다. 시간과 공간도 태초에는 구분할 수 없는 동질의 하나의 대칭성을 띠고 있던 존재였는데, 대칭성이 붕괴하면서 시간과 공간이 만들어졌다.

아인슈타인의 상대성 이론에 따르면, 시간과 공간이 직물처럼 얽혀 있는 공간에 우리가 살고 있다고 한다. 일반상대성 이론에서 가장 중요한 기초가 되는 '중력'과 '관성력'도 원래는 하나의 대칭성을 띠던 존재였는데, 대칭성이 붕괴하면서 나타났다. 중력과 관성력은 원래가 동질의 것이라 아래 그림처럼 좌표계만 적당히 바꾸어 주면 같은 힘이 된다는 것을 쉽게 알 수 있다.

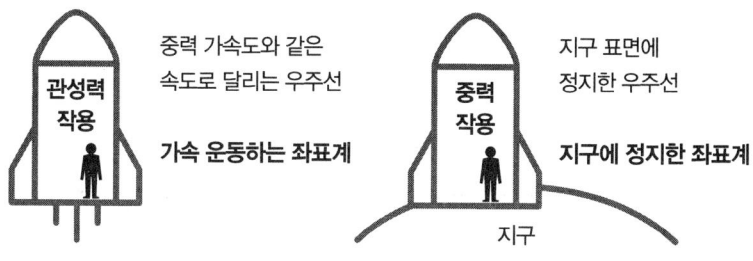

위 우주선에 탑승한 승무원이 바깥세상을 내다볼 수 없다면, 이 승무원

은 중력과 관성력을 절대로 구분할 수 없을 것이다. 결국, 두 좌표계에서 위 그림의 관성력과 아래 그림의 중력은 구별되지 않는 동질의 힘이라는 것이다.

이로써 대칭성 붕괴는 정말로 위대하다는 것을 깨닫는다. 우주 만물의 모든 것을 낳는 과정이라고 할 수 있다.

4. 대칭성 붕괴이론을 통해 추론한 의식의 근원

인간의 의식에 대해서는 앞서 설명한 바 있다. 오감을 통한 학습에 의해서 형성된 언어에 의해서 생각이 발생하고, 그 생각이 곧 앎이란 의식이라고 했다. 그리고 식물과 동물을 모두 분석해 보면, 생명이란 현상은 생각과 의식이 꼭 있어야 할 필요성이 없다는 것까지 알았다.

생명이란 비물리적인 그 무언가와 물리적인 무언가가 합쳐져 만들어진 인간, 물리적인 상태의 특별한 성질로의 집합체인 식물, 물리적인 상태의 좀 더 특별한 집합체인 동물이 있다. 의식 기준으로 구분한다면, 식물과 무생물을 하나의 영역에 넣어야 할 것이다.

동물의 발생에 대해 알아보자. 동물의 발생 전 상태는 생각도 동작도 필요 없는 상태였다. 생각과 동작이 하나로 통합된 대칭성을 이루고 있는 생명으로서의 순수 상태이다. 그런데 그 대칭성이 붕괴하면서 생각과 행동이라는 것이 나타났다. 생각과 행동은 본질적으로 하나였다는 것이다. 생각이 없으면 행동도 없고 행동이 없으면 생각도 없다.

의식 속에도 존재를 위해 대칭성이 깨어지면서 나타난 것이 있다. 선과 악 같은 것이 바로 그것이다. 존재의 가장 원초적인 상태에서는 선도 없고 악도 없다. 존재가 현실화되면서 먹이피라미드와 적자생존의 생존 법칙이 적용되면서 선과 악이 나타났다. 선이 없으면 악도 없고 악이 없으면 선도 없다. 선과 악은 원래 마음속에 존재하는 동질의 것인데 대칭성이 붕괴하면서 나타나 각기 다른 것처럼 작용하고 있는 그 무엇이다.

우주 삼라만상 모든 것은 그 어떤 조화로운 대칭성이 붕괴하면서 탄생한다는 것을 알았다. 변화를 주어도 구분 불가능한 동질성의 대칭성에서 그 대칭성이 깨어지면서 모든 것을 특징짓는 새로운 것들이 탄생하였다.

인간은 그 누구도 자기를 낳아준 엄마와 태어난 고향을 그리워한다. 그래서 대칭성이 붕괴하기 전의 아름다운 대칭성의 세계를 그리워하는 돌아가려는 마음이 자발적으로 발생한다. 이러한 근원을 그리는 마음은 인간사에 많은 학문을 낳았고, 이 학문 속에서 생명의 고향을 무한히 추구하며 순간순간 마음속에서 대칭성 회복의 그리움을 달랜다.

결론적으로 나란 존재성의 우주 절대 자아의식의 근원은 생명의 대칭성이 붕괴하면서 동작과 생각이라는 것이 발생하면서 나타났다. 즉, 이때 발생한 생각은 의식을 만들고 마음이라는 영혼을 만들어 비물리적인 세계의 무언가와 교감되면서 나란 존재성의 우주 절대 자아의식이 나타나는 현상이라고 생각한다. 결국, 인간의 육체에 나타나는 나란 존재성의 근원은 행동과 생각이 대칭성을 이루던 곳이라고 생각한다.

5. 인간의 다각적인 탄생론적 차원에서 추론한 의식의 근원

인간의 탄생론적으로 볼 때, 세 가지로 나누어 볼 수 있다. 진화론에 의힌 인간의 탄생, 창조론적 진화론에 의한 인간의 탄생, 창조론에 의한 인간의 탄생이다. 본 필자는 위 세 가지 경우의 수 가운데 100% 인간의 탄생이 들어 있다고 생각한다. 그러면 위 세 가지 각 경우에 대하여 인간의 탄생과 그에 따른 나란 존재성의 우주 절대 자아의식을 비교하면서 밝혀 보자.

먼저 **진화론에 따른 인간의 탄생**과 나란 존재성의 우주 절대 자아의식의 방향과 근원을 추론해 보자. 진화론은 자연 발생적으로 오랜 세월이 지나면 생명이 탄생하고, 또 오랜 세월이 지나면 인간이 출현한다는 이론이다.

그러나 이 이론은 결정적인 결함을 가지고 있다. 자연 흐름 법칙인 열역학 제2법칙에 위배된다는 것이다. 자연은 언제나 예외 없이 무질서도가 증가하는 방향으로 흘러가는데, 생명에만 역행한다는 사실이다. 즉, 무질서한 자연물에서 점점 질서 있는 생명으로 변해 가는 말도 안 되는 과정이 일어나고 있다는 것이다.

이에 대한 예를 다양하게 들어 보자. 온도가 낮은 곳에서 스스로 온도가 높은 쪽으로 흐르는 경우, 깨어진 항아리가 자발적으로 원상복구 되는 경우, 과녁에 꽂혀 있던 화살이 자발적으로 뽑혀 화살이 날아왔던 역방향으로 후진하여 활시위를 당기기 전의 상태로 복원되는 경우, 자연원소들이 모여서 세월이 많이 지나면 저절로 비행기가 우연히 만들어지는 경우, 종이가 태워져 재가 되어 있을 때 시간이 지나면 언젠가는 저절로 재가 되기 전의 종이 상태로 돌아오는 경우, 썩은 생선이 오랜 세월이 지나면 저절로 언젠가는 살아 움직이는 생선이 되는 경우, 자연원소들이 오랜 세월이 지나면 인간이 저절로 만들어지는 경우 등, 그 실례는 끝없이 많다.

이것은 어느 누가 보아도, 모두 안 된다고 생각할 것이다. 당연하다. 다행하게도 자연의 절대적인 법칙 중의 하나인 자연 흐름 법칙인 열역학 제2법칙이 우리의 인식과 같이한다. 그렇다고 하더라도 만약에 위의 있을 수 없는 것들이 있을 수 있는 것으로 바뀐다면, 진화론이 인간의 나란 존재성의 우주 절대 자아의식에는 어떤 영향을 줄지 생각해 보자.

모든 것이 자연물에서 스스로 화학변화에 의하여 형성되었으니, 모든 존재는 각각 독립적인 그 어떤 의식이 있을 것이다. 그리고 그 의식은 오직 그 생명에 국한되며, 외부적으로 관련되는 것은 있을 수 없다. 우주 절대 자아 현상도 있을 수 없으며, 그냥 존재를 향한 기계적인 화학반응에 의한 움직임만이 있을 뿐이다.

다음은 **창조론적 진화론**에 대해서 생각해 보자. 이 이론은 진화론과 창조론을 합친 것인데, 단지 모든 과정에 자발적으로 진화하는 것이 아니라 외부에서 절대적인 지성적인 창조의 힘이 개입되어 단계적으로 진화의 과정을 거친다는 것이다. 이 이론에는 두 가지 문제점이 있다. 단계적으로 진화했다는 화석적 근거도 없고, 초자연적 지성체인 창조주를 검증할 방법이 없다는 점이다.

분명 문제가 있는 인간 탄생론이지만, 만약에 이 탄생론이 인정된다고 가정하면 인간의 의식에는 어떠한 영향을 주는가? 비물리적인 실체의 물리저인 실체하 현상에서 나란 존재성의 우주 절대 자아의식의 비물리적인 현상에 우주 창조의 본질과 하나로 교감하고 누구한테나 있는 우주 절대 독립 자아의식 현상이 일어날 수 있다.

끝으로 **창조론적으로 인간이 탄생**하는 경우를 생각해 볼 수 있는데, 이 이론에도 여러 가지 의문점이 있다. 인간을 제외한 식물과 동물 대부분 생명체는 삶에 대해 학습 없이 살아갈 수 있는 것 같다. 그러나 인간은 경우가 다르다. 삶에 대한 학습 없이는 절대로 존재 불가능하다. 삶에 대한 학습이 필요 없는 식물과 동물을 먼저 창조하고 인간이 살아갈 수 있는 여건에서 인간이 창조되었다고 하더라도, 아기로 창조되든지 어른으로 창조되든지 삶에 대한 정보도 없이 어떻게 살 수 있었을까? 무엇을 먹어야 살 수 있는지 모르는 상황에서 과연 살아갈 수 있을까?

누군가 지켜 주지 않으면 인간은 절대로 살 수 없다. 따라서 인간을 창조한 창조주가 있다면, 당연히 그 창조주가 지켜 주었을 것이라고밖에 생각되지 않는다. 그리고 또 하나의 의문이 있다. 창조주를 검증할 방법이 없다는 것이다. 이러한 의문을 배제하고, 만일 이 또한 가능하다고 가정하고 나란 존재성의 의식의 근원을 추론해 보자.

이 경우도 창조론적 진화론처럼 의식의 흐름은 절대적인 창조주의 비물리적인 그 무엇과 연결된다. 즉, 비물리적인 무언가의 물리적인 실체화 현상에서, 물리적인 육체의 오감에서 발생한 언어는 생각을 만들고, 생각은 의식과 영혼을 만들어 절대적인 존재의 비물리적인 현상에 교감한다. 이것이 누구한테나 있는 나란 존재성의 우주 절대 자아의식 현상인데, 여기서도 나타날 수 있다.

본 필자는 세 경우의 수 가운데 무조건 한 가지는 진실이라고 생각한다. 위에서 언급한 세 가지 이론의 장단점을 총정리해서 말해 보자.

진화론적 인간 탄생은 자연 흐름 법칙에 위배되며, 나란 우주 독립적인 자아 현상이 불가능하다. 그리고 진화되었다는 확실한 물적 증거도 없다. 그러나 인간의 의식에서 가장 쉽게 받아들일 수 있다는 장점이 있다.

창조론적 진화론에 의한 인간 탄생론은 창조주의 개입이 있으므로 자연 흐름 법칙에 역행하여 인간이 탄생할 수 있다. 또한, 비물리적이고 절대적인 하나인 그 무엇에서 육체로 무언가 나타남이 나란 존재성의 우주 절대 자아 현상인데, 이 또한 가능하다. 그러나 창조주를 검증할 방법이 없고, 일반 진화론처럼 진화 과정상 생물의 수직 진화의 증거가 없다.

창조론에 의한 인간 탄생론은 창조주의 개입이 있으므로 자연 흐름 법칙에 역행하여 인간의 탄생이 가능하다. 나란 존재성의 우주 절대 자아 현상은 인간의 오감에서 만들어진 생각과 의식이 비물리적인 무언가와 교감되면서 나타나는 현상이므로 이 또한 가능하다. 그러나 창조주를 검증할 방법이 없다는 단점과 인간이 창조 직후 생존에 대한 지식도 없이 어떻게 생명을 유지할 수 있었는지에 대한 의문점이 있다.

앞서 출간한 《두 개의 법칙으로 창조주의 존재 완벽히 증명》에서 창조주가 절대적으로 존재한다는 증거는 끝없이 제시할 수 있지만, 인간으로서는 창조주의 존재를 실제 과학적으로 검증할 수는 없다는 한계가 있다.

그렇지만 창조주가 존재할 수밖에 없는 논리적인 증거는 100% 존재함으로 인간 의식의 근원이 창조주의 그 무엇과 관련된다고 할 수밖에 없다는 것이고 나란 존재성의 근원이 역시 여기에 있을 수밖에 없다고 생각한다.

결론적으로 지금의 우주현상으로부터 밝혀진 진리는 우주의 탄생이 있었다고 한다. 먼 과거에 한 점의 우주가 대폭발과 인플레이션을 거쳐 지금의 우주가 되었다는 것이다. 이에 대한 증거들이 여러 가지 명백히 있기 때문에 믿어야만 한다. 수학적으로는 태초의 한 점이 제로 크기의 우주가 된다고 한다. 시간도 공간도 물질도 에너지도 없는 절대무인 상태라는 것이다.

물질이 비물질의 작용에 의해서만 존재하듯이 물리적인 실체도 비물리적인 실체에 의해서만 존재한다. 이를 태초에 적용해 보자.

비물질은 물질이 있기 전의 실체이며 비물리적인 것도 물리적인 실체가 있기 전의 실체이다. 그러므로 태초의 상태란 비물리적인 무언가에 의해서 한 점의 초마이크로 우주가 만들어졌다는 것이다. 그리고 비물리적인 무언가의 실체에 의해서 지금까지 우주가 운행되어 오고 있다. 나란 존재성도 비물리적인 실체이고 보면 태초 이전과 관련이 되는 무언가이다. 여기부터 초자연적 지성체인 창조주가 개입되지 않으면 안 된다.

초자연적인 지성체인 창조주는 물리적인 우주가 없는 상태에서 작용해야 하므로 물리적인 우주와는 아무런 상관성이 없는 무언가여야만 한다는 것이다.

창조주가 절대적으로 존재한다는 증거는 끝없이 제시할 수 있지만, 인간으로서는 창조주의 존재를 실제 과학적으로 검증할 수는 없다는 한계가 있다. 그렇지만 창조주가 존재할 수밖에 없는 논리적인 증거는 100% 존재한다.

창조주가 비물리적인 존재이고 인간도 비물리적인 존재이니 인간 의식의 근원이 창조주의 그 무엇과 관련된다고 할 수밖에 없다는 것이고 나란 존재성의 근원이 역시 여기에 있을 수밖에 없다고 생각한다.

결국, 창조주는 비물리적인 무언가이고 나란 존재성도 창조주와 동질의 비물리적인 무언가이므로 물리적인 우주의 탄생과는 아무런 상관성이 없는 무언가라는 것을 알 수 있다.

12장 목차

1. 불가사의한 양자역학 현상 맛보기
2. 양자역학에서 알고자 하는 것과 만들어진 배경
3. '슈뢰딩거 고양이' 사고 실험과 이중 슬릿 실험의 신비
4. 소립자 운동의 불가사의한 신비
5. 인간의 인식에 의하여 결정되어 나타나는 하나의 우주
6. 내가 죽으면 세상도 소멸한다
7. 모든 존재기 환상인 증기
8. 생활에서의 양자역학적인 인식의 효과
9. 양자론적으로 본 나란 존재성

12장

양자론적으로 본
나란 존재성

1. 불가사의한 양자역학 현상 맛보기

독자 여러분은 **'양자역학'**이란 말을 많이 들어 보았을 것이다. 하지만 실제 양자역학의 세계를 알고 있는 분은 많지 않으리라 생각한다. 그렇다면 양자역학이란 도대체 무엇일까?

초미시적인 세계를 다루는 양자역학의 세계에서는 물리적인 존재의 극한에 이르면 현실에서 이해할 수 없는 불가사의한 현상을 발견할 수 있다. 그런데 이는 인간의 인식을 벗어나는 현상이 대부분이라서 어떠한 사람도 이해하기란 쉽지 않다. 이를 연구하는 전문가도 불가사의한 현상을 인식하기보다는 겨우 이해하고 넘어가는 정도이다. 이러한 세계를 두고 일반인들을 이해시키려는 것은 어찌 보면 무모한 시도일지도 모르겠다.

양자역학은 상대성 이론처럼 비현실적인 내용인데 그 내용이 어떤 것이기에 그토록 비현실적인지 간단히 세 가지만 먼저 알아보고 본론에 들어가자.

① 전자를 상공에 던질 때의 운동: 과연 이 전자는 어떻게 움직일까? 아마도 포물선 운동을 하면서 지상에 떨어진다고 생각하는 것이 우리가 보편적으로 알고 있는 상식

이다. 그러나 실제는 전연 다르다. 무한 가지의 경로를 가진 것들이 공존하며, 인간이 관찰하는 순간 무한 가지 경우의 수로 공존하던 전자 중에서 한 전자만 관측되며 공존하던 수많은 경우의 전자들은 어디론가 사라진다.

② 장벽 앞에서 소립자를 여러 개 던질 때: 아래 그림처럼 절대로 통과하지 못하는 장벽이라 하더라도 여러 개의 입자를 왼쪽에서 오른쪽으로 던질 때 몇 개는 통과해 있다.

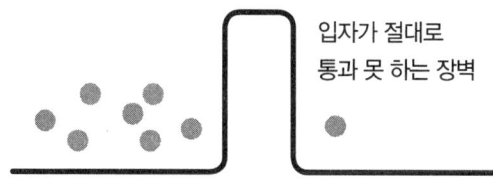

③ 무한히 미세한 공간 영역에서의 불가사의한 현상: 무한히 미세한 공간 영역에서는 양자역학의 불확정성 원리에 의하여 모든 것이 양자요동을 친다. 앞뒤 좌우상하 과거 현재 미래 개념까지도 의미가 없는 현상을 보인다는 것이다. 공간이 찢어지기도 하며, 시간이 과거에서 미래로 흐르는 것이 아니라 과거 현재 미래의 흐름 방향이 요동을 치고 있어 시간 흐름에 대해 정의조차 할 수 없다는 것이다. 또한, 이곳에서는 양자역학의 불확정성 원리에 의해 무에서 유가 창조되기도 한다.

위 세 가지 예를 보면 과연 3차원 공간에서 평범한 사고방식을 가진 사람이라면 황당하게 생각할 것이다. 위와 같은 불가사의한 내용을 그 누가 이해한단 말인가?

2. 양자역학에서 알고자 하는 것과 만들어진 배경

양자역학에서 알고자 하는 것

우리 눈에 보이는 세상은 가장 작은 세상의 본질적인 작용의 합에 의한 나타남에 불과하다. 가장 작은 세계의 현상이 집합되어 거시적으로 나타날 때, 무한히 많은 것 중에 바로 우리와 우리 앞의 자연 현상이다. 그래서 가장 작은 근원적인 세계를 다루는 양자역학은 매우 중요하다고 할 수 있다. 그러면 대다수가 어려워하고 잘 모르지만, 진리를 이해하려면 절대적으로 없어서는 안 될 가장 중요한 학문인 양자역학이다.

양자역학은 가작 작은 소립자에 적용되는 학문으로, 그 대상은 세상만사 가장 근본이 되는 물질인 분자 · 원자 · 양성자 · 중성자 · 전자 · 쿼크와 같은 소립자들이다. 그러면 이 소립자들에서 무엇을 알고 싶은 것인지 궁금할 것이다.

우리가 살아가면서 매사에 어떤 정보와 대면하면서, 수학적인 체계로 만들어지고 설명되는 육체인 우리 몸은 기쁘고 괴롭고 슬픈 온갖 마음의 파동 현상을 일으킨다. 이는 우리 몸의 오감에서 발생하는 언어에 의해서 좌우된다. 이처럼 우주 삼라만상의 기본 물질인 소립자에 대해서도 우리가 알 수 있는 정보를 모두 알게 됨으로써 그 소립자로 이루어진 것이 물체를 좀 더 본질적으로 이해하자는 것이다. 그러면 소립자에 대해 우리가 알 수 있는 것에는 무엇이 있을까?

소립자의 질량이 얼마인지, 전하량이 얼마인지, 스핀 상태는 어떠한지, 어떤 시간에 어디에 있는지, 얼마만큼 빨리 운동하고 있는지, 얼마만큼의 운동량을 가졌는지, 얼마만큼의 에너지를 가졌는지가 궁금해서이다. 생명체가 아니니, 더 이상의 정보는 없다. 이들을 알면 물질의 본성을 알 수 있으며, 이들로 이루어진 물질들의 거시세계에서의 물리현상을 이해하는 데 도움이 되기 때문이다. 특히 이들이 가지고 있는 움직임과 힘 그리고 에너지에 관한 정보는 이들로 이루어진 만물의 본성을 이해하는 데 초석이 된다.

양자역학이 만들어진 배경

소립자들의 여러 물리적인 값을 구함에서 처음에는 뉴턴이 만들어 놓은 역학적인 여러 공식을 이들 소립자에 적용했는데 전연 맞지 않았다. 그래서 새로이 소립자에 맞추어 만들어 낸 학문이 양자역학이다. 그러면 뉴턴역학은 버려야 할까? 아니다. 양자역학을 거시적인 세계에 적용하면, 곧 뉴턴역학과 거의 같게 된다는 사실을 알 수 있다. 그래서 거시적인 세계에 굳이 어려운 양자역학을 이용할 필요가 없다는 것이다. 그냥 간단한 뉴턴역학이면 충분하다.

양자역학은 막스 플랑크의 양자론으로부터 시작하였는데, 완성된 양자역학의 중심 이론에는 하이젠베르크의 '불확정성 원리'와 '슈뢰딩거 방정식'이 있다. **불확정성 원리**에 대해서는 가장 기본적인 것만 언급하고 가겠다. 소립자의 위치를 정확히 알려고 하면 할수록 소립자의 운동량을 알 수 없고, 소립자의 운동량을 정확히 알려고 하면 할수록 소립자의 위치를 알 수 없다는 것이다. 그리고 소립자의 에너지를 정확히 알려고 하면 할수록 소립자의 측정시간을 알 수 없고, 소립자의 측정시간을 정확히 알려고 하면 할수록 소립자의 에너지를 알 수 없다는 것이다.

그래서 소립자의 특별한 성질에 맞게 새로운 과학적인 도구가 오랜 세월 여러 과학자에 의하여 개발되었다. 바로 **양자역학**이라는 것이다. 양자역학 현상의 모든 것을 이끌어 가는 도구에는 **행렬역학**과 **파동역학**이 있다.

양자역학의 가장 큰 특징은 소립자가 어떤 상태이든지 물리 값이 그 언제나 오직 확률에만 의존할 뿐 인과율이 절대로 적용되지 않는다는 것이다.

소립자는 관찰자가 없으면 파동 상태로 존재하다가, 관찰자가 인식하는 순간 파동성이 깨어지고 입자성으로 나타난다. 그리고 관찰자가 관찰하기 전에는 이 세상 어디에도 존재 가능한 확률적인 존재로 존재한다. 즉, 관찰하지 않는다면 세상 어디에도 확률적으로 동시에 공존한다는 것이다. 그렇다면 관찰을 하는 순간, 그 무한한 확률로 동시에 공존하던 수많은 존재 가능한 소립자들은 도대체 어디로 가고 하나만 관측되는 걸까? 이것이 불가사의한 평행우주를 탄생하게 한 원인이 되기도 한다.

3. '슈뢰딩거 고양이' 사고 실험과 이중 슬릿 실험의 신비

'슈뢰딩거 고양이' 사고 실험의 신비

양자역학을 이해하는 데 빼놓을 수 없는 '슈뢰딩거 고양이'라는 사고(思考) 실험과 '이중슬릿 간섭현상' 실험이 있는데 여기서는 '슈뢰딩거 고양이'라는 사고 실험에 대하여 이야기해 보자.

'슈뢰딩거 고양이'란 슈뢰딩거가 양자역학적인 현상을 설명하기 위해 고안한 사고(思考) 실험으로, 다음과 같다. 머리 아픈 이야기이지만, 재미있는 새로운 생각의 세계를 열어 줄 것이다.

자, 지금 독자 여러분 앞에 다음 그림처럼 고양이가 들어가 있는 상자가 있다고 가정하자. 그런데 고양이 옆에는 소리 없이 폭발하며 터질 확률이 50%인 폭탄이 옆에 있다.

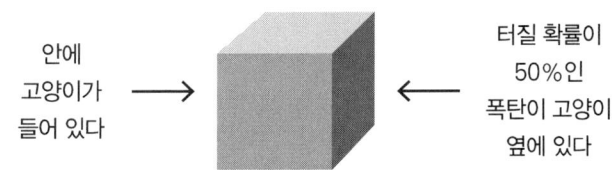

폭탄이 터져 죽을 확률은 당연히 50%이다. 완벽한 방음이 되어 있다고

가정할 경우 이 상자를 열지 않는다면, 고양이가 죽었는지 살았는지 절대로 모른다는 것이다. 죽어 있을 수도 있고 살아 있을 수도 있다. 상자를 열지 않는 동안은 두 가지가 중첩된 상태로 공존한다는 것이다.

그러나 이처럼 중첩되어 존재하던 사건이 상자를 여는 순간, 인간의 관측이라는 인식에 의해서 한 사건은 어디론지 사라져 버리고 한 사건만 관측된다. '인간의 관측'이라는 인식에 특별한 무언가 있다는 것이다.

독자들 가운데 분명 필자가 무슨 말을 하고 있는지 아리송한 분이 있을 것이다. 위의 말을 이해할 때까지 반복해서 읽어 보며 인식해 보라. 그러면 '아, 바로 이 뜻이구나!' 하고 깨닫는 순간이 올 것이다.

이중 슬릿 실험의 신비

양자역학을 이해하는 데 없어서는 안 되는 매우 중요한 실험이 있다. 바로 **이중 슬릿의 간섭 실험**이다. 이중 슬릿의 간섭 실험에서는 인간의 인식을 마비시킬 정도의 불가사의한 신비를 발견할 수 있다. 그러면 그 신비스러운 현상에 대하여 자세히 알아보자.

단일슬릿과 이중슬릿에서 확인해 보자. 먼저 입자와 파동의 성질부터 확인하고 넘어가자. 입자가 단일슬릿을 끝없이 통과시킬 때 스크린에 도달하는 것의 빈도수를 높이로 표현하면 아래의 그림과 같다.

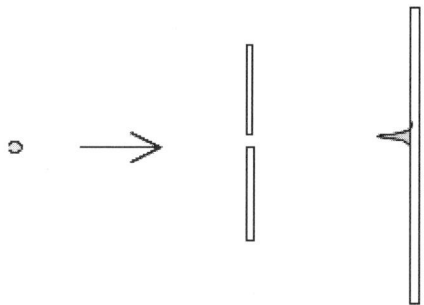

입자가 이중슬릿을 끝없이 통과시킬 때 스크린에 도달하는 것의 빈도수를 높이로 표현하면 아래의 그림과 같다.

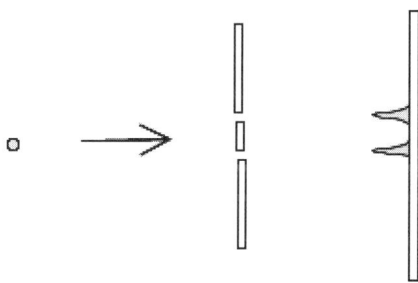

파동의 경우, 단일슬릿을 지날 때 스크린에 도달하는 파동의 세기의 정도를 높이로 나타내어 보면 아래의 그림과 같다.

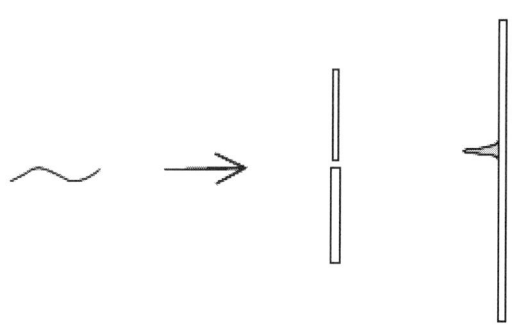

다음 그림처럼 파동이 이중슬릿을 지날 때 스크린에 도달하는 파동의 세기의 정도를 높이로 나타내어 보면 간섭현상이 나타난다.

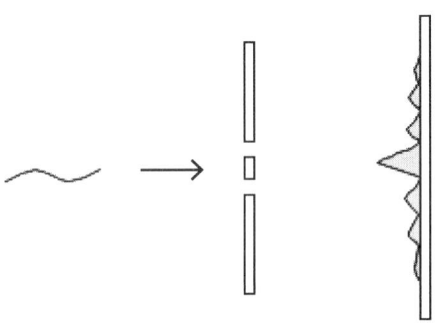

그러면 빛의 경우, 단일슬릿을 통과시킬 때 스크린에 나타나는 빛의 세기의 정도를 높이로 표현하면 아래 그림과 같다.

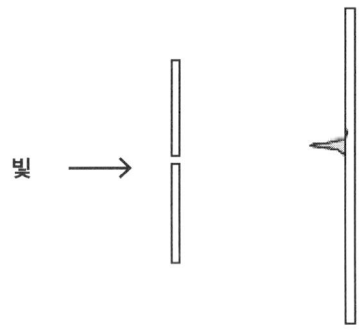

이번에는 빛이 이중슬릿을 통과할 때 스크린에 나타나는 빛의 세기의 정도를 높이로 표현하면, 다음 그림처럼 파동의 간섭현상이 나타난다.

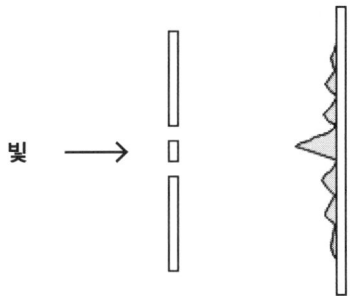

그러면 전자의 경우, 단일슬릿을 끝없이 통과시킬 때 스크린에 도달하는 것의 빈도수를 높이로 표현하면 아래의 그림과 같다.

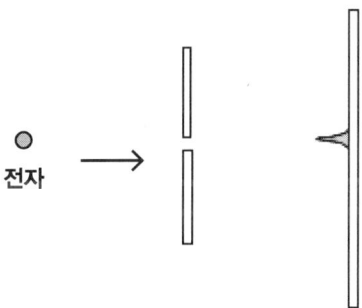

전자를 이중슬릿을 끝없이 통과시킬 때 스크린에 도달하는 것의 빈도수를 높이로 표현하면, 다음 그림처럼 파동의 간섭현상과 똑같이 나타난다.

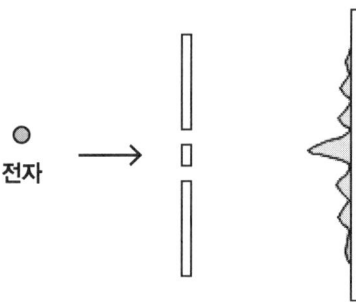

이처럼 전자의 경우도 빛의 이중슬릿의 실험에서와 같이 파동 현상이 있는 간섭현상을 볼 수 있다.

또한, 광전효과의 경우, 실례를 들어 보자. 파동성을 띠고 있던 빛이 금속이라는 반응체를 만나자마자, 다음 그림처럼 빛의 파동성이 붕괴하면서 입자로써 금속에 작용하며 금속 속의 전자를 밖으로 밀어낸다.

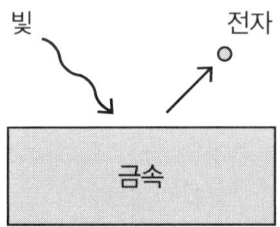

4. 소립자 운동의 불가사의한 신비

소립자의 운동을 왜 특별히 관찰하려는 것인가? 소립자의 운동은 우리 주변의 운동과는 전연 다른 운동을 하기 때문이다. 주변 물체들의 운동이란 뉴턴역학으로 정확히 알아볼 수 있다. 물체의 위치, 물체의 속도, 물체의 가속도, 물체가 가지고 있는 에너지, 측정시간 등 모두를 동시에 정확히 측정 가능하다는 것이다. 그런데 소립자는 그렇게 안 된다는 것이다. 그야말로 불가사의한 현상이 생긴다는 것이다. 이에 대하여 예를 들어 설명해 보자.

소립자를 창공 높이 던졌을 때, 뉴턴역학적으로는 포물선을 그리며 저 멀리 땅에 떨어질 것이다. 그러면 양자역학적으로는 어떻게 운동하는 것인가?

양자역학적인 운동은 뉴턴역학적인 운동과는 전연 다르다는 것이다. 관측되기 전에는 운동에 인과율도 적용되지 않으므로 출발점과 끝점도 구분되지 않는다. 관측되기 전에는 우주 전 공간에 확률적으로 존재한다. 우주 어디에도 존재 가능한 것이다. 던진 소립자가 지구를 한 바퀴 돌고 어떤 곳에 갈 수도 있고, 지구를 5바퀴 돌고 어떤 곳에 갈 수도 있고, 지구를 100바퀴 돌고 어떤 곳에 갈 수도 있으며, 달까지 갔다가 어떤 곳에 갈 수도 있고, 안드로메다 은하계까지 갔다가 어떤 곳에 갈 수도 있다.

그 경우의 수는 무한대이고, 관찰하지 않은 상태에서는 그 무한대의 경우의 수가 현실에서 확률적으로 공존한다는 것이다. 그런데 관측하는 순간, 무한대의 그 수많은 경우의 수 가운데 오직 한 가지만 입자로 관측된다.

그러면 이제까지 무한대의 경우의 수로 확률적으로 공존하던 그 수많은 경우의 수는 어디로 갔을까? 관측하는 순간, 모두 어디론가 사라지고 오직 하나의 입자만 관측된다는 말인가? 여기서 자연스럽게 여분의 공간 차원의 필요성과 11차원 시공간의 다중우주와 평행우주의 필요성을 느끼게 된다.

5. 인간의 인식에 의하여 결정되어 나타나는 하나의 우주

양자론적 평행우주와 인간의 의식 간에는 매우 중요한 연관성이 있다. 인간의 의식은 비물리적인 무언가의 작용인데, 물리적인 현상으로 나타나는 평행우주는 비물리적인 근원과 연관이 있다고 생각한다. 인식하지 않으면 특정 지어지는 우주가 존재하지 않으며, 그냥 확률적으로 공존하는 세상이 존재할 수도 있고 존재하지 않을 수도 있는 알 수 없는 세상이다. 한 인간이 죽으면 이렇게 되는 것이다. 즉, 인간의 의식이 없는 상태에서는 무한 경우의 혼돈 속에 존재하다가, 의식이 있는 상태에서는 우리가 보고 있는 현재의 정돈된 세상을 보여 준다. 오직 의식하는 관찰자인 나만이 온 우주를 결정짓는 것이다. 나란 관찰자가 없으면, 온 우주는 오직 확률로 혼돈 상태에 있다는 뜻이다.

내가 길을 가고 있을 때를 예로 들어 보자. 길 가는 어떤 사람을 관측하기 전에는 그 어떤 사람이 무한히 많은 경우의 수 중에 존재하다가, 내가 관측하는 순간 그 수많은 경우의 수 중에 한 사람을 보게 된다. 그럼 관측하기 전의 수많은 그 사람의 경우의 수는 어디로 갔을까? 바로 '**평행우주**' 이다.

인간의 비물리적인 마음의 인식 역할은 매우 크다. 초자연적이고 비물리적인 그 무언가에서 물리적인 실체인 무언가로 바뀌면서 형성된 세상 삼라만상과 인간을 운행하는 현상에서 '비물리적인 관측'이라는 인식의 역할은 매우 크다고 할 수 있다. 인간이 살아가면서 매 순간 인식할 때마다 마음의 선택에 따라 평행우주가 갈라져 진행된다. 따라서 마음의 인식은 매우 중요하다고 할 수 있다. 우리를 지배하고 있는 비물리적인 무언가에 의해서 평행우주로의 나타남이다.

'말이 씨가 된다'는 속담이 있다. 이것은 인간의 생각과 인식에 따른 새로운 평행우주가 형성될 수 있음을 보여 주는 말과 일맥상통한다. 따라서 우리는 생각과 말을 조심해야 한다. 항상 좋은 생각과 좋은 말을 해야 한다. 그리고 기독교에서 하나님이 말씀으로 천지를 창조했다는 말도 언어와 인식의 양자역학적인 일면을 보여 주고 있는 것이 아닌가 싶다.

양자역학적인 현상을 일상생활로 끌어들여 생각해 보자. 만약에 그 어떤 사람과 관계되기 싫으면, 가능한 그 사람 생각을 적게 해야만 평행우주에서 관계될 확률이 줄어든다. 즉, 많이 생각하면 할수록 그만큼 평행우주 속에서 관계될 확률이 높아진다는 것이다. 인간의 생각에 의한 인식은, 곧 그에 따른 평행우주 속에서 실제로 존재하기 때문이다.

6. 내가 죽으면 세상도 소멸한다

　양자론적인 불가사의한 현상은 분명히 우리의 의식과도 밀접하게 관련되어 있다. 우리가 의식하지 않으면 무한히 많은 경우의 수로 존재하던 세상이, 우리가 관측함으로써 특정한 하나들이 합쳐져 눈앞에 보이는 지금 우리들의 세상으로 펼쳐진다. 곧 관측자인 내가 존재하니 세상이 존재하는 것이다. 역으로 말하면, 내가 소멸하고 없으면 세상이 없다는 것과 같다.

　밖에서는 끝없이 세상 사람들이 죽어 가고 있다. 죽은 자에겐 세상이 소멸하고 없다. 그런데 내 앞에는 세상이 존재한다. 이것은 어떻게 설명할 수 있는가? 죽은 자에겐 세상이 소멸하고 없음이 틀림없다. 죽은 자가 있는데 세상이 그대로 있으면, 양자론이 잘못되었다는 것이다. 양자론은 물론 예외는 있을 수 있을지 모르나 거의 완벽히 검증된 학문이다.

　죽은 자에게는 소멸하여 없어진 세상이 내 앞에는 분명히 존재한다. 이러한 불가사의한 현상은 양자론적으로 모순이 없는 정확한 현상이다. 따라서 양자역학 이해 없이는 참 진리를 이해할 수 없다. 참 진리란, 대부분 우리가 인식할 수 없는 곳에 그 진리의 근원이 있기 때문이다.

　양자역학의 지배를 받는 소립자가 모여 우주 삼라만상이 만들어지고, 우주의 모든 것은 양자화되어 있다고 생각한다. 그래서 각 개인의 인식에 의해서 만들어진 세상은 존재하고, 각 개인의 소멸과 동시에 각 육체가 몸담고 있던 세상도 사라진다. 우리가 보고 있는 세상은 양자화된 세상의 어느 하나를 보고 있는 것일 뿐이다.

　세상 모든 것이 양자론적인 역할의 지배를 받는 소립자의 모임이고, 모든 것들이 확률적으로 무한히 많은 경우의 수로 존재할 텐데, 관측이 있을 때마다 특정 세상이 정해진다는 것이다. 아인슈타인의 상대성 이론에서 말해 주듯이 시간과 공간 모두 물리적 실체이니, 세상에 있는 그 누구도 같은 시공간에 존재하는 사람은 없고, 관측하는 세상도 근사적으로 같아 보일 뿐 최소한 모두가 다르다. 따라서 위에서 설명한 죽은 자에게는 양자론적으로 우주 소멸이 맞으며, 살아 있는 자의 눈에 관측된 세상은 죽은 자의 세상과 같은 시공간의 세상이 아니다.

7. 모든 존재가 환상인 증거

　실재 세상이 존재하기 전에는 양자역학적인 파동함수로 존재하던 무한 확률적인 가능성의 세상이 인간의 인식이 가해지는 순간 실재 세상이 하나 결정되어 존재한다. 물론 결정된 실재 하나의 세상도 거품과 같은 환영의 세상이기는 하다. 왜냐하면, 우리가 보고 있는 모든 존재의 구성 원소를 분석해 보면 내부가 거의 텅 비었다는 것이 밝혀졌기 때문이다. 즉, 러더퍼드라는 과학자의 **알파입자 산란 실험**에서 밝혀진 것이다.

즉, 99.99999999%가 가짜라는 것이다. 우리가 보고 있는 우주 삼라만상의 모든 것들이 참으로 실재하는 것은 100-99.99999999=0.00000001%이다. 독자들이 바라보고 있는 사람들이 99.99999999%가 가짜라는 것이고 진짜는 0.00000001%라는 것이다. 지금 만지고 있는 물건들이 99.99999999%가 가짜라는 것이고 진짜는 0.00000001%라는 것이다. 독자들이 아침에 일어나 창밖을 바로 보는 멋진 풍경이 99.99999999%가 가짜라는 것이고 진짜는 0.00000001%라는 것이다. 그리고 아침에 먹는 맛있는 밥과 반찬이 모두 99.99999999%가 가짜라는 것이고 진짜는 0.00000001%라는 것이다. 출근 시간이 되어 타고 가는 자가용차도 99.99999999%가 가짜라는 것이고 진짜는 0.00000001%인 차를 타고 가는 것이다. 출근하여 사무실에서 보는 직원들 모두가 99.99999999%가 가짜라는 것이고 진짜는 0.00000001%라는 것이다. 모두가 꿈을 꾸고 있는 것과 같은 실제 세상이 펼쳐진다. 본 필자가 이야기하는 것은 위에서도 이야기했지만, 러더퍼드의 알파입자 산란 실험에서 과학적으로 완벽히 확인된 것이니 무조건 믿으면 된다.

99.99999999%가 가짜라는 것이고 진짜는 0.00000001%라는 것은 우리가 비누를 풀었을 때 나타나는 얇은 거대한 거품과 같다고 생각하면 된다. 거대한 거품이 꺼져 버리면 실재하는 비누 성분은 온데간데도 없이 사라져 버린다는 것을 알 수 있다. 이처럼 우리가 실제 존재한다고 생각하는 우주 삼라만상이 바로 이 거품처럼 존재한다는 것이다. 그리고 이것이 이론이나 가상이 아니고 과학적으로 100% 맞는다는 것이 현실이니 우리는 존재의 세상을 다시 한번 생각해 보아야 하지 않을까? 결론적으로 무한 불

확실성으로 존재하지 않는 확률적인 세상을 양자역학적인 효과인 인식이라는 것을 통해 실제 존재하는 환영과 같은 거품의 세상을 만드는데 그것이 현재 우리가 사는 세상이라는 것이다.

양자역학을 이야기하면서 우리는 중요한 사실 하나를 알 수 있었다. 우주의 모든 것은 확률적으로 무한히 많이 존재하는데, 인간의 인식이 하나의 우주를 결정한다는 것이다. 그렇다면 인간의 인식은 어디에서 오는가? 육체의 오감을 통해 만들어진 언어를 통해 생각이 발생하고, 이 생각은 의식을 발생시켜 의식의 근원인 비물리적인 무언가에 도달한다. 이 비물리적인 의식의 근원은 무한차원 속의 물리적인 모든 것을 창조할 수 있는 '불생불멸로 스스로 존재하는 무언가'라고밖에 설명이 안 된다. 곧 초자연적인 지성체인 신의 무언가와 연계된다는 것이다.

8. 생활에서의 양자역학적인 인식의 효과

우리 인간 몸을 구성하고 있는 모든 것은 소립자의 집합체이다. 그런데 소립자는 양자역학 현상을 나타낸다. 그리고 이 소립자가 나타내는 불가사의한 현상은 현실이니, 이들로 구성된 우주 삼라만상도 불가사의한 현상이 나타나야만 한다. 이 불가사의한 현상을 우리 주변에 적용해 보자.

양자효과는 미시세계에서 눈에 띄게 드러나는데, 관측자의 인식과 밀접한 관계가 있다. 따라서 이 순간 그대가 어떤 사람을 보거나 상상하여 인식한다면, 이미 그대는 그 사람과 양자역학적 평행우주론에 따라 가능한 무한의 모든 경우의 수가 형성되면서 필연적으로 그 사람과 어떤 평행우주에서든가 무한히 많은 경우의 수대로 엮이게 된다. 따라서 A라는 사람과 엮이기 싫다면, A라는 사람을 보지도 말고 듣지도 않는다면 그 확률이 감소할 것이다. 그러나 아무리 보지도 않고 듣지도 않고 생각하지도 않을지라도 지구의 모든 인류는 서로 관련될 경우의 수는 확률이 제로가 아니니 엮일 수밖에 없다.

엮이고 싶지 않은 사람과 무조건 엮이게 되어 있다고 하니 괴로운가? 태초로 올라가면 어차피 한 점에서 출발하였고, 태초에 하나였던 것이 오늘날에 삼라만상과 각기 사람도 되었으니, 상대나 그대나 무엇이 다른가? 모습이 다르고 성격이 다르고 지능이 다를 뿐 어차피 죽으면 같은 자연원소로 돌아간다. 무한히 먼 미래 다시 새로운 시작인 태초로 돌아가면 어차피 또 하나가 되는 존재들이다. (본 필자의 〈빅립 주기적 절대 우주론〉)

그대 앞의 제일 싫어하는 존재도 그대와 같은 존재임을 알고 사랑하라.

9. 양자론적으로 본 나란 존재성

독자 여러분에게는 양자역학이 4장에서 설명한 상대성 이론만큼이나 이해하기 어려웠을 것으로 생각한다. 당연하다. 상대론과 양자론은 우리의 인식 너머에 존재하는 그 무엇이기 때문이다. 즉, 우리가 태어나서 3차원 공간 속에서 오감을 통해 체험하면서 익힌 언어의 세계가 아니므로 인류가 존재하는 한 영원히 이해하기 어려운 학문이 될 것이다. 우리 인간은 언어가 없으면 생각을 못 한다. 생각의 도구는 언어인데, 3차원 공간 속에서 인과율에 익숙하며 인간의 머릿속에도 없는 불가사의한 언어를 이해한다는 것은 불가능에 가깝다.

그러면 상대론과 양자론을 개척한 과학자들은 어떻게 가능했을까? 모든 과학 현상으로부터 그 어떤 영감과 깨달음을 얻고, 그들만의 새로운 언어인 상대론과 양자론을 만들어서 이해할 뿐이다. 따라서 상대론을 이해한다는 것과 양자론을 이해한다는 것은 남들이 가지지 않은 위대한 새로운 언어를 가지는 것으로 생각한다.

진정한 존재의 진리를 깨달으려면, 상대론과 양자론을 먼저 이해하는 과정을 꼭 거치라고 당부하고 싶다. 상대론과 양자론의 이해 없이 진리를 깨달았다는 것은 뜬구름 잡는 것이나 다름없으며, 우물 안에서의 모습이 진리의 전체이고 우물 밖에 세상이 있는지도 모르는 것과 같다고 생각한다. 본 필자가 이렇게 강조하는 것은 3차원 공간(우물 안)에 사는 우리가 무한히 넓은 진리의 세상인 우물 밖으로 나가려면, 상대론과 양자론 없이는 나갈 수 없기 때문이다.

상대론과 양자론은 우리가 보이지 않는 우리의 인식 밖의 본질적인 진정한 진리의 문을 여는 '절대 열쇠'이다. 상대론과 양자론은 완벽히 검증된 학문이며, 모든 과학과 공학에 응용해 사용되고 있다. 누구나 아는 대표적인 예인 내비게이션은 상대론이 적용된 예이며, 원자폭탄과 원자력 발전은 양자론이 적용된 예이다.

양자론적인 불가사의한 현상은 분명히 우리의 의식과도 밀접하게 관련되어 있다. 우리가 의식하지 않으면 무한히 많은 경우의 수로 존재하던 세상이, 우리가 관측함으로써 특정한 하나들이 합쳐져 눈앞에 보이는 지금 우리들의 세상으로 펼쳐진다. 곧 관측자인 내가 존재하니 세상이 존재하는 것이다. 역으로 말하면, 내가 소멸하고 없으면 세상이 없다는 것과 같다.

밖에서는 끝없이 세상 사람들이 죽어 가고 있다. 죽은 자에겐 세상이 소멸하고 없다. 그런데 내 앞에는 세상이 존재한다. 이것은 어떻게 설명할 수 있는가? 죽은 자에겐 세상이 소멸하고 없음이 틀림없다. 죽은 자가 있는데 세상이 그대로 있으면, 양자론이 잘못되었다는 것이다. 양자론은 물론 예외는 있을 수 있을지 모르나 거의 완벽히 검증된 학문이다.

죽은 자에게는 소멸하여 없어진 세상이 내 앞에는 분명히 존재한다. 이러한 불가사의한 현상은 양자론적으로 모순이 없는 정확한 현상이다. 따라서 양자역학 이해 없이는 참 진리를 이해할 수 없다. 참 진리란, 대부분 우리가 인식할 수 없는 곳에 그 진리의 근원이 있기 때문이다.

양자역학의 지배를 받는 소립자가 모여 우주 삼라만상이 만들어지고, 우주의 모든 것은 양자화되어 있다고 생각한다. 그래서 각 개인의 인식으로 만들어진 세상은 존재하고, 각 개인의 소멸과 동시에 각 육체가 몸담고 있던 세상도 사라진다. 우리가 보고 있는 세상은 양자화된 세상의 어느 하나를 보고 있는 것일 뿐이다.

다시 말하면, 세상 모든 것이 양자론적인 역할의 지배를 받는 소립자의 모임이고, 모든 것들이 확률적으로 무한히 많은 경우의 수로 존재할 텐데, 관측이 있을 때마다 특정 세상이 정해진다는 것이다. 아인슈타인의 상대성 이론에서 말해 주듯이 시간과 공간 모두 물리적 실체이니, 세상에 있는 그 누구도 같은 시공간에 존재하는 사람은 없고, 관측하는 세상도 근사적으로 같아 보일 뿐 최소한 모두가 다르다.

따라서 위에서 설명한 죽은 자에게는 양자론적으로 우주 소멸이 맞으며, 살아 있는 자의 눈에 관측된 세상은 죽은 자의 세상과 같은 시공간의 세상이 아니다.

결론적으로 우주의 모든 것은 확률적으로 무한히 많이 존재하는데, 인간의 인식이 하나의 우주를 결정한다는 것이다. 그렇다면 인간의 인식은 어디에서 오는가? 육체의 오감을 통해 만들어진 언어를 통해 생각이 발생하고, 이 생각은 의식을 발생시켜 의식의 근원인 비물리적인 무언가에 도달한다. 이 비물리적인 의식의 근원은 무한차원 속의 물리적인 모든 것을 창조할 수 있는 불생불멸로 스스로 존재하는 무언가라고밖에 설명이 안 된다. 결국, 우주가 인간을 창조하는 것이 아니라 인간의 인식이라는 것이 우주를 창조한다고 생각하면 된다.

우주의 운행 상태를 보면 물질은 스스로 존재하며 변화하는 아무것도 가지고 있지 않다. 비물질에 의존하며 존재하고 변화하는 것이다. 이처럼 물리적인 것도 스스로 존재하며 물리적 실체로서 그 역할을 할 수가 없다. 비물리적인 무언가의 운행이 있어야만 한다. 인간에 비유한다면 인간의 육체는 물리적인 실체요, 정신은 비물리적인 실체로서 정신의 작용 없이는 육체가 살아 있을 수 없다는 것과 같다. 즉, 비물리적인 정신 작용이 멈추는 순간 육체는 사망하여 사라진다는 것이다. 따라서 나란 존재성이란 비물리적인 실체로서 물리적인 실체인 우주가 있기 이전에 존재했던 무언가이다.

13장 목차

1. 평행우주의 존재성과 생성
2. 타임머신과 평행우주 속에서의 여행
3. 미래인이 타임머신을 타고 다니지만, 우리 앞에 안 보이는 이유
4. 평행우주에서의 나람 존재성

13장

평행우주 속
나란 존재성

1. 평행우주의 존재성과 생성

평행우주는 양자역학이라는 것에 그 뿌리를 두고 있다. 우주는 시공간, 물질, 에너지로 존재한다. 우리가 사는 3차원 공간과 여분의 6차원 공간을 포함한 총 9차원 공간 속의 에너지 끈의 진동 형태에 따라 3차원 공간 속의 우리가 알고 있는 에너지 또는 쿼크와 같은 각종 소립자가 형성되고, 그 소립자가 모여 양성자 또는 중성자가 되며, 중성자와 양성자가 모여 원자를 형성하고, 원자가 모여 분자나 비분자성 각종 물질을 형성한다. 그리고 그것들이 모여 생명과 우주 삼라만상이 만들어진다.

여기서 만물의 기본입자라고 하는 소립자의 세계로 들어가 보자. 소립자와 소립자는 완벽히 서로 독립된 실체이다. 또한, 이들은 양자역학으로만 나타낼 수 있다. 양자역학이 적용되는 소립자가 형성되어 있는 세상에는 같은 시간에 동시에 무한히 많은 경우의 수인 소립자가 존재할 수밖에 없는 역학체계이다. 이것은 무엇을 의미하는가? 양자역학적으로 동시에 무한히 많은 경우의 수를 가지고 있는 소립자의 정체는 우주의 모든 비밀을 밝혀 줄 중요한 단서 가운데 하나이다. 무한히 많은 경우의 수가 존재하지만, 관측 순간 파동적인 정보는 깨어지고 오직 하나의 경우만 관측된다.

?

　무한히 많던 경우의 수는 대체 어디로 사라졌을까? 우리가 모르는 여분의 차원의 공간이 필요함을 추론해 볼 수 있다. 동시에 존재의 수도 무한개, 동시에 존재의 위치도 무한개가 가능한 소립자의 본성이 말하는 것은 과연 무엇일까? 무한히 많은 경우의 수가 동시에 확률적으로 존재하는데, 관측과 동시에 사라져 버린 이 무한히 많은 존재 경우의 수는 정녕 어디로 갔는지 알고 싶다. 동시에 존재 확률이 제로가 아닌 상태로 있었다는 것은 분명히 무한히 많은 존재가 동시에 존재한다는 것을 의미한다. 사라진 무한히 많은 경우의 수인 소립자는 여분의 차원 공간에 존재하는 것으로 추론된다. 바로 평행우주가 있어야 한다는 것을 말하고 있다.

　우주 삼라만상이 모두 소립자로 이루어져 있으므로 모든 소립자가 위와 같은 법칙을 따를 수밖에 없다. 거시적인 물체를 구성하고 있는 하나하나, 우주를 구성하고 있는 하나하나 모두가 양자역학의 지배를 받는 미세입자들이고, 이들은 상호 관계하며 물질을 만든다. 관찰자(인식자)에 의해서 파동함수는 붕괴하여, 우리가 보고 있는 특정한 형체의 세상을 형성시킨다. 따라서 다음과 같이 표현할 수 있다. 우주에 있는 모든 존재는 무한히 많은 평행우주를 가지고 있다. 즉, 내가 무수히 많다는 것이고, 각기 무수히 많은 나는 각자 우주에서 전연 다르게 살아간다.

　평행우주란 나와 똑같은 존재가 무한히 있을 수 있다는 우주관인데, 만물의 기본입자들이 모여 형성한 구조를 보면, 입자의 크기에 비해 매우 많이 떨어져 독립적으로 존재함을 알 수 있다.

입자마다 양자역학적인 작용을 받고 있으며, 각 입자의 관찰 전에는 무한히 많은 경우의 수가 존재한다. 그러던 것이 인간이 인식하는 순간 하나의 입자가 결정되고, 그 입자와 옆에 있는 입자는 서로 간에 여러 가지 힘의 장에 의하여 결속된다. 이렇게 입자와 입자는 묶여 거시적인 물체란 하나의 모양이 특징지어진다.

그렇다면 거시적인 물체를 이루는 각 독립적인 구성 소립자와 공존하던 각기 무수히 많이 확률적으로 실존하는 입자들은 어디로 갔을까? 바로 우리가 인식 불가능한 여분의 차원 속이 아닐까? 내 몸을 이루고 있는 소립자가 각기 모두 무한히 많은 확률적인 실존 경우의 수들로 이루고 있으니, 결국 내 몸이 무한히 많은 실존 경우의 수들로 이루고 있다는 뜻이다.

내 몸뿐만 아니라 세상에 있는 모든 것이 독립된 소립자들로 구성되어 있고 양자역학적 현상이 일어나니, 그대의 몸처럼 무한 실존 경우의 수들로 형성되어 있을 것이다. 나란 존재성에 의해 관측된 것은 결국 특정 물체가 되는 것이다. 양자론적으로 무수히 많은 같은 존재들이 있을 수밖에 없어서 나타나는 평행우주는 모든 것이 무수히 많다는 것이다. 즉, 나도 무수히 많고 지구도 무수히 많을 수밖에 없다.

우주의 기본 물질은 양자역학의 지배를 받고, 기본 물질이 모여서 만들어진 이 우주는 역시 양자역학의 원리에 따라 모든 기본 물질이 동시에 가능한 모든 경우의 수대로 무한히 존재한다. 그리고 모든 경우의 수 하나하나는 시공간이 전연 다른 우주를 형성한다. 그러므로 우주의 모든 것을 형성하고 있는 각각의 기본 소립자는 양자역학적 현상대로 존재하기 때문에 이의 집합체로 이루어진 우주는 무한히 많은 경우의 수대로 존재할 수밖에 없다. 즉, 평행우주가 존재할 수밖에 없다는 것이다.

세상에는 존재의 본질을 나타내는 단서가 무한히 많이 있다. 초과학적인 수학이론과 존재를 둘러싸고 있는 온갖 자연 현상을 자세히 검토하노라면, 모든 진리를 알 수 있다. 빅뱅 때 시공간과 물질 에너지의 나타남을 생각해 보자. 절대무의 상황에서 양자역학의 불확정성 원리에 의한 양자요동으로 절대무에 양자 터널링(입자가 절대 통과할 수 없는 공간을 통과하는 현상) 하는 현상을 생각해 볼 수도 있다. 즉, 양자요동 상태에서 양자 터널링으로 플랑크 크기(10^{-33}cm)의 초미니 시공간 우주를 탄생시켰다. 절대무에 나타난 초미니 우주는 무한히 작은 소립자에 불과하고, 시공간도 아인슈타인의 상대성 이론에 따라 물리적 실체이고, 태초부터 양자론적인 해석을 해 보면(물론 태초에는 상대론까지 가미하면 급팽창이라는 수학적 결과가 나와 인플레이션 우주가 나타나지만, 이때 양자론도 독립적으로 적용되고 있다) 빅뱅과 함께 평행우주도 시작되었다고 생각한다.

결국, 이 우주에 존재하는 모든 것은 가장 작은 것의 모임이고, 모든 작은 것에는 명확한 양자역학적 분석이 가능하다. 물리적 실체인 것은 양자론적인 현상을 생각해 볼 수 있다. 미시세계에서 한 개의 소립자의 양자역학적인 현상을 생각하면, 입자가 무한히 많은 경우의 수로 존재하는 평행우주의 가능성은 시공간의 양자화를 쉽게 추론할 수 있다.

초자연적인 지성체(창조주)는 소립자의 양자 현상을 통해 존재를 존재하게끔 했다. 존재의 존재성은 양자역학 현상으로만 해석할 수 있다. 그렇다면 양자역학은 이 우주를 존재시키기 위해 없어서는 안 될 절대적인 존재의 법칙과 같다. 모든 존재는 작은 입자의 집합체에 불과할 뿐이기 때문이다. 즉, 작은 입자의 양자 현상의 집합체가 거시적 물체이다. 따라서 이 우주 모든 것에서 양자론적인 해석은 곧 진리에 가깝다고 할 수 있다.

우주 기본입자 특성의 양자역학적인 현상에서 존재의 많은 진리의 본성에 관한 단서를 흘려 놓고 있다. 따라서 평행우주의 존재는 창조주가 태초부터 의도한 것임이 틀림없다.

2. 타임머신과 평행우주 속에서의 여행

타임머신과 평행우주

시간도 상대론적으로 물리적인 실체이니, 이론적으로는 타임머신을 만들 수 있다. 아래 표에서처럼 본 필자의 〈수학적 절대 우주론〉에 의하면 이론적으로 가능한 것은 무조건 실제도 존재할 수 있다.

위 표는 과학 기술이 발달하면 분명히 타임머신을 만들 수 있다는 것을 암시하고 있다.

현실적인 과학 수준에서 시공간이 전연 다른 시공간으로 시공간 여행이 어떻게 가능하다고 생각하는지 생각해 보자.

시간과 공간이 모두 물리적 실체이므로 과거도 존재하는 실체이고, 미래도 존재하는 실체이므로 시간 여행이 가능하다는 것이다. 즉, 과거와 미래가 모두 존재하는 실체이기 때문에 분명히 시간 여행이 가능한 것이다. 과거의 나도 실질적으로 존재하고, 현재의 나도 당연히 존재하는 것이고, 미래의 나도 실질적으로 존재하는 것이다. 따라서 모든 것은 실질적으로 존재하는 것이므로 시간 여행이 가능하다는 것이다. 다시 말하면, 과거는 이미 지나갔으니 존재하지 않는 아무것도 아닌 것이 아니라는 것이다.

초자연적인 지성체(창조주)가 우주를 창조할 때, 이미 모든 것을 만들어 놓았다는 것이다. 우리가 생각하는 무한 과거로부터 무한 미래에 이르기까지 모든 것이 물리적 실체이므로 창조와 더불어 모두 만들어 놓았다는 것이다. 그런데 우리는 미래는 아직 없고 과거도 흘러갔기 때문에 없고 현재만 있는 것으로 보이는 것은 왜일까?

인간은 과거·현재·미래로 모든 것이 흘러가는 것처럼 보고 있으나, 실제로는 모든 것이 물리적으로 존재하는 실체이므로 진정한 의미에서는 지나버린 과거라든지 다가오는 미래라든지 이러한 말들이 모순된다는 것이다. **과거·현재·미래란, 인간이 만들어 낸 상대 개념일 뿐**이라는 것이다. 그냥 그대로 시공간 속에 실체로서 모두가 존재하는 것이다. **즉, 그냥 무한히 많은 상태의 시공간이 존재하는 것**이다. '자연 흐름 법칙'이란 것도 새로 생겨난 것도 아니고 이미 창조와 함께 존재하는 법칙인데, 우리의 시공간에 작용하니 전과 후라는 개념이 생겼다. 전을 과거라고 하고 후를 미래라고 한다는 것이다.

다음은 내가 웜홀을 이용해 1억 년 전의 시공간으로 이동했다고 가정하자. 그러면 나의 현재의 시간과 1억 년 전의 시간이 만나는 것이다. 그 어느 것도 실체가 아닌 것이 없다. 각기 시공간에서 각기 인간은 그 시점을 기준으로 과거와 현재 그리고 미래를 구분할 뿐이라는 것이다. 즉, 앞에서 많이 설명한 것처럼 시간도 물리적인 실체이므로 과거·현재·미래 모두가 존재한다. 단지 우리가 현재만 실체라고 착각할 뿐이라는 것이다. 과거라는 시공간에서는 그 시점에서 현재요, 미래라는 시공간에서는 그 시점에서 현재일 뿐이라는 것이다.

그러면 웜홀을 이용하여 과거 여행을 해보자. 과거로 돌아가 A에게 어떤 사고를 친다면 어떻게 될까? 과거의 순간에도 무한히 많은 A가 순간마다 있으니, A에게 사고를 친 우주도 존재하고, A에게 사고를 치지 않은 우주도 존재하며, 그 우주대로 살아간다. 즉, 순간마다 일어날 수 있는 모든 경우의 수대로 모든 사건이 존재한다. 매 순간 어떠한 사건이 벌어질 수 있는 상상할 수 있는 모든 경우의 수대로 사건이 벌어지는데, 그 수는 무한하다. 그리고 모든 순간은 그 시점에서 현재이며, 오직 현재만 존재한다.

이번에는 웜홀을 이용하여 자신이 태어나기 전의 시공간으로 시간 여행을 하여 지금 자신을 태어나게 한 부모님을 과실로 죽게 한다면 어떻게 될 것인지 생각해 보자. 그에 대한 답은 간단하다. 우주 시공간은 양자화되어 있고 평행우주도 존재함으로 자신이 태어나지 않는 우주도 공존하는 상태가 될 뿐이라는 것이다.

끝으로 수백 년 전으로 웜홀을 이용해 시간 여행을 해 볼까? 수백 년 전으로 돌아가 보면 수많은 사람 중에 지금에 자신을 태어나게 한 먼 조상도 있을 것이다. 그중에는 매우 예쁜 아가씨 상태의 조상도 있을 것이다. 혹시라도 그 여인과 사랑이라도 하게 되면 그에 따른 새로운 자손이 형성된 시공간이 진행될 것이다. 시공간의 양자화와 평행우주를 생각하면 당연한 세상이다. 독자 여러분의 이해를 돕기 위해 특별한 예를 든 것이니 이해하시길 바란다.

평행우주 속에서의 여행

양자론적으로 선택되어 인식하고 있는 우주와 다른 가능성이 있는 무한히 많은 다른 우주 사이에는 서로 전혀 연관되지 않는 것일까? 우주 시공간 자체가 달라지니 무한히 많은 하나하나의 우주가 독립적인 시공간을 가진 것이 된다. 따라서 절대로 연관될 수 없다. 한마디로, 바로 옆의 평행우주와 평행우주의 거리는 불연속적인 시공간이니 그 거리는 무한대나 다름없다는 것이다.

평행우주 사이에 통신이나 여행을 하는 방법은 없을까? 지금의 우주에서 3차원적인 공간 개념으로는 거리가 무한대이기 때문에 현재의 이동 기술과 통신 기술로는 불가능하다. 그러나 미래에는 가능할 수도 있다. 평행우주와의 통신은 중력자의 특별한 성질을 이용하는 것이다. 초끈이론에서 중력자는 어떤 시공간에도 구속되지 않는 특별한 성질인 닫힌 끈으로 되어 있는 것으로 연구되고 있다. 이를 이용한다면 시공간이 다른 우주 사이를 넘나들 수 있을 것이란 것이 현재 과학자들의 추론이다.

그러면 평행우주 사이의 여행은 어떻게 가능할까? 아인슈타인의 일반상대성 이론에서 에너지와 질량에 의해서 공간을 휠 수 있음을 알고 있고, 양자역학에서 미시세계에서의 시공간의 양자요동 속에 공간이 찢어질 수 있음을 알고 있다. 공간이 찢어지면 무엇이 나올까? 다른 시공간으로 가는 입구가 되든지 우리가 알 수 없는 우주로 가는 입구가 되든지 나올 것이다. 시공간의 평행우주와 평행우주 사이는 찢어진 시공간으로부터 웜홀을 통해 연결된다는 것이다. 이 웜홀을 이용하면 평행우주 사이를 여행할 수 있다.

무한히 많은 평행우주 속의 무한히 많은 내가 서로 간에 관계될 수는 있을까? 한 우주와 한 우주는 불연속이다. 우리가 생각하는 거리 개념으로는 무한대의 거리이다. 절대로 보통의 이동수단으로는 갈 수가 없다. '웜홀'이라는 것을 통하지 않고는 이동하는 것이 불가능하다. 그리고 만일 웜홀이라고 하더라도 지금의 과학적인 추론으로는 플랑크 크기(10^{-33}cm)의 존재만 통과할 수 있다고 한다.

결론적으로 시공간의 특성을 상대론과 양자론적으로 분석해 보면, 과거·현재·미래는 모두 물리적 실체로 우주에 공존하는 것이고, 또한 평행우주도 무조건 존재하며 공간을 찢을 수도 있다. 과학 문명은 수학을 따라 무조건 무한히 발전할 수밖에 없으므로 먼 미래 무조건 시간 여행을 할 수밖에 없다.

3. 미래인이 타임머신을 타고 다니지만, 우리 앞에 안 보이는 이유

과거도 현재도 미래도 모두 실존하는 물리적 실체들이라면, 우리는 다음과 같은 의문점을 가지게 된다. 과학 문명이 무한히 발달한 미래인은 이론대로 타임머신을 만들 것이고 우리가 사는 곳으로 타임머신을 타고 와야 하는데, 우리는 미래인이 타임머신을 타고 오는 현상을 볼 수가 없다. 그렇다면 타임머신을 만들 수 없다는 것이 아니면 다른 이유가 있어야 한다. 본 필자는 다음과 같은 확신이 있는 말을 하고 싶다.

타임머신은 미래인이 절대적으로 만들 수밖에 없고, 미래인이 우리가 사는 세계에 안 나타나 보이는 것은 시공간이 양자화되어 있고, 우리가 생각하는 현재란 시공간 속에도 무수히 많은 시공간이 존재하는데 타임머신 타고 오는 미래인과 정확하게 시공간이 일치하는 경우는 거의 제로에 가깝다는 것이다.

다시 말하면, 미래의 인간이 과거로 여행해 오더라도 양자화되어 존재하는 무한 가지 경우의 수를 갖는 과거 시공간 때문에 우리는 목격할 수 없다. 미래의 인간이 무한히 많은 시공간 중의 하나인 세상에서 우리를 만날 것이지만, 우리가 만나는 상황을 목격할 수 없는 이유는 우리가 바로 직전 과거나 바로 직후 미래조차도 시공간이 다르게 공존하는 우리 자신을 만날 수 없다는 것과 같은 이치이다.

4. 평행우주에서의 나란 존재성

앞에서 살펴본 양자역학은 평행우주의 존재성을 암시하고 있었다. 평행우주란 나와 똑같은 존재가 무한히 있을 수 있다는 우주관인데, 만물의 기본입자들이 모여 형성한 구조를 보면, 입자의 크기에 비해 매우 많이 떨어져 독립적으로 존재함을 알 수 있다.

입자마다 양자역학적인 작용을 받고 있으며, 각 입자의 관찰 전에는 무한히 많은 경우의 수가 존재한다. 그러던 것이 인간이 인식하는 순간 하나의 입자가 결정되고, 그 입자와 옆에 있는 입자는 서로 간에 여러 가지 힘의 장에 의하여 결속된다. 이렇게 입자와 입자는 묶여 거시적인 물체란 하나의 모양이 특징지어진다.

그렇다면 거시적인 물체를 이루는 각 독립적인 구성 소립자와 공존하던 각기 무수히 많이 확률적으로 실존하는 입자들은 어디로 갔을까? 바로 우리가 인식 불가능한 여분의 차원 속이 아닐까? 내 몸을 이루고 있는 소립자가 각기 모두 무한히 많은 확률적인 실존 경우의 수들로 이루고 있으니, 결국 내 몸이 무한히 많은 실존 경우의 수들로 이루고 있다는 뜻이다.

내 몸뿐만 아니라 세상에 있는 모든 것이 독립된 소립자들로 구성되어 있고 양자역학적 현상이 일어나니, 그대의 몸처럼 무한 실존 경우의 수들로 형성되어 있을 것이다. 나란 존재성에 의해 관측된 것은 결국 특정 물체가 되는 것이다. 양자론적으로 무수히 많은 같은 존재들이 있을 수밖에 없어서 나타나는 평행우주는 모든 것이 무수히 많다는 것이다. 즉, 나도 무수히 많고 지구도 무수히 많을 수밖에 없다.

양자론적 평행우주와 인간의 의식 간에는 매우 중요한 연관성이 있다.

인간의 의식은 비물리적인 무언가의 작용인데, 물리적인 현상으로 나타나는 평행우주는 비물리적인 근원과 연관이 있다고 생각한다. 인식하지 않으면 특정 지어지는 우주가 존재하지 않으며, 그냥 확률적으로 공존하는 세상이 존재할 수도 있고 존재하지 않을 수도 있는 알 수 없는 세상이다. 한 인간이 죽으면 이렇게 되는 것이다.

즉, 인간의 의식이 없는 상태에서는 무한 경우의 혼돈 속에 존재하다가, 의식이 있는 상태에서는 우리가 보고 있는 현재의 정돈된 세상을 보여 준다. 오직 의식하는 관찰자인 나만이 온 우주를 결정짓는 것이다. 나란 관찰자가 없으면, 온 우주는 오직 확률로 혼돈 상태에 있다는 뜻이다.

내가 길을 가고 있을 때를 예로 들어 보자. 길 가는 어떤 사람을 관측하기 전에는 그 어떤 사람이 무한히 많은 경우의 수 중에 존재하다가, 내가 관측하는 순간 그 수많은 경우의 수 중에 한 사람을 보게 된다. 그럼 관측하기 전의 수많은 그 사람의 경우의 수는 어디로 갔을까? 바로 '평행우주'이다.

인간의 비물리적인 마음의 인식 역할은 매우 크다. 초자연적인 비물리적인 그 무언가에서 물리적인 실체인 무언가로 바뀌면서 형성된 세상 삼라만상과 인간을 운행하는 현상에서 '비물리적인 관측'이라는 인식의 역할은 매우 크다고 할 수 있다. 인간이 살아가면서 순간마다 인식할 때마다 마음의 선택에 따라 평행우주가 갈라져 진행된다. 따라서 마음의 인식은 매우 중요하다고 할 수 있다. 우리를 지배하고 있는 비물리적인 무언가의 평행우주로의 나타남이다.

'말이 씨가 된다'는 속담이 있다. 이것은 인간의 생각과 인식에 따른 새로운 평행우주가 형성될 수 있음을 보여 주는 말과 일맥상통한다. 따라서 우리는 생각과 말을 조심해야 한다. 항상 좋은 생각과 좋은 말을 해야 한다. 그리고 기독교에서 하나님이 말씀으로 천지를 창조했다는 말도 언어와 인식의 양자역학적인 일면을 보여 주고 있는 것이 아닌가 싶다.

양자역학적인 현상을 일상생활로 끌어들여 생각해 보자. 만약에 그 어떤 사람과 관계되기 싫으면, 가능한 그 사람 생각을 적게 해야만 평행우주에서 관계될 확률이 줄어든다. 즉, 많이 생각하면 할수록 그만큼 평행우주 속에서 관계될 확률이 높아진다는 것이다. 인간의 생각에 의한 인식은, 곧 그에 따른 평행우주 속에서 실제로 존재하기 때문이다.

많은 독자 여러분이 말도 안 된다고 받아들일 수 있으나, 양자역학이라는 학문을 이해하고 있는 본 필자도 그러한 여러분의 말을 이해할 수도 있을 것 같다. 그러나 6장에서 말한 것처럼 아무리 인간의 과학 문명이 발달했다고 해도, 실제 진리의 세계가 $10^{10,000,000}$km 길이라면 인간의 과학 문명은 1cm 길이에 불과할 정도이다.

어떻게 1cm 자로 $10^{10,000,000}$km의 세계를 재면서 논할 수 있겠는가? 우리가 인식 못 하는 대부분의 진리의 근원에 도달하려면 세계적인 천재 수학자와 과학자들이 개척하고, 대부분의 천재 수학자와 과학자들이 공감하고 인정하는 이론들은 무조건 믿고 이해하려고 노력해야 할 것이다.

따라서 수학은 진리의 절대성에 가깝고, 과학은 그 표현이 실제에 똑같을 수는 없는(자연은 모두가 그 어떤 법칙에 의해서 완벽히 돌아가고 있지만, 그 법칙은 암호화되어 있어 인간이 그 지성을 총동원하여 푼다고 해도 실제 본질의 진리와는 완벽히 같지 않을 수 있다. 이는 실제 진리를 논함에서 인간이 만든 언어로 표현함에 한계가 있기 때문이다) 특성 때문에 근사적인 진리라고 생각한다면, 양자론적인 과학에 밑바탕을 두고 수학적으로 지금까지 추론한 모든 것을 황당하다는 생각만으로 배척해서는 안 된다는 것이다.

진리의 근원이 우리의 인식 너머에 그 뿌리를 두고 있다면, 모두에게 황당하게 들리는 것이 정상이다. 만약에 황당하게 들리지 않는다면, 정상적으로 이해한다는 것은 3차원 공간에 익숙한 우리의 인식 범위 안에 있다는 것인데, 이것은 참 진리의 근원이 아니다. 왜냐하면, 지구상의 불가사의한 현상은 3차원 공간 안에서는 절대로 설명할 수 없는 것들뿐이기 때문이다. 양자역학적인 현상과 상대성 이론에 의한 현상을 그 대표로 꼽을 수 있다. 따라서 비록 황당한 소리로 들리지만, 근사적인 진리의 과학이 인정해 주는 소리인 만큼 많은 타당성을 두고 받아들이자.

무한히 많은 평행우주 속의 무한히 많은 내가 서로 간에 관계될 수는 있을까? 한 우주와 한 우주는 불연속이다. 우리가 생각하는 거리 개념으로는 무한대의 거리이다. 절대로 보통의 이동수단으로는 갈 수가 없다. '웜홀'이라는 것을 통하지 않고는 이동하는 것이 불가능하다. 그리고 만일 웜홀이라고 하더라도 지금의 과학적인 추론으로는 프랑크 크기(10^{-33}cm)의 존재만 통과할 수 있다고 한다.

결론적으로 평행우주에서 나타나는 무한히 많은 '나'는, 양자역학적인 우주 존재법과 관련된 것이다. 여기에 나타나는 무한히 많은 나란 존재의 각 개인은 현재 바로 옆에 존재하는 타인처럼 그대와 아무런 상관이 없는 존재이다. 나의 육체를 이루고 있는 원소들의 배열 상태가 같아 동일한 모습을 하는 또 다른 인간일 뿐이다. 이는 나의 체세포로 나를 복제하여 탄생하는 때도 DNA 정보가 같은 경우이지만 그대 영혼과는 아무런 상관이 없는 것과 같다. 또한, 일란성 쌍둥이가 서로 간에 DNA 정보가 같은 경우이지만 서로 다른 존재인 것도 같은 이치이다. 자식이 부모의 유전자가 골고루 섞여 그대로 탄생하지만, 부모와는 별개의 인간인 것도 당연히 같은 이치이다.

평행우주를 통해 알 수 있는 인간 의식의 본질성은 나란 존재가 무한히 많은데도 궁극의 본질성은 오직 하나라는 것이다. 이유는 수학과 과학이 모든 평행우주는 하나로 된 태초라는 한 점에서 출발했다고 하기 때문이다. 과거로 거슬러 올라간다면 모든 평행우주가 한 점에서 출발한다는 것이다. 결국, 비물리적인 실체는 물리적인 실체에 영향을 받지 않으므로 물리적인 실체인 우주가 태초 전의 절대무로 있든지, 한 점의 태초 상태로 있든지, 지금의 우주 상태로 있든지 아무런 관계없이 고유적으로 존재하는 무언가이다. 바로 여기에 나란 존재성의 그 근원이 있다고 생각한다.

14장 목차

1. 부처님이란 어떤 존재인가?
2. 깨달음에 이르는 두 가지 방법
3. 불교가 좇는 세상
4. 불교 속의 나란 존재성

14장

불교 관점에서 나란 존재성

1. 부처님이란 어떤 존재인가?

부처란 우주 삼라만상의 참모습에 있는 그대로 더함이 없는 본질적인 진리에 깨달음을 얻은 사람을 말한다.

인간은 그 누구에게나 깨달을 수 있는 불성을 가지고 있다고 한다. 그러나 대부분 인간은 욕망이란 장막에 둘러싸여 이 깨달음을 얻지 못하고 인생을 마무리한다. 즉, 한평생 본질적인 진리를 보지 못하고 환상적인 번뇌 속에서 환상이 실제인 줄 알고 실제가 없는 환상적인 무언가를 향하여 정신없이 한평생 허우적거리며 산다.

부처란 위에 설명한 것처럼 모든 것에 있는 그대로의 진리를 득한 사람이지만, 이런 진리를 득한 사람 중에는 석가모니라는 사람이 있기 때문에 우리가 부처님이라고 하면 바로 과거에 깨달음을 얻은 이 석가모니를 말한다.

2. 깨달음에 이르는 두 가지 방법

모든 인간에게는 깨달음에 이르는 기본 불성을 모두 가지고 태어난다고 한다. 그러나 현실적으로 깨달음에 이른 사람이 존재하기 힘든 이유는 어디에 있을까? 그 이유는 인간의 욕망이 본질적인 진리의 세계를 깡그리 덮어 버리고 오직 생존에만 모든 것을 몰아가기 때문이다.

깨달음이란 인간과 진리의 본성 사이에 아무것도 없는 상태일 때만 가능한데 인간에겐 진리의 본성 앞을 가로막고 있는 존재를 향한 욕망이라는 장벽이 크게 놓여 있다는 것이다.

인간의 존재 이유를 생각해 보니 즐거움과 행복이 있어 존재한다고 생각한다. 그런데 이러한 즐거움과 행복은 바로 인간의 욕망에서 시작되니 인간이 세상에 태어난 것은 곧 깨달음을 얻지 말라는 것과 일치한다. 인간의 존재 이유가 되는 욕망이 사라지면 인간은 어떻게 되는가? 죽든지 깨달음을 얻어 인간이 아닌 부처가 되든지 두 가지 중의 하나가 될 것이다. 따라서 깨달음을 얻는다는 것은 일반적인 인간의 속성을 버려야 한다. 곧 인간이 가지고 있는 모든 욕망을 버려야 한다는 것이다. 이것이 깨달음에 이르는 한 방법이다. 그래서 이러한 방법으로 깨달음에 이르려고 시도하려는 사람이 적은 이유가 바로 여기에 있다.

깨달음에 이르는 또 한 방법이 있다. 이는 본 필자가 20세 되던 때부터 수십 년 동안 걸어온 체험의 길이기도 하다. 그래서 자신 있게 권하는 방법이기도 하다. 즉, 신이 준 언어를 이용하는 것이다. 언어는 비록 인간의 오 감각에 의하여 만들어졌지만, 신의 영역에 이르는 인간의 절대 도구이기도 하다. 왜냐하면, 인간이 언어를 이용하면 닿지 못하는 것이 없다는 것이다. 이는 신의 영역에도 닿을 수 있다는 것을 암시한다. 신의 영역에 닿았다는 것은 곧 깨달음을 얻었다는 것을 의미한다.

우주는 모두 수학적인 질서 속에 창조되었고 수학적인 질서로 운행되고 있으며 인간이 사용하는 언어도 완벽한 수학적인 질서로 형성되어 있다. 그래서 이 신이 준 질서의 언어를 이용하여 끝없이 본질의 세계에 자문자답하며 접근하여 보라. 그러면 점점 신의 영역과 거리가 가까워짐을 느낄 것이다. 진리의 본질을 깨달아 가고 있기 때문에 무한히 형용할 수 없는 행복함으로 느낀다는 것이다. 그리고 궁극에는 신의 영역에 도달할 것이다. 본 필자는 끝없이 글을 쓰는 것도 그 과정의 하나이기도 하다. 20여 년 전에 무언가에 도달했지만 더없는 깊이의 깨달음을 위해 끝없이 책을 쓰고 있으며 죽는 날까지 쓸 것이다.

본 필자가 깨달아 오는 과정을 좀 더 상세하게 이야기하겠다. 20세 되던 해부터 세상 삼라만상의 본질에 대하여 무한한 의문을 품고 답을 찾으려고 끝없이 자신과 대화해 보았다. 그런데 머릿속에 들어 있는 생각의 언어가 빈약하여 그 한계점이 금방 드러나 강력한 생각의 도구를 만들어야 한다는 생각이 들었다. 본 필자가 찾고 싶은 답은 모든 수학과 모든 과학에서 찾을 수 있으리라는 확신을 얻고 끝없이 수학과 과학의 언어를 정복하기 시작하였다. 그래서 모든 수학(대수학, 기하학, 해석학, 위상수학, 응용수학)과 모든 과학(물리학, 화학, 생명과학, 지구과학, 천체물리학, 우주과학)을 심도 있게 이론을 공부하던 어느 날 더 이상 공부할 것이 없다는 무언가에 깨달음을 얻는 시점이 있었다. 이때가 수학과 과학 공부에 미쳐 버린 지 15년째 되던 해이었다. 그 이후로 본 필자는 무한성과 교감하고 있으며 형용할 수 없는 빛의 세계에 사는 기분이며 바이오리듬이 없어져 버린 것 같은 느낌이 있다. 본 필자는 무언가에 깨달음이 있음을 분명하다고 감히 한마디 하고 싶지만, 수학적인 본성의 진리의 세계에 비하면 본 필자의 작은 깨달음은 거의 제로나 다름없기에 겸손한 마음으로 살고 싶다. 그러나 신의 뜻을 읽은 것과 같은 빛의 세계는 오늘날 나를 생동감 있게 살아 있게 하는 원동력임을 밝히고 싶다. 그리고 진리의 본질에 깨달음은 나란 존재성의 깨달음과 동질의 것이기도 하다고 생각한다.

3. 불교가 좇는 세상

세상에 많은 종교 중에 불교를 믿는 사람은 대단히 많다. 불교는 이미 만들어진 세상에서 그 이치를 깨닫는 것이 목적인 만큼 본 필자의 생각으로는 종교임에는 분명하지만, 우주 삼라만상의 존재의 본질을 깨닫는 '학문에 가까운 종교'라고 하고 싶다.

존재의 본질을 연구함에는 수학적이고 과학적인 방법으로 실험과 관측 그리고 이론 추론을 통해 접근하는 방법도 있지만, 붓다처럼 생명과 세상의 여러 현상을 체험하고 오랜 명상을 통해 존재의 본질을 깨닫는 방법도 존재한다. 불교는 이처럼 명상을 통해 깨달은 붓다의 메시지를 바탕으로, 붓다가 가는 길을 좇는 종교이다.

기독교의 모든 것은 '성경'이라는 하나의 경전에 창조주 하나님의 모든 메시지가 다 들어 있지만, 불교는 기독교와는 달리 특별히 정해진 경전이 없으며 실제 경전은 이루 헤아릴 수 없이 많다. 이는 팔만대장경을 생각해도 쉽게 알 수 있다.

붓다의 메시지는 붓다의 가르침을 그대로 정확하게 기록하려는 소승 경전과 붓다의 가르침을 대중들의 상황에 맞게 폭넓게 이해하여 기록하려는 **'대승 경전'**이 있다. 대중들 가까이 있는 것은 곧 대승 경전인데, 대표적인 경전에는 반야경, 화엄경, 법화경, 정토경이 있다.

반야경은 불교의 진리에 도달하기 위한 지혜를 담은 경전이며, **화엄경**은 참 진리에 깨달은 존재의 눈에 비친 세계를 담은 경전이다. 또한, **법화경**은 인간이 행복을 누리기 위해서는 자비롭게 살아야 함을 내용으로 하는 경전이며, **정토경**은 저세상에서의 인간 구원을 담은 경전이다. 이 가운데 불교의 모든 메시지가 집약된 것이라면 대승 경전의 **'반야심경'**이라고 생각한다. 그래서 반야심경을 중심으로 붓다의 깨달음과 불교가 좇는 세상이 어떤 것인지 추적해 보고자 한다.

대승 경전은 약 300만 자로 되어 있는데, 이 대승 경전의 요약판인 반야심경은 고작 274자이다. 반야심경은 우리말로 해석하면 '**참 진리에 눈뜬 지혜의 가르침**'이라는 뜻이다. 붓다는 다음과 같은 세 가지 진리를 깨달았다. 세상의 삼라만상은 변해 간다는 '**제행무상**'과 세상 사람 마음의 대상에는 고정된 실체가 없다는 '**제법무아**', 그리고 세상 만물을 본질 그대로 바로 보아 번뇌를 일으키지 않는 '**열반적정**'이 바로 그것이다.

또 붓다는 사람이 살아가면서 8가지 고통이 따른다고 했다. 태어나는 고통, 늙어가는 고통, 병드는 고통, 죽는 고통, 사랑하는 사람과 떨어져 있거나 헤어지는 고통, 미워하는 사람 또는 원망하는 사람을 만나는 고통, 구하려고 하지만 안 구해지는 고통이다. 즉 육체, 감각, 생각, 의지, 지식에서 발생한 '나'란 자아의 의식에 의한 고통이다.

한마디로 이 세상은 괴로움으로 가득 차 있는데, 그것을 인정하면서 어쩔 수 없이 살아야 한다. 그 원인은 욕망의 덩어리 자아에 집착하는 한, 그렇게 살 수밖에 없다. 세상 모든 것은 상호 연관성을 가지고만 존재한다고 했다. 그래서 서로 간의 연관성은 끝없이 새로운 미혹을 낳고 고통에 빠져들 수밖에 없다. 모든 사람이 자신을 주관적으로 보는 것은 진정한 실체가 될 수 없다.

세상 삼라만상의 모든 존재하는 형체가 있는 것은 공(空)이요, 공(空)이 우주 삼라만상을 만들고 있으니 우리 인간이 느끼는 감각과 생각, 분별과 인식도 이와 같다. '**색즉시공(色卽是空)**'에서 색의 성질은 눈에 보이는 형태가 있는 것인데, 시간이 지나면 언젠가는 변화되어 허물어진다. 즉, '**성주괴공**' 한다는 것이다. 영원히 한 상태로 머무는 것이란 색에는 없다. 그래서 색의 특성은 고정된 실체가 없다. 이것이 색이란 물질세례의 실상이다.

또한, 감각, 생각, 의지, 식별에 의해 나타난 마음의 움직임도 고정된 그 무엇이 없다. 인간의 **알 수 없는 미지의 미혹 세계**는 6가지 세계를 순환한다.

매우 힘들어 번뇌하는 단계인 '**지옥계**'가 있다. 한마디로 정신적 고통이 따르는 단계이다. 살다 보면 마음의 고통이 너무 힘들어, 그 순간을 잘 넘기지 못하고 술을 찾는 사람이 많다. 이때가 바로 지옥계에 속한다는 뜻이다. 즉, 어떤 일에 술 마실 만큼 힘든 일이 있으면 지옥계에 있는 사람이라고 생각하면 된다.

끝없는 욕망 속에 허덕이는 단계인 '**아귀계**'가 있다. 한마디로 마음에 불만족이 따르는 단계이다. 인간이 살다 보면 어떤 일에든지 불만이 있을 때가 있다. 이는 원하는 욕망이 채워지지 않았기 때문이다. 그래서 어떤 일에 불만족하면, 아귀계에 있는 사람이라고 생각하면 된다.

동물처럼 마음이 가는 대로 본능대로 행동하는 단계인 '**축생계**'가 있다. 어떤 일에 부끄럼이 없어 마음이 가는 대로 행동하는 단계가 여기에 속한다. 인간이 살아가다가 이것저것 따지지 않고 본능적으로 하고 싶은 대로 막 할 때가 있는데, 바로 이때가 축생계에 속한다.

마음이 흥분하여 싸움이 끝없이 일어나는 단계인 '**수라계**'가 있다. 인간이 살다 보면 어떤 일에든지 갈등이 일어나는 단계가 있는데, 이 경우 어떻게 해야 할지 선택을 두고 마음속에서 갈등이 벌어진다. 이 단계에서의 행동은 마음이 흔들려서 침착하지 못한 표정이 밖으로 드러나게 된다.

마음이 평온한 단계인 '**인간계**'가 있다. 인간이 살다 보면 하고 싶은 일이 만족하여 마음의 평화가 찾아올 때가 있는데, 바로 이때가 인간계에 속한다.

마음이 들떠서 하늘에 있는 기분의 단계인 '**천상계**'가 있다. 인간이 살다 보면 어떤 일이든지 잘되어 무척이나 행복한 상태가 있다. 바로 이 상태가 천상계에 속한다.

지금까지 이야기한 육도를 실생활과 연관 지어 이해하기 쉽게 핵심만 꼬집어 말하면, 인간의 마음이 육도에 갇혀 있으면 무엇 하나 영원한 것 없이 육도 사이를 오가며 변화한다는 것이다. 어떤 일에 마음이 술 마실 만큼 힘들면 지옥계, 어떤 일에 마음이 불만족스러우면 아귀계, 어떤 일에 마음이 가는 대로 멋대로 하면 축생계, 어떤 일에 어떤 선택을 두고 마음속에서 갈등하면 수라계, 어떤 일에 마음이 만족하면 인간계, 어떤 일에 일이 무척 잘되어 뛸 듯이 기쁘면 천상계라는 것이다.

본 필자가 이제까지 살아온 길을 생각하면, 육도를 도는 인간의 삶이 잘 표현된 것 같다. 매우 공감한다. 독자 여러분은 지금 육도 가운데 어느 단계에 속하는가?

 인간이 살아가면서 인간의 마음은 미혹이 대부분 있는데, 그러면 이처럼 지옥계, 아귀계, 축생계, 수라계, 인간계, 천상계의 여섯 가지 세계를 오락가락하면서 산다는 것이다. 삶의 모든 것이 무엇이든지 다 여기에 해당하니, 주변에서 가장 많이 일어나는 예를 들어 보자.

 먼저 아이를 예로 들어 보자. 어떤 아이가 공부를 아무리 해도 성적이 안 올라 공부 못하는 아이로, 멸시를 당하고 소외된다고 가정하자. 그러면 이 아이가 멸시당하는 순간에 느낄 고통과 번뇌스러움은 이루 말할 수 없다. 이는 지옥계에 속한다.
 현재의 성적에 불만이 많고 남들보다 공부를 잘해 인정받고 싶은 욕망이 치솟는다. 이는 아귀계에 속한다.
 끝없이 공부는 하지만, 공부하는 것이 너무 힘들어 마음이 가는 대로 멋대로 해 버린다. 이는 축생계에 속한다
 포기하고 싶은 마음과 그래도 해야 한다는 마음이 마음속에서 싸움을 벌인다. 이는 수라계에 속한다.
 그리고 공부한 대로 성적이 오르자 마음이 어느 정도 만족하며 안정이 찾아온다. 이는 인간계에 속한다.
 원하는 만큼 성적이 올라 주위로부터의 축하와 많은 관심 속에 하늘을 나는 것처럼 행복에 젖는다. 이는 천상계에 속한다.
 그러나 들뜬 기분으로 공부를 소홀히 하게 되어 성적이 바닥으로 금세 떨어져, 또다시 주위로부터 무시당하고 소외된다. 그러면 좌절감에 고통스

러워한다. 이는 지옥계에 속한다. 이렇게 끝없이 육도를 돌며 학생들의 공부 역사는 이어진다.

또 다른 예를 들어 보자. 연예인이 되고 싶은 한 사람이 있다고 하자. 아무리 신청을 해도 경쟁에서 떨어져서 포기하고 싶은 좌절감의 고통 속에, 술을 마시며 마음을 달래며 산다. 이는 지옥계에 속한다.

그래도 현재의 불만족을 떨쳐 버리고 꼭 성공해야 한다는 욕망을 불태우며 도전한다. 이는 아귀계에 속한다.

도전이 너무 힘들어, 도전을 포기해 버리고 마음이 가는 대로 멋대로 산다. 이는 축생계에 속한다.

그래도 계속해야 한다는 마음과 해도 안 되니 포기해야 하는 두 가지 마음이 싸움을 벌인다. 이는 수라계에 속한다.

그러다 운 좋게 합격하면 하늘을 나는 것 같은 마음이 된다. 이는 천상계에 속한다.

연예인이 되었지만, 아직 인기 있는 연예인은 아닌지라, 상대적인 빈곤감에 너무 힘들어 술로 달랜다. 이는 지옥계에 속한다.

그러다 어느 날, 전 국민의 관심 대상 연예인이 되면서 스타가 되자 하늘을 나는 기분이 된다. 이는 천상계에 속한다.

그러나 어느 날, 스캔들이 떠돌면서 인기가 하루아침에 바닥으로 떨어진다. 이는 지옥계에 속한다. 이렇게 끝없이 육도를 돌며 연예인의 역사는 이어진다.

또 다른 예를 들어 보자. 두 남녀가 있다. 한 남자는 그녀에게 한눈에 반했지만, 말도 못 꺼내고 너무 힘들어한다. 이는 지옥계에 속한다.

그러다 우연히 말을 꺼내고 상대방도 대화를 받아 주면, 만족하며 평온한 마음이 된다. 이는 인간계에 속한다.

그러다가 상대가 자기에게 호감을 느끼고 있다는 것을 발견하면 뛸 듯이 기뻐한다. 이는 천상계에 속한다.

그리고 사귐이 지속하면서, 이 남자는 남자로서의 생식욕이 발동하면서 본능적으로 그 여자와 키스하고 싶어진다. 이는 축생계에 속한다.

다음에 이 남자는 키스의 다음 단계까지 원하지만, 이 여자는 받아들이지 않으므로 불만족에 휩싸인다. 이는 아귀계에 속한다.

이 남자는 이 여자가 자신을 싫어하는 것이 아닌지, 마음속에서 판단이 서지 않아 갈등하게 된다. 이는 수라계에 속한다.

그러던 중, 갑자기 이 여자가 작은 선물이라도 주면 이 여자가 자기를 싫어하는 것이 아니었다는 마음에 뛸 듯이 기쁘다. 이는 천상계에 속한다. 이렇게 끝없이 육도를 돌며 연애의 역사는 이어진다.

또 다른 예를 하나 더 들어 보자. 열심히 경제 활동을 하는 사업가에 관해 이야기해 보자. 먹고 살아야 하니 이익 창출을 위해 많은 돈을 투자했다고 치자. 시간이 지날수록 사업 전망이 어두워지자, 술을 마시면서 잊고 싶을 만큼 그 순간이 고통스럽다. 이 순간이 지옥계에 속한다.

그러다가 우연히 사업이 살아나기 시작할 때를 보면 잠시 만족한다. 이때가 인간계에 속한다.

그러나 투자보다 이윤 창출이 턱없이 부족하면, 불만에 휩싸인다. 이 순간이 아귀계에 속한다.

그러면 하던 사업을 멈추고 다른 사업을 하려는지 많은 고민을 하게 된다. 이 순간이 수라계에 속한다.

이러지도 못하고 저러지도 못하고 될 대로 되라며 모든 짐을 내려놓고 마음 가는 대로 행동한다. 이 순간이 축생계이다.

만약에 사업이 망했다면 그 마음이 곧장 지옥계로 떨어짐은 당연한데, 빈 마음으로 다음과 같이 되뇐다. 빈손으로 왔다가 빈손으로 가는 것이 인생이라며, 그 순간을 긍정적으로 본다. 그러면 아무것도 없는 상태이지만, 마음의 평화가 찾아온다. 이때가 인간계이다. 이렇게 끝없이 육도를 돌고 돈다.

자, 이번엔 마지막으로 노년기의 경우를 예로 들어 보자. 힘없는 육체와 희망은 상실하고, 오직 주위의 따가운 소외만 있다. 정말 암울한 삶이 계속된다. 이 순간이 지옥계이다.

그러다가 자식이 찾아오고 극진한 효도라도 하면, 잠시 하늘을 나는 기분이 된다. 이 순간이 천상계이다.

그러다가 자식이 모두 떠나고 나면, 지난 고독의 좌절이 또다시 찾아와 힘들게 한다. 이 순간이 지옥계이다.

자식이 자주 전화도 없고 자주 안 찾는 것이 불만스럽다. 이 순간이 아귀계이다.

어떻게 이 노년 생활을 만족하게 보낼 것인지 고민하게 된다. 이 순간이 수라계이다.

삶의 모든 집착을 내려놓고 될 대로 되라며 마음이 가는 대로 생활을 한다. 이 순간이 축생계이다.

그러다가 특별 해외여행이라도 계획된다면, 잠시나마 나이도 잊고 날아갈 듯한 행복에 젖어든다. 이 순간이 천상계이다. 이렇게 노년기의 삶도 나름대로 육도를 돌고 돌며 인생이 전개된다.

아름다움과 추함도 공이 바탕이 된다. 삼라만상의 본질은 '공(空)'이다. 생겨나는 것도 아니고 사라지는 것도 아니며(불생불멸), 깨끗한 것도 아니고 더러운 것도 아니며(불구부정), 늘어나 증가하는 것도 아니며 줄어들어 감소하는 것도 아니다(부증불감).

공의 본성이 나타난 세계에는 형체를 이루고 있는 것은 존재하지 않는다. 감각, 생각, 분별, 인식도 없다. 그리고 그것에는 눈, 귀, 코, 혀, 신체, 마음도 없다. 형체, 소리, 향기, 맛, 촉각도 없으며 마음의 작용도 없고, 눈에 보이는 것부터 마음에서 의식하는 세계까지 아무것도 없다.

붓다의 가르침 중에 깨달음에 이르는 방법으로 '8정도'라는 행동강령이 있다. 기독교의 행동강령인 십계명과 대비된다. 즉, 인생의 번뇌 원인이 되는 어리석은 욕망과 탐욕에서 벗어나려면, 이를 끊게 해 주는 행동 방법, 즉 8정도가 있다는 것이다. 이는 '정견, 정사유, 정어, 정업, 정정진, 정명, 정념, 정정'이다.

정견(正見)은 삼라만상의 실체를 그대로 바로 보는 것이고,
정사유(正思惟)는 삼라만상의 실체를 그대로 바로 보고 판단하는 것이고,
정어(正語)는 말을 할 때 꾸밈없이 바르게 말하는 것이고,

정업(正業)은 그 무언가 할 때는 정직하게 하는 것이고,
정정진(正精進)은 올바르게 끊임없이 닦는 것이고,
정명(正命)은 바르게 생활하며 살아가는 것이고,
정념(正念)은 바르게 뜻을 세우고 살아가는 것이고,
정정(正定)은 평온한 마음으로 바르게 살아가는 것이다.

이 8정도를 행하면 욕망의 뿌리를 잘라 없앰으로써, 다시는 나란 자아 현상의 존재가 탄생하지 않는다고 한다. 결국, 불교는 이 8정도의 실천을 통해 모든 번뇌로부터 벗어나고자 한다.

4. 불교 속의 나란 존재성

인간의 '나'란 자아를 만들려면 육체와 정신이 있어야 하는데, 정신에는 감각 · 생각 · 의지 · 지식이 있다. 한마디로, 불교에서는 육체 · 감각 · 생각 · 의지 · 지식의 다섯 가지가 나란 자아를 만든다고 한다. 그러나 나란 자아가 분명히 이 육체가 있어서 나타나는 것이지만 그 근원은 이 육체가 아니라는 것이다. 그러면 육체 이전에 존재하는 나란 존재성의 근원을 좇아 보자.

세상 만물이 있고 그것을 보는 눈이 있으며, 또 그것을 인식하는 작용이

있어야 만물이 보이며 만물을 보는 나란 자아가 존재한다. 즉, 세상 모든 것은 서로 상관관계를 가지고만 존재할 수 있다. 다시 말하면, 독자적으로는 절대로 존재할 수 없다는 것이다. 이는 앞에서 이야기한 과학의 양자론적으로 보는 관찰자인 나란 자아가 있을 때 비로소 하나의 세상이 정해지는 것과 일맥상통한다. 또한, 이 육체로 인한 나란 자아의 본성은 어리석음과 욕망을 만들어 낸다고 한다.

그러면 불교에서 나란 자아 현상은 어떻게 보고 있는지 알아보자. 불교에서는 나란 자아 현상은 영원히 되풀이된다고 한다. 즉, 죽으면 이러한 나란 자아가 되풀이하여 탄생하는 것이다. 이를 붓다가 깨달았는데, 이 나란 자아 현상을 없애려면 8정도라는 행동 속에 욕망의 뿌리를 잘라 없앰으로써 다시는 나란 자아 현상의 존재가 탄생하지 않는다고 한다.

우리 몸을 이루고 있는 육체는 분명히 나가 아니다. 나란 자아의식의 본질을 1장에서 추적해 본 것처럼, 이 육체 속에는 나란 자아가 없다. 붓다도 이와 똑같이 말하는데, 이 세상을 만든 본질은 '공'이라는 것에서 나온다는 것이다. 불경의 핵심인 반야심경에 나오는 "색즉시공 공즉시색"이라는 말이 있다. 여기서 공은 만물을 만들어 내는 본성이고, 색은 만들어진 삼라만상이다.

공이란 알기 쉽게 말하면 삼라만상이 만들어지는 법칙과 같은 것인데, 이 법칙에 의해서 삼라만상이 탄생하고 인간도 태어난다. 그리고 공의 법칙대로 다시 죽고 소멸하면서 공으로 돌아간다. 따라서 나란 자아의식도 바로 공에서 나오는 것이며, 각개 인간의 육체 속에서 교감하고 있다. 그러므로 인간은 공의 절대적인 하나의 그 무언가에서 나왔기에, 모든 존재가 우주 유아독존인 것처럼 느끼며 산다.

나란 자아에는 '12처'라는 것에 의해 미혹과 생각이 발생한다고 한다. 주체가 되는 육근(감각을 받아들이는 근원)이라는 것인 눈·귀·코·입·몸과 뜻(마음의 작용), 그 주체에 대한 대상이 되는 육경(감각의 대상이 되는 것)인 형태(눈의 대상), 소리(귀의 대상), 냄새(코의 대상), 맛(입의 대상), 감각(몸의 대상), 법(마음의 대상)이 있다.

마음이 작용하는 세계에는 여섯 가지가 있는데,
'눈+눈의 대상'에 의한 안식이란 것이 있고,
'귀+귀의 대상'에 의한 이식이란 것이 있으며,
'코+코의 대상'에 의한 비식이란 것이 있고,
'혀+혀의 대상'에 의한 설식이란 것이 있다.
'몸+몸의 대상'에 의한 신식이란 것이 있고,
'뜻+뜻의 대상'에 의한 의식이란 것이 있다.

이 마음이 작용하는 안식, 이식, 비식, 설식, 신식, 의식의 여섯 가지는 나란 존재성의 근원인 공을 깨닫는 징검다리 역할도 한다. 결국, 불교에서 바라보는 나란 우주 절대 자아의식의 근원은 '인간의 육체가 있기 이전의 공'임을 알 수 있다.

결과적으로 불교에서는 물리적인 존재인 우주 삼라만상을 있게 하는 것은 '공'이다. 만물 창생 법칙과 같은 '공'은 비물리적인 것이며, 나란 자아 현상도 비물리적이며 '공'과 관련된 무엇이라고 생각한다. 결국, 참 나란 존재성은 곧 '공'과 교감될 때만이 알 수 있는 형용할 수 없는 무엇이라고 생각한다. 어떠한 언어로도 표현 안 되며, 어떠한 상상으로도 접근할 수 없는 무언가이다. 불교에서 큰 깨달음을 얻으면 '공'에 교감된다고 생각한다. 이 '공'이란 삼라만상을 생성하는 무언가인데 인간의 언어나 상상으로는 절대로 생각할 수 없는 무언가라는 것이다. 결국, 기독교 속의 창조주와 일맥상통하는 무언가라고 생각한다.

진리의 본질이 하나로써 절대 변할 수 없다는 것은 누구나 잘 안다. 따라서 부족한 인간이 처한 환경에 따라 본질의 접근 방법이 다르고 확인된 측면이 달라서 다르게 호칭하는 많은 종교가 탄생한다고 생각한다. 그래서 모든 종교 속으로 들여다보면 종교를 만든 자가 정신적으로 문제가 있는 상태에서 만든 종교도 있겠지만, 단지 진리를 바라보는 관점이 달라 다르게 보이는 순수한 종교도 있다는 것이다.

15장 목차

1. 창조주란 어떤 존재인가?
2. 4가지 법칙을 이용한 창조주 존재성 입증
3. 성경의 정확성 4가지 방면으로 완벽히 입증
4. 창조주의 정보전달 방법
5. 기독교가 좇는 세상
6. 기녹교 속의 나란 존재성

15장

기독교 관점에서
나란 존재성

1. 창조주란 어떤 존재인가?

 창조주란 어떤 존재를 말하는가? 창조주란 존재가 과연 있기는 한 것인가? 이는 온 인류가 궁금해하는 과제이다. 창조주의 존재성에 대해서는 다음 페이지에서 입증하고 여기서는 창조주가 존재한다고 생각하고, 어떤 존재인지 알아보자.

 창조주는 우주의 존재에 대하여 모든 것을 창조하고 운행하는 분이시다. 예를 들어 우리가 책상이 필요해서 책상을 만들면 책상 위에서 공부하든지 사무를 본다. 책상이 존재하는 과정을 살펴보면 책상을 만들어야 하는 이유가 발생하고 목적에 맞게끔 책상을 만들 설계도가 필요하고 책상을 꼭 만들어야 하는 의지가 필요하다. 또한, 이러한 질서 있는 행동을 하려면 그에 맞는 생각하는 지성이 있어야 한다. 창조주는 인간이 책상을 만들듯이 우주 삼라만상의 모든 것을 창조했다는 것이다. 여기서 만들어진 물리적인 모든 것은 어떤 용도로 쓰든 비물리적인 무언가 없이는 운행이 안 된다는 것을 알 수 있다. 이에 대하여 앞에서 언급했지만, 다시 한번 이야기해 보자.

 물질은 스스로 존재하며 변화하는 아무것도 가지고 있

지 않다. 비물질에 의존하며 존재하고 변화하는 것이다. 이처럼 물리적인 실체도 스스로 존재하며 변화하는 아무것도 가지고 있지 않다. 이 또한 비물리적인 무언가의 영향으로 존재함이 틀림없다는 것이다.

물리적인 실체: 물질, 에너지, 시간, 공간
비물리적인 실체: 영혼
물질: 질량이 있는 모든 것
비물질: 중력, 강력, 약력, 전자기력, 에너지

　이처럼 우주 삼라만상은 물리적인 것과 비물리적인 것인 무언가에 의해서 운행된다. 여기서 비물리적인 것의 근원이 창조주라는 것이다. 인간의 영혼도 비물리적인 무언가이니 창조주와 직접적인 관련이 있음에 틀림이 없다.

2. 4가지 법칙을 이용한 창조주 존재성 입증

　창조주의 존재성은 다음과 같은 네 가지 법칙인 '열역학 제2법칙', '질서 있는 형체 생성 법칙', '질서 있는 형체 목적 법칙', '고질서 다진리 법칙'을 이용하면 완벽히 입증된다.

열역학 제2법칙

열역학 제2법칙은 앞에서도 언급했지만, 간단히 정리해서 이야기해 보자. 자연 현상은 예외 없이 일정한 방향성을 가지고 존재한다는 것이다. 즉, 자연의 흐름 방향이 정해져 있다는 것이다. 어떠한 경우에도 저절로 자연의 흐름 방향을 역행시킬 수는 없다는 것이다. 그런데 자연을 잘 관찰해 보면 자연의 흐름 방향에 역행하는 사건이 벌어지고 있다. 바로 생명의 탄생이다.

절대적인 방향성을 가지고 있는 자연을 역행시키려면 외부에서 무언가 작용해야만 한다. 이 작용하는 무언가가 자연을 존재시키는 힘인데 무한지능이 있어야만 하는 매우 정교한 형태로 역행시킨다는 것은 무한 지성을 가진 무언가가 있어야만 한다는 것이다.

질서 있는 형체 생성 법칙

우리는 세상을 살아가면서 '질서가 있다' 혹은 '질서가 없다'는 말을 곧잘 한다. 질서가 있다는 말은 규칙이 있다는 말이고, 규칙이 있다는 말은 법칙이 있다는 말과 연계된다. 결국, 질서가 있다는 말은 법칙이 있다는 말과 같다.

지구상에 그 어떠한 것이든지 질서가 있는 모든 것이 규칙이 있는 것이요, 규칙이 있는 것은 법칙화할 수 있다. 따라서 질서 있는 것에는 법칙이란 말로 설명해 볼 수 있다. 예를 들면, (+)전기와 (−)전기 사이에는 일정한 질서가 있는 규칙이 있다. 이 질서 있는 규칙은 '**전기력 법칙**'이라는 것으로 발견되었다. 그리고 N극과 S극 사이에도 일정한 질서 있는 규칙이 있다. 이 질서 있는 규칙은 '**자기력의 법칙**'이라는 것으로 발견되었다. 이러한 (+)전기와 (−)전기 그리고 N극과 S극 모두 사이에도 질서 있는 규칙이 있는데, 이는 '**전자기력 법칙**'이라는 것으로 발견되었다. 자기장 속에서 전류가 받는 힘에는 일정한 질서 있는 규칙이 있다. 이 질서 있는 규칙은 '**플레밍의 왼손 법칙**'으로 발견되었다. 태양 주위에는 행성이 질서 있는 규칙으로 돈다. 이 질서 있는 규칙은 케플러의 법칙으로 발견되었다. 물체와 물체 사이에는 질서 있는 어떤 규칙으로 서로 끌어당기고 있다. 이 질서 있는 규칙은 '**만유인력의 법칙**'으로 발견되었다.

우리가 살아가면서 무언가 질서 있는 특정한 것을 생각하거나 만들려면 생각하는 '지능'이라는 것이 있어야 하고, 무언가 만들려는 '설계도'가 있어야 하며, 설계도대로 만들려는 '의지'가 있어야만 한다. 여기서 '지능', '설계도', '의지'가 모두 있을 때만이 질서 있는 특정 형체가 만들어질 수 있으므로 '**질서 있는 형체 생성 법칙**'이라고 한다.

먼저 원자에 관하여 이야기해 보자. 자연 속에 자연스럽게 존재하는 원소의 종류는 92가지이다. 수소에서 우라늄까지를 말한다. 주기율표의 92가지 외의 나머지 원소는 실험실에서 만들어 낸 인공원소들이다. 그러면 이 원소 중에서 대표적으로 산소를 분석해 보자.

산소는 자연 속에 동위원소도 있지만, 가장 많이 존재하는 원소를 가지고 이야기하겠다. 자연에 가장 많이 존재하는 중성 산소의 동위원소의 원자핵 속에는 양성자가 8개, 중성자가 8개 존재하며, 핵 주위에 전자가 8개 돌고 있다.

산소의 구조와 모든 물리적·화학적 성질은 질서와 규칙 없이 아무렇게나 존재하는 것이 아니라, 정해진 완벽한 물리적·화학적 성질을 가지고 있다. 완벽한 질서와 규칙에 의하여 산소가 만들어지므로 '질서 있는 형체 생성 법칙'을 적용할 수밖에 없다. 질서 있는 무언가가 만들어지려면 '지능', '설계도', '의지'의 세 가지가 모두 존재해야 하기 때문이다. 이들 세 가지 중에서 한 가지라도 빠지면, 산소라는 것이 생성 불가능하다는 것이다. 여기서 '지능', '설계도', '의지' 세 가지 역할을 하는 것이 초자연적인 지성체 창조주이다.

이번에는 분자에 관해서 이야기해 보자. 물이라는 분자 물질은 다음 그림처럼 수소 원자 두 개와 산소 원자 한 개 사이에 완벽한 질서가 있는 공유 결합을 하면서 생성된다. 비공유전자쌍의 반발에 의하여 다음과 같이 휘어져 존재한다. 여기서 자세한 화학적인 이야기는 생략하지만, 필자에게 연락하면 상세하게 설명해 줄 생각이다.

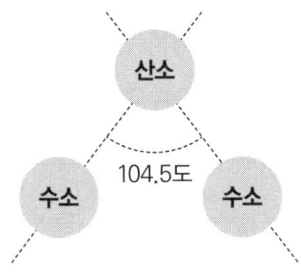

위의 물 분자가 만들어지려면, 물 분자는 질서 있는 형체이므로 당연히 '질서 있는 형체 생성 법칙'을 따른다. '지능', '설계도', '의지'의 세 가지가 모두 존재할 때만이 질서 있는 특정 형체인 물 분자가 만들어질 수 있다는 것이다. 이 가운데 한 가지라도 빠지면 절대 물 분자가 만들어질 수 없다. 여기서 '지능', '설계도', '의지' 세 가지 역할을 하는 것이 초자연적인 지성체인 창조주이다.

이산화탄소라는 분자는 다음 그림처럼 탄소 한 개와 산소 두 개 사이에 공유 결합을 하면서 비공유 전자쌍이 없어 결합각이 180도로 일직선 구조를 하고 있다. 이는 곧 완벽한 질서 있는 규칙에 의하여 결합하여 존재함을 의미한다.

위의 이산화탄소 분자가 만들어지려면, 질서 있는 형체이므로 이 역시 '질서 있는 형체 생성 법칙'을 따른다. '지능', '설계도', '의지'의 세 가지가 모두 존재할 때만이 질서 있는 특정 형체인 이산화탄소가 만들어질 수 있다는 것이다. 따라서 이 세 가지 중에서 한 가지라도 빠지면 절대로 이산화탄소 분자가 만들어질 수 없다. 여기서 '지능', '설계도', '의지' 세 가지 역할을 하는 것이 초자연적인 지성체인 창조주이다.

암모니아라는 분자는 다음 그림처럼 질소 한 개와 수소 세 개 사이에 공유 결합을 하면서 비공유 전자쌍이 한 쌍이 있어 결합각이 약 107도로 삼각뿔 모양을 가지고 있다. 완벽한 질서 있는 규칙에 의하여 결합하여 존재한다는 것이다.

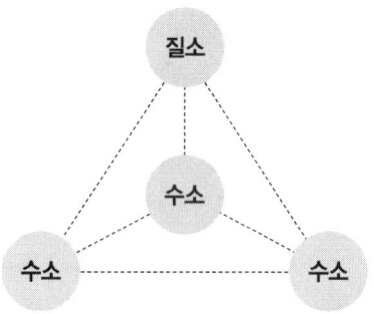

위의 암모니아 분자는 질서 있는 형체이므로 생성을 위해서는 '질서 있는 형체 생성 법칙'을 따른다. '지능', '설계도', '의지'의 세 가지가 모두 존재할 때만이 질서 있는 특정 형체인 암모니아 분자가 만들어질 수 있다. 이 세 가지 중에서 한 가지라도 빠지면, 암모니아 분자는 절대로 만들어지지 않는다. 여기서 '지능', '설계도', '의지' 세 가지 역할을 하는 것이 조사언석인 지성체인 창조주이다.

유기물인 아미노산 분자도 탄소, 수소, 산소, 질소 사이에 완벽한 질서 있는 결합을 하면서 존재한다. 여기에서 화학적 구조는 생략하겠지만, 아미노산 분자도 만들어지려면 질서 있는 형체이므로 '질서 있는 형체 생성 법칙'을 따른다. '지능', '설계도', '의지'의 세 가지가 모두 존재할 때만이 질서 있는 특정 형체인 아미노산 분자가 만들어질 수 있으며, 이 세 가지 중에서 한 가지라도 빠지면 절대로 아미노산 분자가 생성되지 않는다는 것이다. 여기서 '지능', '설계도', '의지' 세 가지 역할을 하는 것이 초자연적인 지성체인 창조주이다.

이번에는 이온결합물질인 비분자성 물질에 관하여 이야기하겠다. 많은 이온결합물질인 비분자성 물질 중에 염화나트륨(소금)에 관하여 이야기해 보자. 소금이라는 염화나트륨은 나트륨 양이온과 염소 음이온이 정전기적 인력에 의하여 결합하면서 생성된다. 중성 나트륨은 원래 불안정하게 세상에 태어나서 전자를 하나 빼 버리니 안정되었는데, 대신 플러스 일가의 양이온이 되었다. 이와는 반대로 중성인 염소는 역시 불안정하게 세상에 태어나서 전자를 하나 얻고 보니 안정되었는데, 대신 마이너스 일가의 음이온이 되었다. 이처럼 이온이 되는 과정과 이온이 된 물질들끼리 서로 끌어당기는 힘은 완벽한 질서와 규칙에 의하여 진행되므로 '질서 있는 형체 생성 법칙'을 적용할 수밖에 없다. 질서 있는 무언가가 만들어지려면 '지능', '설계도', '의지'의 세 가지가 모두 필요한데, 이 세 가지 중에서 한 가지라도 빠지면 나트륨이온도, 염화이온도, 그리고 염화나트륨도 생성 불가능하다. 여기서 '지능', '설계도', '의지' 세 가지 역할을 하는 것이 초자연적인 지성체인 창조주이다.

이처럼 무생물이지만 완벽한 질서와 규칙으로 존재하며, 질서 있는 형체이므로 당연히 '질서 있는 형체 생성 법칙'을 따른다. 이러한 질서와 규칙은 저절로 만들어지는 것이 아니다. 질서를 만드는 우주 무언가의 작용이 있는 것이다. 이 작용하는 무언가가 '지능', '설계도', '의지'이며, 세 가지가 모두 존재할 때만이 질서 있는 특정 형체가 만들어질 수 있다. 위에서 설명한 쿼크와 렙톤, 각종 원자, 각종 분자 그리고 각종 이온성 물질인 비분자성 물질이 만들어질 수 있다는 것이다. 만일 여기서 하나라도 없으면, 질서 있는 형체는 결코 생성될 수 없다. 여기서 '지능', '설계도', '의지' 세 가지 역할을 하는 것이 초자연적인 지성체 창조주이다.

예를 더 들어 보자.

먼저, 책상을 만들어 보자. 책상을 만들 설계도가 있고 지능이 있어도, 책상을 만들 의지가 없다면 책상이 절대로 만들어질 수 없다. 책상을 만들 설계도가 있고 그것을 만들 의지가 있어도, 그것을 이용하여 작업할 지능이 없다면 절대로 책상이 만들어지지 않는다. 따라서 설계도와 지능, 의지가 모두 없다면 절대로 책상은 만들 수 없다. 여기서 '지능', '설계도', '의지' 세 가지 역할을 하는 것이 인간이다.

비행기를 만들어 보자. 비행기를 만들 설계도가 있고 지능이 있어도, 비행기를 만들 의지가 없다면 비행기가 절대로 만들어질 수 없다. 비행기를 만들 설계도가 있고 그것을 만들 의지가 있어도, 그것을 이용하여 작업할 지능이 없다면 절대로 비행기가 만들어지지 않는다. 설계도와 지능, 의지가 모두 없다면, 절대로 비행기는 만들어지지 않는다. 여기서 '지능', '설계도', '의지' 세 가지 역할을 하는 것이 인간이다.

우주선을 만들어 보자. 우주선을 만들 설계도가 있고 지능이 있어도, 우주선을 만들 의지가 없다면 우주선이 절대로 만들어질 수 없다. 우주선을 만들 설계도가 있고 그것을 만들 의지가 있어도, 그것을 이용하여 작업할 지능이 없다면 절대로 우주선을 만들 수 없다. 설계도와 지능, 의지가 모두 없다면 이 세상에서 우주선을 보는 일은 절대로 일어나지 않는다. 여기서 '지능', '설계도', '의지' 세 가지 역할을 하는 것이 인간이다.

인간을 만들어 보자. 인간을 만들 설계도가 있고 지능이 있어도, 인간을 만들 의지가 없다면 인간은 절대로 만들어질 수 없다. 인간을 만들 설계도가 있고 그것을 만들 의지가 있어도, 그것을 이용하여 작업할 지능이 없다면 절대로 인간이 만들어지지 않는다. 설계도와 지능, 의지가 모두 없다면 절대로 인간은 존재할 수 없다. 여기서 '지능', '설계도', '의지' 세 가지 역할을 하는 것이 초자연적 지성체인 창조주이다.

질서 있는 형체 목적 법칙

질서가 있다는 것은 규칙이 있다는 것이고, 규칙이 있는 것은 우주 삼라만상 어디엔가 보편타당한 쓰임이 가능하고, 그 쓰임은 일종의 객관적인 목적성을 가지고 있다고 해도 된다. 예를 들어 보자. 다음과 같이 어떤 규칙성 있는 물체를 만들었다고 하자.

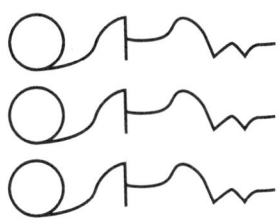

위의 것들이 본 필자의 〈수학적 절대 우주론〉에 따라 만들어진 무한개의 우주 중에 어느 것엔가 100% 보편타당한 목적성을 가지고 있으며 사용되고 있다. 여기서 잠시 본 필자의 도서 《존재할 수밖에 없는 창조주》에서 주장하는 〈수학적 절대 우주론〉을 보고 지나가자.

수학적으로 가능한 모든 차원의 모든 우주

(어딘가 있을 무한차원 속의 무한개의 우주를 완벽하게 추론)　　(인간이 우둔하여 근사적으로 접근만 하고 있다)

수학적으로 가능한 모든 차원의 모든 우주는 모두
실제로 존재하며 법칙이 다른 무수히 많은 물리적 우주

　위 표가 의미하는 것은 이 우주에 어떠한 것도 질서가 있는 것은 보편타당한 규칙이 있는 것이고, 규칙이 있는 것은 수학성을 띠고 있고, 수학성을 띠는 것은 어느 우주엔가 100% 존재한다는 것이다.

　지능을 가지고 있는 어떤 존재라도 질서 있는 것을 만들 때는 '질서 있는 형체 생성 법칙'에 따라 만들고, 또한 '질서 있는 형체 생성 법칙'에 따라 만들어진 것은 예외 없이 그 용도가 있는 것이다. 즉, 사용되는 곳이 있다는 것인데 이는 이미 만들 때 '질서 있는 형체 목적 법칙'에 따라 만들어졌다는 것이다. 결국, 창조주 존재성 확인에 쓰였던 '질서 있는 형체 생성 법칙'이 존재하는 것이면 무조건 '질서 있는 형체 목적 법칙'을 따른다는 것이다.

　법칙이라면 모든 것에 적용되어야 하며 보편타당성이 있어야 한다. 그리고 어떠한 것이든지 그 법칙으로 예상할 수 있어야 한다. 그래서 무엇보다 먼저 '질서 있는 형체 목적 법칙'이 보편타당성 있는 법칙이라는 것을 검증해 보자. 우리 주변의 질서 있는 모든 것이 적용되어야만 법칙으로서 타당성을 띤다. 그렇다면 어떠한 것도 예로써 들 수가 있다. 예를 들어 보자. 책상이 있다. 이 책상은 질서 있게 만들어져 있다. 질서 있게 만들어져 있다는 것은 '질서 있는 형체 생성 법칙'을 따른다는 것이다. 즉 '지능, 설계도, 의지'가 있는 무언가가 만들었다는 것이다. '지능, 설계도, 의지' 있는 존재는 누가 만들었을까? 바로 사람이다. 그렇다면 '질서 있는 형체 생성 법칙'이 존재하는 것이면, 무조건 그것은 '질서 있는 형체 목적 법칙'을 따른다고 했으므로 책상이 만들어진 목적이 100% 존재해야 한다는 것이다. 책상을 왜 만든다고 생각하는가? 설명 안 해도 알고 있을 것이다.

이번에는 사람의 경우 예를 들어 보자. 사람의 경우는 그 무엇보다 매우 질서 있게 만들어져 있다. 아마도 이 우주에서 가장 복잡하고 고도의 질서를 가지고 있을 것이다. 질서 있게 만들어져 있다는 것은 '질서 있는 형체 생성 법칙'을 따른다는 것이다. 즉 '지능, 설계도, 의지'가 있는 무언가가 만들었다는 것이다. '지능, 설계도, 의지' 있는 존재는 누가 만들었을까? 바로 창조주 하나님이다. 그렇다면 '질서 있는 형체 생성 법칙'이 존재하는 것이면, 무조건 그것은 '질서 있는 형체 목적 법칙'을 따른다고 했으므로 사람이 만들어진 목적이 100% 존재해야 한다는 것이다. 창조주는 사람을 왜 만든다고 생각하는가? 이는 진리의 책 성경에 의하면 '영생'이 목적이라고 한다.

결론적으로 '질서 있는 형체 생성 법칙'이 존재하는 것이면 무조건 '질서 있는 형체 목적 법칙'을 따른다는 것에는 예외가 없다. 질서 있는 형체는 어디엔가 100% 맞는 용도가 있다는 것과도 같다. 이는 우주의 근본적으로 어떠한 것이든지 정의할 수 있는 존재성은 질서가 있음으로써 존재 가능하므로 모든 것은 곧 수학으로 표현할 수가 있고, 수학은 곧 어떤 우주에선가 그 어떤 물리적 현상으로 나타난다. 이는 무엇을 의미하는가? 결국, 질서 있는 형체는 무조건 무언가에 쓰임이 있다는 것이고, 이는 100% 목적이 있다는 것과 같다는 것이다.

고질서 다진리 법칙

질서와 진리는 서로 떼려야 뗄 수 없는 불가분의 관계를 맺고 있다. 결국 '고질서 다진리 법칙'은 비교할 서로 다른 특정 형체의 일정 질량 속에는 질서도가 높을수록 많은 진리를 가지고 있다는 것이다. 이에는 예외가 있을 수가 없다는 것을 검증해 보자.

질서는 규칙이고, 규칙은 곧 법칙과 연계될 수 있는데, 질서도가 높을수록 이에 함축하는 많은 진리를 포함한다는 것이다. 왜냐하면, 질서도가 높다는 것은 지능이 수반된 정보가 더 들어가기 때문이다. 그러면 이를 입증하기 위해 예를 들어 보자. 인간이 가지고 있는 진리 정보, 나무가 가지고 있는 진리 정보, 물이 가지고 있는 진리의 정보에 대하여 비교하면서 이야기해 보자.

세 가지(사람, 나무, 물)에서 똑같은 단위 질량을 떼어내어 비교 분석해 보자. 단위 질량 속 인간의 질서도에 비하여 작은 것이 나무의 질서도이고, 나무의 질서도에 비하여 작은 것이 물 분자의 질서도이다. 여기서 질서도가 가장 큰 인간에 대한 진리 정보가 제일 많고, 다음이 두 번째로 질서도가 높은 나무가 인간 다음으로 진리 정보를 많이 가지고 있고, 물의 질서도는 셋 중에서 제일 작으므로 물에 대한 진리 정보가 제일 적다. 당연한 이야기이다. 질서도는 물 → 나무 → 인간으로 갈수록 커진다. 그에 포함된 진리의 정보량도 많아진다. 왜냐하면 '고질서 다진리의 법칙' 때문이다. 즉 높은 질서를 만들기 위해 창조주 하나님의 지능이 더 사용되었으며 이에 대한 정보가 더 많이 들어가 있다는 것이다. 물, 나무, 사람의 구체적인 진리 정보의 양의 크기비교는 보편적으로 인식할 수 있는 것이라서 본 책에서 생략한다.

진리의 정보가 많으면 궁극에는 넘쳐나며, 끝없이 넘쳐나는 이런 무한 정보의 진리는 밖으로 많이 노출되기 마련이다. 그래서 창조주 하나님이 창조한 피조물 중에 창조주 하나님을 닮으면서 온 우주의 축소판인 사람이 살아가면서 많은 기적과 같은 진리를 체험할 수도 있다. 이와 관련된 종교가 있다면 기독교가 해당한다. 기독교가 체험종교라고 하는 이유도 여기에 있다. 밖으로 노출된 많은 진리를 체험하면서 믿는 종교라는 것인데 그중에는 불가사의한 많은 기적도 있다.

3. 성경의 정확성
4가지 방면으로 완벽히 입증

　수천 년 전의 이야기를 분석해 보면 대부분이 무지의 인간들 이야기이고 대자연 앞에 나약한 인간들이 펼쳐 놓은 신화와 전설 같은 이야기가 대부분이다. 그러나 과거 수많은 정보 중에는 역사적인 진실한 이야기도 있을 것이다. 신화나 전설만 있고 진실한 역사적인 이야기가 하나도 없다는 것은 말도 안 된다는 것이다. 그러면 어느 것이 신화이고 전설이며 어느 것이 진실을 포함한 역사서인지를 구분해야만 한다. 다시 한번 말하면 수천 년 전의 이야기를 모두가 신화나 전설로 치부해 버리는 오류를 절대로 범하지 말자는 것이다.

　우리나라의 경우 단군 신화를 진실로 생각하는 사람은 별로 없을 것이다. 이렇게 생각하면 성경과 관련된 많은 기적을 수반한 이야기는 우리나라의 단군 신화 못지않게 신화 전설로 생각해 버리기 쉽다. 그러면 과연 성경도 신화 전설에 지나지 않을까?

　위에서도 이야기했지만, 과거의 신비스러운 이야기를 모두 다 신화 전설로 생각해 버리는 오류를 범해서는 안 된다고 했다. '고질서 다진리 법칙'에서 언급했지만, 인간의 삶에 넘쳐나는 진리 중에는 우리 인간에게는 기적으로 보이는 것들이 수없이 많을 수 있는데, 성경에서 보여 주고 있는 기적들이 수많은 것이 있을 수 있는 진리 중에 하나일 수도 있다.

수많은 학자가 성경이 결코 신화나 전설이 아닌 실제 있었던 역사적인 사건의 역사서임을 밝히고 있다. 즉, 성경은 여러 가지 측면에서 진리의 책이라는 것이다. 성경에서 예언이 역사적인 사건과 지리적인 것까지 정확히 일치함으로써 성취 차원에서 정확하다. '고서 검증법'에서 살펴보면 사본의 수가 많을수록 정확하고, 원본으로부터 시간적 오차가 적을수록 정확하며, 많은 사본 중에서 사본과 사본 사이를 비교해 보았을 때 오류가 적으면 적을수록 원본에 가까운데 학자들이 조사해 본 결과 모든 것이 의심할 여지없이 정확하다고 한다. 그러므로 성경의 진실성을 의심할 수가 없다.

우리가 지금 쓰고 있는 연대는 바로 예수 탄생과 관련된 연대이고, 먼 과거로부터 동양인과는 달리 매우 과학적인 합리성을 주장하는 서양인들이 아무런 타당성도 없이 2천 년이란 세월을 예수라는 사람을 지지하며 내려오지는 않았을 것이다.

에너지 끈, 쿼크와 렙톤, 원자, 분자, 인간을 분석해 보면 에너지 끈으로부터 인간에 이르기까지 크기가 커지는 특성이 있다. 그리고 인간으로부터 에너지 끈으로 갈수록 수학과 과학을 이용한 입증이 매우 고난도 기술이 요구된다. 이를 역으로 이야기하면 끈 에너지로부터 인간으로 갈수록 입증이 쉬워진다는 뜻도 된다.

그러므로 인간의 삶 속을 들여다보면 밖으로 드러나 있는 무한 진리를 쉽게 발견할 수가 있는데, 이 모든 진리를 창조주와 관련하여 학문적인 노력 없이 세월이 흐르면 자동 체험으로 입증되는 것들이다. 결국, 기독교는 체험 종교인 것이다. 성경에 나오는 많은 역사적인 것들이 이를 말해 주고 있다.

　결론적으로 성경의 진실성을 완벽히 확보한 셈인데 위의 핵심 내용을 정리해 보면,

1. 예언의 성취 차원에서 완벽하다.
지리적으로 일치한다.
역사적으로 일치한다.

2. 고서 검증법 차원에서 완벽하다.
사본 수가 많다.
원본과 사본의 시간차가 작다.
사본과 사본의 오류 차가 적다.

3. 여론적인 완벽한 믿음이 있다.
예수의 탄생과 지금 전 인류가 쓰고 있는 연대는 관련이 있다.

4. 학문적 논리 법으로도 완벽하다.
앞에 소개한 4가지 법칙(열역학 제2법칙, 질서 있는 형체 생성 법칙, 질서 있는 형체 목적 법칙, 고질서 다진리 법칙)에 의하여 창조주 존재성 입증과 창조주의 목적성 입증 그리고 체험종교 존재성 입증

4. 창조주의 정보전달 방법

인간은 사회적 동물이고 살아가면서 자연과 사회 속에서 인간생활에 필요한 온갖 데이터와 지식의 홍수 속에 사는데, 이 데이터와 지식을 모아둔 것을 자료라고 말한다. 이 자료가 어떤 목적에 맞게 정리된 것을 정보라고 말한다. 그러면 정보의 예를 들어 보자. 인간이 살아가면서 접하는 모든 것이 곧 정보라는 것을 알 수가 있는데, 예를 들면 우주에 관한 정보, 자연에 관한 정보, 인간에 관한 정보, 동물에 관한 정보, 식물에 관한 정보, 생명에 관한 정보, 무생물에 관한 정보 등 끝없이 많다. 인간이 살아가면서 접하는 모든 것이 인간과 관련된 직접적인 정보이거나 간접적인 정보라고 할 수 있다.

창조주가 만들 수 있는 무한차원 속의 진리는 무한한데, 이 무한 진리 속의 정보전달에 대한 방법을 생각해 보자. 정보전달 방법에는 여러 가지가 있다. 전자기파인 빛을 이용하는 방법, 음파를 이용하는 방법, 텔레파시를 이용하는 방법, 그리고 그 외에도 우리가 모르는 것이 많이 있을 수 있다. 수학적으로 따지자면 무수히 많다고 할 수 있다.

우리의 신경계는 전자기적인 신호 또는 음파 또는 텔레파시에 감응할 수 있는 기능이 있으며 또한 아직 밝혀지지 않는 것들이 무수히 많이 있을 수 있다는 것이다. 그 외에도 사람에 따라서는 특수 정보를 수신하는 사람이 있을 수 있다고 본다. 그중의 하나가 창조주 하나님 계시를 받은 사람, 본 필자처럼 끝없는 새로운 영감으로 충만한 사람, 창조주 하나님의 영적인 목소리를 들었다는 사람, 방언하는 사람도 창조주 하나님과 소통할 수 있는 수신 시스템의 무언가 작동하고 있다는 것이다.

따라서 창조주 하나님이 그의 피조물 인간에게 계시에 의한 예언도 100% 가능하며, 오랜 역사 속에서 나타나고 있음이 성경 속에 기록되어 있다. 왜냐하면 '질서 있는 형체 목적 법칙'에 따라 창조주의 무한 능력으로 만든 것이 인간이고 보면 창조주와 인간 사이에 소통이 있을 수밖에 없다. 그렇게 하여야만 창조주 하나님의 목적을 이룰 수 있다고 생각하기 때문이다. 전지전능한 완벽한 창조주 하나님이 그를 닮은 인간을 창조함에 허점이 있을 수 없다. 어떠한 경우에도 목적을 달성할 수 있는 대안이 있는 사람을 창조했을 것이다.

본 필자의 논문 〈두 개의 법칙을 이용한 창조주의 존재성에 관한 연구〉에서 자연 흐름 법칙이 '열역학 제2법칙'과 '질서 있는 형체 생성 법칙'에 의해 창조주는 100% 존재함을 보여 주었다. 여기에 '질서 있는 형체의 목적 법칙'을 첨부하면 우주 삼라만상의 과학적 흐름이 곧 인간으로 집중됨을 알 수가 있다. 창조주의 피조물은 곧 절대적인 존재의 목적에 의해서 생성될 수밖에 없으므로 피조물에 문제점이 발생하면 창조주 하나님이 목적을 이루기 위해 무언가 했을 것이며, 그것이 피조물 인간을 통해서 수신될 수가 있다. 창조주 하나님과 인간의 소통이 가능하다는 것이다. 전지전능한 무한 능력을 갖춘 창조주 하나님이기에 방법을 만들어 놓았다는 것이다. 바로 계시나 텔레파시와 같은 형태로 수신할 수가 있다는 것이다. 청각 기관과 시각 기관에 관계없이 뇌의 세포가 감응하면 음성으로도 인식할 수도 있으며, 시각적인 어떤 정보로도 인식할 수가 있다는 것이다.

5. 기독교가 좇는 세상

기독교란 종교는 지구상에서 가장 많은 사람이 믿는 종교 중의 하나이다. 창조주 하나님과 그의 아들 예수 그리고 성령을 믿는 종교이다. 그런데 기독교의 모든 것이 성경이란 책에서 나오는데, 그 성경의 내용은 중요한 것의 일부분이 비유로 되어 있다고 한다. 그러고 보니 너무나 많은 해석이 나오고 해석에 따라 파가 갈리고 있다. 즉, 같은 해석자들끼리 모이면서 파를 구성하는 것이다. 성경을 바라보는 관점이 다르면, 비유로 표현된 부분이 제각기 다른 해석으로 나올 수밖에 없기 때문이다. 그러나 아무리 종파가 많이 생긴다고 하더라도 성경 안에서 나오는 진리들이고, 창조주가 존재한다는 것에는 변함이 없다.

진리는 오직 하나인 것 같은데 그 해석은 무한하니, 이 또한 앞에서 이야기한 양자역학적인 이론을 적용해 보면 어떨까? 모두가 확률적으로 존재하는데, 그 존재하는 것 모두가 동시에 존재 가능한 실체들이다. 예수와 같은 메시아가 나타나서 교통정리 하는 순간, 바로 하나의 진리가 결정되는 것이다. 그리고 메시아 예수의 말씀대로 따라가면 될 것이다.

그러면 나머지 다른 수많은 해석은 잘못된 해석들일까? 자기가 예수와 같은 메시아라고만 하지 않고, 많은 사람이 보편타당성이 있는 것이라고 믿는다면 가능성 있는 진리 중의 하나이다. 예수와 같은 메시아가 말씀할 때마다 결정되는 가능성이 있는 진리 중의 하나이라는 것이다. 왜냐하면, 전지전능하다는 창조주 하나님의 아들인 예수이므로 무엇이든지 가능성 있는 진리는 나타나게 할 수 있기 때문이다.

지구상의 많은 종교도 무한 진리 앞에 보는 관점에 따라 가능성이 있는 것들이다. 양자역학은 무에서 유를 창조하는 현상도 설명할 수 있고, 존재란 원래가 하나로 존재하는 것이 아니라 무한히 많이 동시에 존재하는데 인간의 인식이라는 것이 하나를 결정한다는 것을 설명할 수도 있다. 그렇다면 많은 사람이 인정하는 보편타당성이 있는 모든 종교는 진리를 추구하는 것임은 틀림없다고 생각한다.

기독교를 믿는 사람은 창조주 하나님이 말씀한 십계명대로 믿고 살면 될 것이요, 그러면 창조주 하나님 말씀대로 구원받을 것이다. 그리고 타 종교는 타 종교대로 그 진리가 있을 터이다. 이 또한 그대로 될 것이다. 본 필자의 생각으로는 모든 종교를 통합해서 생각해 보면, 무한 진리를 창조한 초자연적인 지성체 창조주가 만든 세상에서 가능할 수 있는 모든 종교라고 생각한다. 그리고 종교마다 구원의 내용이 다른 것처럼 보이지만 추구하는 그 본질적인 근원은 똑같다는 것이다.

기독교가 좇는 세상에 대해서 계속 이야기해 보자. 가장 중요한 것은 이들이 좇는 세상은 창조주가 천지를 창조했다는 것이고, 하나님은 전지전능한 능력을 갖췄기에 바보처럼 세상을 창조했을 리는 없고, 그 어떤 목적에 의해서 창조했다는 것이다. 창조주 하나님에게는 오직 그의 심상을 담을 그릇을 만들어 영생하게 하는 목적이 있다고 한다. 그의 심상을 담을 그릇이란, 곧 '인간'을 말한다. 이는 모든 종파를 떠나서 같지 않을까?

그러면 기독교는 불교와는 달리 단 하나의 성경이라는 경전 속에 모든 것을 다 담고 있는데, 그 성경 속을 들여다보고 기독교가 좇는 세상이 어떤 세상인지 알아보자.

성경은 구약과 신약으로 구성되어 있다. 구약은 창조주 하나님과 이스라엘 민족 간의 옛 약속이고, 신약은 창조주 하나님 아들 예수와 이스라엘 민족 간의 새로운 약속이다. 구약은 총 39권으로 되어 있으며 17권은 역사서, 5권은 시가서, 17권은 예언서이다. 신약은 총 27권으로 되어 있으며, 5권은 역사서, 21권은 서신서, 1권은 예언서이다.

구약의 역사서는 말 그대로 이스라엘의 역사를 기록한 것인데, 인간이 지켜야 할 율법과 과거의 사건을 이야기 형식으로 기록하고 있으며, 이 속에 창조주 하나님이 존재한다는 것을 담고 있다. 시가서는 체험서로서 창조주 하나님의 찬양과 회개와 고백 등을 노래 형식으로 기록하고 있다. 그리고 예언서는 창조주 하나님이 이스라엘의 미래에 대해 기대하심을 설교 형식으로 기록하고 있다.

신약은 총 27권으로 되어 있으며, 5권은 역사서, 21권은 서신서, 1권은 예언서(요한계시록)이다. 역사서는 일어났던 사건을 이야기처럼 기록한 것인데, 예수님 이야기와 교회 탄생과 전파를 담고 있다. 서신서는 교회에 여러 문제가 생겼을 때 서신을 통해 주고받는 편지 형식으로 기록하고 있다. 예언서는 미래 세상이 말세가 될 것이고, 그에 따른 하나님의 계획에 관한 것을 계시의 형식으로 기록하고 있다.

창조주 하나님은 피조물 인간 중에서 이스라엘 백성을 선택해 하나님의 존재를 알리고 있으며, 하나님의 말을 믿지 않고 떠난 자들이 예언자들의 말을 통해서 다시 하나님의 품으로 돌아올 것을 기대하고 있다.

모든 종교의 궁극적인 목적은 영생하는 것이다. 본 필자가 보는 과학적인 합리성에서 개인적인 견해를 피력하자면, 이 세상이 기독교의 말대로 창조되었다면, 우리 앞에 있는 모든 것은 창조주의 물건들이고 그 어떠한 법칙으로 변화하고 존재한다. 그 어떤 법칙은 곧 창조주의 운행하는 법칙을 인간의 기준에서 인간의 언어로 표현한 것이므로 근사적으로 곧 진리이다.

그래서 우리가 과학에서 발견하고 예견하는 모든 것은, 인간이 주장하고 예견하는 것이 아니라 창조주가 주장하고 예견하는 것이나 다름없다. 따라서 과학적으로 아무런 하자 없는 많은 법칙이나 검증된 이론은 곧 창조주가 자연을 암호로 표현한 것을 인간이 그냥 발견한 것에 지나지 않으니, 기독교적으로도 거부할 이유가 없는 것으로 생각한다.

또한, 창조주는 초유의 지성을 가진 초자연적인 지성체이고, 대우주를 형성시키는 '그 무언가'이며, 그의 심상을 담은 것이 인간이기에 창조주를 인격화하여 부르기도 한다.

앞에서 이야기한 불교를 다시 거론해 보자. 창조된 세상에 대해 깨달음을 얻는 것이 불교가 좇는 세상의 모든 것으로, 그것을 깨닫는 방법으로는 삶의 방법이 중요한데 8정도를 행함으로써 깨달을 수 있다. 이러한 붓다의 깨달음 결과, 인류에게 전달하는 메시지는 '생로병사 할 수밖에 없는 생명의 삶은 너무나 힘들며 고통 그 자체이므로 결론은 우리 모두 태어나지 말자'는 것이다. 그 방법은 8정도라는 행동 방법으로 가능하다는 것이다. 결국, 불교가 좇는 세상은 존재 자체를 부정하는 허무주의 경향이 있다. 세상은 온통 고통으로 가득 차 있으니, 이 고통을 없애 버리려면 세상에 안 태어나는 수밖에 없다는 것이다. 그래서 필자 개인적으로는 존재의 모든 것을 인정하며 긍정적으로 사는 사람에게 불교는 절대로 권장하고 싶지 않은 종교이다.

반면에 기독교는 창조하는 능동적인 세상을 다룬다. 창조함에는 창조의 분명한 이유가 있고, 창조의 목적도 있다. 살아가면서 온갖 고통과 번민조차도 이유와 목적이 있어, 창조주의 그 어떤 메시지를 담고 있을 뿐이다. 살아가면서 삶이 너무 힘들다는 이유로 죽음이 허용되지 않으며, 이는 인간을 창조한 창조주에 대한 정면도전이다. 이에 대한 모든 것이 '성경'에 모두 나와 있다.

우리 인간은 창조된 피조물이므로 태어난 이유와 목적은 절대로 알 수 없다. 인간을 창조한 이유와 목적은 오직 이를 창조한 창조주만 알고 있을 뿐이다. 그러나 예수와 같은 메시아가 있다면, 이분을 통해서 간접적으로 알 수도 있을 것이다.

이에 대해 알기 쉬운 예를 들면 이미 만들어진 자동차는 스스로 왜 세상에 태어났는지 알 수 없고, 그 자동차를 만든 인간이 이유와 목적을 알 뿐이라는 것과 같다. 그런데 인간은 자동차와는 달리 우리를 창조한 창조주의 메시지를 수신할 수 있는 뇌의 특수 기능을 갖추고 있으며, 자동차와는 차원이 다른 존재이다. 따라서 인간의 뇌를 통한 계시 또는 예수와 같은 메시아가 나타난다면, 우리가 태어난 이유와 목적도 알 수 있을 것이다.

성경은 여러 사람이 계시를 받아 쓴 것인데, 계시를 받은 사람들이 사는 지역, 시대, 문자가 너무나 다른데도 그 내용의 일치성을 보여 많은 사람이 신뢰하고 있다. 그리고 기독교는 메시아 예수를 통해 창조주의 메시지를 인류에게 전하고 있다. 또한, 창조란 곧 기적을 말하는데, 난자만 가지고 있는 성모 마리아가 남자의 성염색체가 합해진 수정란이 자발적으로 완성되어 남자인 예수를 탄생한 것도 그중에 하나이다.

기독교는 창조주가 창조한 목적에 맞는 인간의 삶이란 창조주가 말로써 세상을 만들었다는 것을 믿는 것이며, 또한 상벌이 명확한 창조주의 말을 믿는 것이며, 창조주 하나님이 그의 피조물 인간의 살아가는 삶의 언행에서 기준이 되어 만든 십계명을 실천하는 것이다. 그 **십계명**이란 다음과 같다.

1. 하나님 외의 다른 신을 모시지 마라.
(하나님에 대한 충성심에 대한 것인데, 창조주 하나님은 그의 피조물 인간으로부터 사랑을 원한다.)

2. 세상의 형태를 본떠서 만든 우상을 섬기지 마라.
(우리 마음이 원하는 것이 밖으로 드러나는 행동이니, 진심으로 하나님을 섬기는지 예배에 대한 것)

3. 하나님 이름(야훼)을 함부로 부르지 마라.
(우리가 말을 할 때는 그 대상에 대해 어떠한 태도를 보였는지 드러나는데, 하나님에게 경외해야 한다는 것이다.)

4. 안식일인 주일을 거룩하게 지켜라.
(창조주를 믿는 자들이 모여 그분의 능력을 기리며, 인간을 구속하신 것을 기념하는 날이다.)

5. 부모를 공경하라.
(인간과 인간 사이의 도덕적인 율법인데, 이것이 깨어지면 인간 사회는 와해하기 때문이다. 그래서 인간과 인간을 묶어 주는 율법이 필요해서 만든 것이다.)

6. 사람을 죽이지 마라.
(창조주가 창조한 피조물 인간에 대한 존경하라는 것이다.)

7. 간음하지 마라.

(간음하지 않는다는 것은 다른 사람에 대한 사랑이요, 이는 세상 사람들을 결속시킴을 의미한다.)

8. 도둑질하지 마라.

(정직하라는 것인데, 다른 사람의 소유를 빼앗아 오는 것은 인간 사회를 파괴하는 시작이다.)

9. 이웃에 대하여 거짓 증언을 하지 마라.

(남을 속이는 행위는 남을 파괴하는 시작이다. 궁극에는 인간 사회도 무너진다.)

10. 이웃집의 모든 것을 탐내지 마라.

(남의 것을 탐하는 죄는 모든 죄악의 시작이고, 궁극에는 인간 사회가 붕괴한다.)

　사실 이 십계명은 결코 지키기 쉬운 것이 아니다. 그래서 창조주 하나님은 진정한 신자인지를 판단할 기준으로 삼고 있다.

6. 기독교 속의 나란 존재성

　기독교 속의 나란 자아 현상을 논함에 있어, 불교와 수학·과학적인 관점 등 비교 관점에서 이야기하고자 한다. 즉, 나란 자아 현상을 앞에서 이야기한 불교적으로 보는 관점과 기독교적으로 보는 관점 그리고 최첨단 수학에서 추론한 이론과 과학적인 합리성에서 보는 관점 모두를 비교해 가면서 결론을 내리자.

　불교에서 우주 삼라만상을 있게 하는 것은 '공'이다. 이 만물 창생 법칙과 같은 '공'은 비물리적인 것이며, 나란 자아 현상도 비물리적이며 공과 관련된 무엇이라고 생각한다. 결국, 참 나란 존재성은 곧 '공'과 교감될 때만이 알 수 있는 형용할 수 없는 무엇이라고 생각한다. 어떠한 언어로도 표현되지 않으며, 어떠한 상상으로도 접근할 수 없는 무언가이다. 불교에서 큰 깨달음을 얻으면 '공'에 교감된다고 생각한다. 이 '공'이란 삼라만상을 창조하는 무언가인데 인간의 언어나 상상으로는 절대로 생각할 수 없는 무언가라는 것이다. 결국, 기독교 속의 창조주와 일맥상통하는 무언가이다.

　최첨단 수학적인 이론과 과학을 총동원한 것에서 접근해 본다면, 앞에서도 이야기했지만, 다시 한번 짤막하게 설명하겠다. 우리가 사는 3차원 공간 속에는 여분의 6차원 공간이 있는데, 우리가 사는 공간을 포함한 이 9개의 공간 차원에서 알 수 없는 비물리적인 무언가의 지적인 영향에 의해 끈에너지는 진동을 하고 만물을 이루는 기본입자가 만들어졌다. 이 입자들이 결국 인간의 육체를 만들게 되는데, 앞에서 비물리적인 무언가의 영향 없이는 물리적인 삼라만상이 절대로 존재할 수 없다는 것을 앞에서 밝혔다. 따라서 우리 육체를 운행하는 비물리적인 무언가는 우주 삼라만상을 운행하는 무언가와 연결된 무언가이다. 여기에는 또한 완벽한 질서의 무한 수학성이 공존한다. 결국, 나란 존재성은 바로 이곳과 연결되어 있다고 생각한다.

인간의 영혼은 비물리적이며 태어나고 늙고 죽는 것이 아니다. 불생불멸하며 스스로 영원히 존재하는 무언가이다. 이는 결국 창조주와 연결된 무언가라고 생각한다. 즉, 비물리적이며 스스로 존재하는 영원 불멸성의 근원은 곧 창조주를 말함이다. 나란 존재성은 창조주의 원초적인 무언가와 연결된 무엇이라는 것이다.

결론적으로 창조주의 존재성은 여러 가지 면에서 존재함을 앞의 본문에서 명백히 보여 주었으므로 창조주는 무조건 존재한다고 생각한다. 물리적인 세계와 같은 성질을 가질 수 없는 존재이므로 비물리적인 존재이다. 그리고 인간의 영혼도 비물리적이며 태어나고 늙고 죽는 것이 아니다. 불생불멸하며 스스로 영원히 존재하는 무언가이다. 즉, 비물리적이며 스스로 존재하는 영원 불멸성의 근원은 곧 창조주의 세계와 연결되어 있음을 말함이다. 결국, 나란 존재성은 창조주의 원초적인 무언가와 연결된 무엇이라는 것이다. 다시 말하면 나란 존재성은 창조주에 뿌리를 둔 영성이 표현된 것이라고 생각하면 될 것 같다.

16장 목차

1. 진리의 본질
2. 나란 존재성이 죽지 않는 이유

16장

나란 존재성의
무한 환생의 진실

1. 진리의 본질

　우주에 실재하는 것은 오직 신뿐인데, 사람들은 모든 것이 실재 존재하는 것처럼 착각하면서 산다. 영원불변의 진리란 오직 수학적인 질서 바탕 위에 스스로 이미 존재하는 것들이다. 형이상학이든지 형이하학이든지 그리고 의식의 본질까지도 모두가 이미 스스로 존재하는 것들이다. 우리가 생각하는 어떠한 것도 우주에 새로운 창조란 존재하지 않는다. 인간 의식의 모든 것도 이미 존재하는 것을 인간이 탄생하면서 뇌에 수신되면서 정보가 저장될 뿐이다. 육체가 죽어서 뇌가 사라져도 뇌에 저장된 정보는 우리가 알지 못하는 시공간과 타고날 때부터 공유되고 있어서 그 정보는 절대 사라지지 않는다. 만약에 우주에 새로운 창조가 있다면 스스로 존재하는 초자연적인 신의 영역에 문제가 발생한다. 전지전능한 신의 영역에 모순이 생기고 만다. 그것은 시작과 끝이 있다는 것과 관계되는데 스스로 존재하는 전지전능한 신은 절대 시작과 끝이 있어서는 안 된다.

2. 나란 존재성이 죽지 않는 이유

    나란 존재성의 근원은 초자연적인 지성체인 신이다. 왜냐하면 우리 몸속 어디에도 나란 존재성이 없기 때문이다. 육체와 나란 존재성은 별개의 것이다. 육체가 죽어 사라지는 현상과 나란 존재성은 별개의 것이다.

    건물을 지으면 인간의 목적에 맞게끔 짓고 그 건물을 이용하는 자는 건물을 만든 인간이다. 건물이 노후되어 사라진다고 이를 만든 인간까지도 사라지지 않는다. 한마디로 건물이 만들어지고 사라지는 것과 이를 이용하는 자인 인간이 사라지는 것은 전연 관계없는 것이라는 것이다. 인간의 세계도 이와 유사하다. 신이 인간을 만들었기에 이를 이용하는 자는 인간이 아니라 바로 신이다. 그래서 인간의 육체가 사라지는 것과 육체를 운행하던 신에 의한 나란 존재성은 별개라는 것이다. 나란 존재성은 신과 연계된 스스로 존재하는 영역의 생명파라고 생각하면 되는데 육체의 소멸과 상관없이 스스로 영원히 존재하니 어느 우주 속에서 어떤 시공간엔가는 무조건 다시 태어나는 불멸의 무엇이다.

17장

나란 존재성의
종합적인 결론

앞에서 나란 존재성을 밝힌 것의 결론적인 것만 종합적으로 정리해 보자.

모든 진리와 나란 존재성

모든 진리는 만들어지는 것이 아니라 이미 수학적 질서에 의해서 만들어져 있는 진리가 인간의 언어에 의하여 하나씩 발견된다는 것이다. 즉, 지금 현재 나의 머리에 떠오르는 무한히 많은 진리는 태초에 우주가 생성되면서 존재하는 것들인데 시공간적으로 발견 환경이 되어 발견되는 것들뿐이라는 것이다. 그리고 우주 진리와 나란 존재성의 상관성도 나를 둘러싸고 있는 우주 속 진리의 성질을 분석해 보면 나란 존재성과의 관계성도 알 수 있다고 생각한다.

지금의 우주 상태를 관찰하면 가속 팽창하는데, 과거로 거슬러 올라가면 결국 한 점이 된다. 그리고 수학적으로는 한 점조차 없어져 버린다. 우주가 제로 크기가 되는 것은 수학적으로 입증할 수 있다는 것이다. 무한히 작은 한 점의 상태에서는 물리적인 것과 비물리적인 것이 하나의 무언가 상태로 존재할 것이다. 물리적인 것과 비물리적인 것은 하나로 섞을 수 없는 무언가 임은 물론 알고 있다. 비물리적인 것은 물리적인 세계에 그 어떤 부피도 차지하지 않는다. 그리고 물리적으로 무한히 작은 한 점의 상태에서는 물리적인 하나와 비물리적인 것이 하나의 상태로 있었다.

물리적인 것과 비물리적인 것이 한 점으로 되어 있었으므로 상대성 이론과 양자역학을 동시에 적용하면 무한 팽창할 수 있는 척력이 발생한다. 그리고 지금의 우주가 완성되었다. 결국, 지금에 끝없이 발견되는 진리는 태초에는 하나의 상태로 존재하였고 이때는 비물리적인 나란 존재성도 공존하는 시기이기도 하다.

물질과 비물질은 뗄 수 없는 관계로 존재하듯이 물리적인 실체와 비물리적인 실체도 뗄 수 없는 관계로 존재한다. 따라서 지금의 무한히 많은 진리가 태초에는 하나의 무언가이고, 지금의 무한히 많은 사람의 나란 존재성도 태초에는 하나의 무언가였다. 태초의 물리적인 하나는 지금의 무한히 많은 물리적인 것과 동일한 것이며, 태초의 비물리적인 하나도 지금 세상의 모든 비물리적인 현상과 동일한 것이다. 삼라만상의 물리적인 것과 비물리적인 것이 서로 뗄 수 없는 관계로 존재함으로 우주의 모든 진리와 나란 존재성이 아무런 관계가 없는 것은 아니다. 상호 간에 없어서는 안 될 존재인 것이다. 현재의 우주도 물리적인 실체와 비물리적인 실체 사이에 뗄 수 없는 상호 관계성을 가지고 있다는 것이다. 결국, 우주의 모든 물리적인 진리는 곧 비물리적인 나란 존재성과 분리하여 생각할 수 없는 관계에 있다는 것이다.

다시 말하면, 지금에 무수히 많이 존재하는 모든 인간의 나란 존재성도 태초에는 하나로 된 무언가에서 물리적인 것과 비물리적인 것이 분리되어 나올 때 나온 것이다. 그리고 물리적인 모든 것은 비물리적인 무언가에 의해서 변화무상하게 운행되면서 지금까지 왔다.

결국, 물리적인 존재의 모든 진리와 나란 존재성을 포함한 비물리적인 존재의 진리가 태초로 거슬러 올라가면 하나가 되어 만난다는 것은 나란 존재성과 모든 진리의 시발점이 같다는 것이다. 결론적으로 모든 진리와 나란 존재성은 그 근원이 같으니 동질의 것인데 대칭성이 붕괴하면서 나타난 것으로 생각하면 될 것이다. 우리가 사는 세상이란 스스로 영원히 불생불멸로 존재하는 비물리적인 나란 존재성이 환상에 지나지 않는 물리적인 존재를 생성·소멸시키는 무언가라고 생각한다.

최첨단 과학을 이용한 나란 존재성의 접근

최첨단 수학 도구를 이용한 과학을 이용하면 우주는 태초에 무한히 작은 한 점이 되고 우주를 생성시키는 4가지 힘의 법칙은 하나의 법칙으로 존재한다. 결국, 지금의 우주 속 삼라만상의 모든 것도 태초에는 하나의 무언가로 존재했다는 것이다. 그리고 수학은 태초 전에는 수학적으로 제로 크기인 절대무(시간, 공간, 물질, 에너지가 모두 제로)였다고 한다. 그러면 물리적인 정보가 존재하지 않으므로 비물리적인 무언가의 상태였다고 생각할 수밖에 없다. 즉, 물리적으로 모든 것이 제로 상태이지만 무언가 존재하는 것이 있다는 것이다. 바로 비물리적인 무언가라는 것이다.

물리적인 것은 생성소멸하고 변화무상하며 고정된 실체가 없는 것이고, 비물리적인 것은 그 무엇에도 영향을 받지 않는 불생불멸로 스스로 영원하게 존재하는 무언가라고 생각한다. 물리적인 것이 탄생되면 비물리적인 것은 물리적인 것과 뗄 수 없는 관계가 되지만 비물리적인 것은 물리적인 것의 영향을 받지 않는 상위 실체라는 것이다. 즉, 비물리적인 것은 물리적인 것을 생성·소멸 그리고 변화시키는 무언가이다. 물리적인 실체는 비물리적인 실체인 무언가의 영향 아래에서 운행되고 존재하지만, 비물리적인 것은 독립적으로 스스로 존재할 수 있는 무언가라는 것이다. 따라서 나란 존재성은 비물리적인 것으로 물리적인 것에 영향을 받지 않고 불생불멸로 스스로 존재하는 무언가이다.

결론적으로 태초 전에는 물리적인 정보인 시간도 공간도 물질도 에너지도 모두가 제로로 아무것도 없지만, 나란 존재성은 비물리적인 정보이므로 물리적인 존재와 관계없이 존재해야만 한다. 즉, 비물리적인 존재인 나란 존재성은 생성소멸되지 않는 스스로 불생불멸로 존재하는 무언가이므로 태초 전에도 존재했던 무언가라는 것이다.

수학과 나란 존재성

무한히 많은 우주는 오직 수학적 성질이 있으므로 다음이 성립한다.

```
          수학적으로 가능한 모든 차원의 모든 우주
  (어딘가 있을 무한차원 속의      ↓↑    (인간이 우둔하여 근사적으로
   무한개의 우주를 완벽하게 추론)              접근만 하고 있다)
        수학적으로 가능한 모든 차원의 모든 우주는 모두
        실제로 존재하며 법칙이 다른 무수히 많은 물리적 우주
```

위의 표는 우주에 수학으로 표현하지 못하는 존재의 대상이 없다는 것으로 본 필자가 2014년 발견하여 주장하는 '수학적 절대 우주론'인데, 이것을 보아도 우주 모든 존재의 진리는 수학과 관련됨을 알 수 있다. 그리고 수학적인 논리성으로 나란 존재성의 원천에도 도달할 수 있다고 생각한다.

앞의 본문에서는 우주 삼라만상 모든 것이 수학으로 표현 가능하다는 것을 보여 주었다. 나란 존재성도 수학적 본성에서 시작한다고 생각하므로 가장 간단한 수학의 논리로 본질에 접근해 보자.

$$나 = 우주\ 절대\ 독립\ 자아의식$$
$$너 = 우주\ 절대\ 독립\ 자아의식$$
$$\cdots\cdots$$
$$x = 우주\ 절대\ 독립\ 자아의식$$
$$나 = 너 = \cdots\cdots = x = 우주\ 절대\ 독립\ 자아의식$$

위의 논리에서 모든 사람에게 '우주 절대 독립 자아의식'이 그 무언가 하나에서 발생함을 알 수 있다. '그 무언가 하나'란 무엇일까? 우리가 사는 3차원 공간에는 사람마다 그 위상이 전혀 달라 모든 사람을 하나로 인식하

는 그 무언가가 존재할 수 없다. 그러므로 3차원 공간을 초월하여 존재하는 무언가임은 틀림없다는 것이다.

또한, 수학과 과학은 지금의 우주 상태를 태초로 거슬러 올라가면 한 점이 되고 이윽고 수학적으로는 제로 크기가 된다고 한다. 이는 무엇을 말함인가? 태초에 모든 것이 하나였고, 절대무로 돌아감과 동시에 신의 영역 속의 비물리적인 무언가에 소속되었다는 것을 암시한다. 따라서 모든 인간이 느끼는 나란 존재성의 비물리적인 무언가는 신의 무언가이다. 결국, 지금의 모든 사람이 느끼는 나란 존재성은 태초의 하나였던 상태와 연결되어 있고 태초 전의 비물리적인 것인 무언가의 하나에서 나온 무언가이다.

모든 사람이 느끼는 나란 존재성이 사람마다 독립적으로 존재하는 고유의 무언가 있을 것 같게 생각되지만 절대로 다른 것일 수는 없다. 같은 것이 다르다고 착각할 뿐이다. 그 이유는 위에서 설명한 태초에는 모든 것이 조화로운 하나의 뭔가였던 것인데, 지금의 각 개인의 육체가 자신이라고 착각하는 환상을 만들어 내기 때문에 나타나는 현상이다.

지금의 무한히 큰 우주 시공간조차 태초에는 그대와 하나였다는 것을 알라. 우주 시공간 속의 모든 것도 원래는 하나였던 것이다. 그리고 태초 전에는 물리적으로 절대무인 비물리적인 무언가에서 물리적으로 하나인 초마이크로 우주로 탄생하였을 것이다. 그리고 지금의 우주를 운행하는 하나의 무언가가 존재하는데, 우리가 느끼는 나란 존재성은 바로 이것에 기원한 무엇이다.

사회 속 나란 존재성

　인간은 사회적 동물이며 절대로 혼자 살 수가 없는데 사회란 공동체 속에서 나란 생명과 다른 생명 간 서로 밀접한 인과 관계를 유지하며 살아가는 존재성만 확인할 수 있다. 사회 속에서는 나란 존재성의 특별한 존재성을 밝힐 수는 없다는 것이다.

　사회 속으로 빠져들면 빠져들수록 더욱이 나란 존재성은 상실한다는 것이다. 그래서 나란 존재성을 깨달으려면 사회 속으로부터 이탈해야만 한다. 무한고독 속으로 빠져들어야만 한다는 것이다. 사회 속에서 많은 사람과 인연을 맺으면 맺을수록 나란 존재성을 깨닫기는 쉽지 않다고 생각할 수 있다.

　그러나 사회 속이라 할지라도 나란 존재성을 두고 같이 토론하며 파고 들어가는 과정의 경우가 있다면 좀 더 쉽게 나란 존재성을 깨달을 수 있다고 생각한다. 이유는 하나의 목표로 들어갈 때 옆 사람의 동질적인 에너지는 나란 존재성을 가로막고 있는 많은 장벽을 허무는 데 큰 힘이 되기 때문이다.

인간 삶 속에서 발견되는 나란 존재성

　수학과 과학은 과거로 거슬러 올라가면 우주에는 하나로 된 태초가 존재한다고 한다. 우주는 엔트로피 증가의 방향으로 진행되는데, 지금의 우리 인간의 삶을 지켜보면 갈수록 하나의 대칭성이 있는 것에서 둘로 쪼개어지면서 존재하는 것을 볼 수 있다. 이러한 현상은 갈수록 끝이 없을 것이다. 즉 인간의 삶 자체도 엔트로피 증가의 방향을 따른다는 것이다.

인간의 삶을 통해 발견되는 나란 존재성은 갈수록 복잡해지는 인간의 삶 속에 나타나는 모든 의식이 갈수록 나란 존재성을 찾지 못하게 한다는 것이다. 우주 탄생론적으로 보면 모두 하나같이 우리 인간을 발생시킨 근원과 관련될 수밖에 없을 텐데 현실적으로 인간 의식의 흐름은 멀어져 간다는 것이다. 그러나 고도로 연구되고 있는 형이하학과 형이상학이라는 학문적인 도구 덕분에 나란 존재성에 좀 더 가까이 가는 방법도 있어 다행이라고 생각한다. 이는 본 필자가 2015년 발표한 '고질서 다진리 법칙'이 이를 뒷받침해 준다. '고질서 다진리 법칙'이란 일정 질량 속에는 질서가 있는 존재일수록 그 진리를 논할 수 있는 것이 많다는 것이다. 그래서 고질서체인 인간에게 많은 진리가 노출되어 있고 이의 발견을 통해 많은 본질적인 진리를 깨달을 수 있다는 것이다.

일반적으로 모든 사람의 삶을 보면 삶 속으로 빠져들면 들수록 나란 존재성에 대하여 의문을 갖게 되지만 두 갈래 길에서 방황하게 된다. 그리고 사회 속에서 이탈하여 무한고독 속에서 나란 존재성을 깨닫게 되든지 아니면 사회 속 수많은 인간과 삶을 교류하면서 한평생 즐기며 살다가 마감한다는 것이다.

사회를 이탈하여 무한고독으로 들어가는 순간부터 인간이 가지고 있던 모든 욕망은 하나씩 내려놓게 되고, 이윽고 나란 존재성을 가로막고 있던 모든 욕망이 육체로부터 멀어지는 순간 모든 본질적인 진리가 밖으로 드러난다는 것이다. 즉, 참 나란 존재성이 발견된다는 것이다.

수많은 인간과 삶을 교류하는 경우는 인간의 사회성이 인간이 가지고 있는 욕망의 분출을 현실화한다는 것이다. 그리고 갈수록 욕망 분출의 현실화가 증폭함으로써, 인간 사회 속에서의 삶을 표출하면 할수록 나란 존재성은 잠수해 버린다는 것이다.

특수상대성 이론 속 나란 존재성

특수상대성 이론을 통해 깨달을 수 있는 것은 4차원 시공간의 성질을 인간 뇌의 단순 인식으로는 인식할 수 있는 것이 아니라는 것이다. 오직 아인슈타인처럼 인간이 인식하는 범위를 넘어갈 수 있는 초월의식이 존재할 때만이 가능하며 여기에 필요한 도구는 수학이라는 신이 준 도구가 있다는 것이다. 즉, 빛의 속도는 관성계에 있는 관찰자 누가 보더라도 일정하다고 빛의 속도를 법칙화한 직관력을 신이 아인슈타인에게 주었고, 또한 신이 준 도구인 수학을 이용하였기 때문에 특수상대성 이론을 발견할 수 있었다는 것이다. 이처럼 나란 존재성도 단순 의식으로는 그 근원에 도달할 수 없다는 것이고 여기에도 신이 준 직관력과 논리적인 수학이 필요할 것이라는 것이다.

일반상대성 이론 속 나란 존재성

　일반상대성 이론도 특수상대성 이론처럼 4차원 시공간의 성질을 인간 뇌의 단순 인식으로는 인식할 수 있는 것이 아니라는 것이다. 오직 아인슈타인처럼 인간이 인식하는 범위를 넘어갈 수 있는 초월의식이 존재할 때만이 가능하며 여기에 필요한 도구는 수학이라는 신이 준 도구가 있다는 것이다. 즉, 중력과 관성력이 동질의 것이라는 직관력을 신이 아인슈타인에게 주었고, 또한 신이 준 도구인 수학을 이용하였기 때문에 일반상대성 이론을 발견할 수 있었다는 것이다. 이처럼 나란 존재성도 단순 의식으로는 그 근원에 도달할 수 없다는 것이고 여기에도 신이 준 직관력과 논리적인 수학이 필요할 것이라는 것이다.

마음의 상대성 효과 속 나란 존재성

　마음의 상대성을 통해 알아본 나란 존재성은 물리적인 육체처럼 결정화되어 존재하는 것이 아니라 무한 변화성이 존재한다는 것이다. 그 마음의 흐름에도 경계성이 없는 연속적인 값을 갖는 비물리적인 무언가라는 것을 알 수 있다는 것이다. 결국, 마음의 상대성에서는 본질적으로 고정된 실체가 없는 마음의 속성을 깨달을 수 있었는데, 바로 고정된 실체가 없다는 것은 각 개인마다 육체에는 고유의 나란 존재성이 없다는 것을 암시한다는 것이다. 그러면 나란 존재성은 고정된 실체가 없으니 어떻게 이해해야만 할 것인가? 이는 각 개인의 육체에 나란 존재성이 존재하는 것이 아니므로 우리의 육체가 가지고 있는 존재를 위한 욕망의 굴레를 벗어 버려야만 참 나란 존재성에 접근할 수 있다는 것을 암시한다.

초끈이론과 나란 존재성

지금 우주의 모든 법칙은 태초가 있다는 것을 말하고 있고 태초에는 모두가 하나로 통합된 상태가 있다고 한다. 그래서 만물을 생성시키는 힘을 하나로 통합시킨 결과 초끈이론이 탄생되었다. 이처럼 초끈이론은 모든 물질의 기본입자는 점입자가 아니라 끈이어야 한다는 것이다. 사실 점입자이든지 끈이든지 모양으로는 나란 존재성을 밝히는 데 도움이 되지는 않는다.

그러나 초끈이론이 적용되면 무언가 새로운 차원이 보인다는 것이다. 그래서 이 새로운 차원과 진리의 근원이 상관성이 있는지 살펴보았다. 모든 것이 하나의 법칙 아래 존재하는 것이고, 시공간이 10차원이 되어야만 한다는 것이다. 모든 법칙이 하나로 통합되고, 모든 물리적인 차원이 통합되어 무한히 작은 한 점이 되는 상황에서 비물리적인 것까지 태초에 하나로 있었을 것이다. 비물리적인 것은 물리적인 것을 결정짓고 물리적인 것을 운행하는 무언가이다. 그래서 무한히 작은 마이크로 우주 안에 비물리적인 무언가까지 합해서 모두 한 점 안에 공존했을 것이다.

그리고 빅뱅과 인플레이션이 있으면서 10차원 중의 3차원 공간만 무한 팽창하고 나머지 차원은 태초 상태에 머물러 있으면서 3차원 공간과 함께 팽창한다고 한다. 그래서 우리가 사는 공간 속에 무한히 작은 여분의 차원이 숨어 있다고 한다. 이 여분의 차원은 지구에서 불가사의한 여러 현상을 설명할 수 있다. 여기에서 인간의 나란 존재성도 해결될 것인지 추론해 보았지만 아무리 고차원이더라도 태초에 한 점으로부터 시공간이 같이 만들어졌다면 아인슈타인의 상대성 이론에서 4차원 시공간이 물리적 실체인 것처럼 10차원 시공간도 물리적 실체여야만 된다는 결론에 도달한다. 따라서 10차원이 아니라 아무리 고차원이더라도 생성된 차원은 비물리적인 무언가에 의하여 생성된 물리적인 실체이다.

결론적으로 시공간 자체 속에 나란 존재성의 근원은 찾을 수 없다. 태초는 무한히 작은 한 점이므로 물리적인 고차원 시공간조차도 태초엔 비물리적인 나란 존재성과 하나일 수밖에 없다. 그리고 태초 이전에는 수학적으로 제로 크기인 절대무라고 함으로 물리적인 실체가 존재하지 않는다. 결국, 나란 존재성은 태초 너머에 있는 무언가여야만 한다.

수학적으로 절대무란 제로 크기의 우주로 시간도 공간도 물질도 에너지도 없는 물리적으로 아무것도 존재하지 않는 것을 말함이다. 그러나 물리적인 실체를 있게 하는 비물리적인 실체는 이와 상관없이 불생불멸하며 스스로 존재하는 영원성의 무언가이다.

M-이론과 나란 존재성

M-이론은 초끈이론의 문제점을 해결하면서 나온 이론이다. 초끈이론은 만물의 근원이 끈으로 되어 있다는 이론이고, M-이론은 만물의 근원이 브레인으로 되어 있다는 이론이다. 브레인이란 끈을 제외한 모든 형태

를 말한다. 초끈이론의 문제점을 완벽히 보완하여 통일장 이론처럼 보이는 M-이론이 탄생했지만, 이 이론이 적용되려면 11차원이란 시공간 차원이 있어야만 가능하다는 것이다.

4차원 시공간은 아인슈타인의 상대성 이론에 의하여 물리적 실체로 밝혀졌지만 11차원 시공간은 M-이론에서 요구되는 시공간이다. 물리적 실체인 것인지는 밝혀지지 않은 상태이다. 그러나 본 필자의 생각으로는 100% 물리적 실체라고 생각한다. 왜냐하면, 존재 자체가 물리적 실체임을 나타내기 때문에 몇 차원이든지 무조건 물리적 실체라고 생각한다.

M-이론은 초끈이론과 비교할 때 여분의 차원이 하나 더 있지만, 나란 의식의 존재를 논할 때는 본질적으로 같이 생각해야 한다. 나란 존재성의 의식이 비물리적인 성질을 나타내므로, 나란 존재성이란 우주 절대 의식의 근원은 물리적인 실체성을 가지고 있는 극한 너머에 있을 수밖에 없다. 따라서 10차원 물리적인 세계를 밝히는 초끈이론이나 11차원의 물리적인 세계를 밝히는 M-이론으로는 밝힐 수 없음을 알 수 있다.

유한차원과 무한차원 속에서 나란 존재성

차원 수란 자유도의 수를 말함이다. 자유도의 수란 물리적인 세계에서 논하는 개념이므로 어떠한 고차원이든지 물리적인 존재성을 가지고 있다는 것이다.

물리적인 성질을 띠고 있는 어떠한 유한차원이든지 비물리적인 무언가의 영향력 없이는 존재할 수가 없다. 즉, 비물리적인 무언가의 영향을 받아 존재하는 물리적인 모든 유한차원에 나란 존재성의 근원이 존재할 수가 없다. 왜냐하면, 비물리적인 것이 물리적인 것을 생성·소멸시키며 운행하는 것으로 비물리적인 것은 물리적인 것의 상위 개념이기 때문이다. 나란 존재성은 비물리적인 것으로 모든 유한차원을 생성·소멸시키는 비물리적인 절대자의 전지전능한 세계에 근원을 둔 무언가이다. 결국, 나란 존재성은 비물리적인 것으로 실재 존재하는 모든 물리적인 존재성을 뛰어넘어 존재하는 무언가이다.

우주 탄생론적으로 본 나란 존재성

지금의 우주현상으로부터 밝혀진 진리는 우주의 탄생이 있었다고 한다. 먼 과거에 한 점의 우주가 대폭발과 인플레이션을 거쳐 지금의 우주가 되었다는 것이다. 이에 대한 증거들이 여러 가지 명백히 있어서 믿어야만 한다. 수학적으로는 태초의 한 점이 제로 크기의 우주가 된다고 한다. 시간도 공간도 물질도 에너지도 없는 절대무인 상태라는 것이다.

물질이 비물질의 작용에 의해서만 존재하듯이 물리적인 실체도 비물리적인 실체에 의해서만 존재한다. 이를 태초에 적용해 보자.

비물질은 물질이 있기 전의 실체이며 비물리적인 것도 물리적인 실체가 있기 전의 실체이다. 그러므로 태초의 상태란 비물리적인 무언가에 의해서 한 점의 초마이크로 우주가 만들어졌다는 것이다. 그리고 비물리적인 무언가의 실체에 의해서 지금까지 우주가 운행되어 오고 있다. 나란 존재성도 비물리적인 실체이고 보면 태초 이전과 관련이 되는 무언가이다. 여기부터 초자연적 지성체인 창조주가 개입되지 않으면 안 된다.

초자연적인 지성체인 창조주는 물리적인 우주가 없는 상태에서 작용해야 하므로 물리적인 우주와는 아무런 상관성이 없는 무언가여야만 한다는 것이다.

창조주가 절대적으로 존재한다는 증거는 끝없이 제시할 수 있지만, 인간으로서는 창조주의 존재를 실제 과학적으로 검증할 수는 없다는 한계가 있다. 그렇지만 창조주가 존재할 수밖에 없는 논리적인 증거는 100% 존재한다.

창조주가 비물리적인 존재이고 인간도 비물리적인 존재이니 인간 의식의 근원이 창조주의 그 무엇과 관련된다고 할 수밖에 없다는 것이고 나란 존재성의 근원이 역시 여기에 있을 수밖에 없다고 생각한다.

결론적으로 창조주는 비물리적인 무언가이고 나란 존재성도 창조주와 동질의 비물리적인 무언가이므로 물리적인 우주의 탄생과는 아무런 상관성이 없는 무언가라는 것을 알 수 있다.

양자론적으로 본 나란 존재성

우주의 모든 것은 확률적으로 무한히 많이 존재하는데, 인간의 인식이 하나의 우주를 결정한다는 것이다. 그렇다면 인간의 인식은 어디에서 오는가? 육체의 오감을 통해 만들어진 언어를 통해 생각이 발생하고, 이 생각은 의식을 발생시켜 의식의 근원인 비물리적인 무언가에 도달한다. 이 비물리적인 의식의 근원은 무한차원 속의 물리적인 모든 것을 창조할 수 있는 불생불멸로 스스로 존재하는 '무언가'라고밖에 설명이 안 된다. 결국, 우주가 인간을 창조하는 것이 아니라 인간의 인식이라는 것이 우주를 창조한다고 생각하면 된다.

우주의 운행 상태를 보면 물질은 스스로 존재하며 변화하는 아무것도 가지고 있지 않다. 비물질에 의존하며 존재하고 변화하는 것이다. 이처럼 물리적인 것도 스스로 존재하며 물리적 실체로서 그 역할을 할 수가 없다. 비물리적인 무언가의 운행이 있어야만 한다. 인간에 비유한다면 인간의 육체는 물리적인 실체요, 정신은 비물리적인 실체로서 정신의 작용 없이는 육체가 살아 있을 수 없다는 것과 같다. 즉, 비물리적인 정신 작용이 멈추는 순간 육체는 사망하여 사라진다는 것이다. 따라서 나란 존재성이란 비물리적인 실체로서 물리적인 실체인 우주가 있기 이전에 존재했던 무언가이다.

평행우주에서의 나란 존재성

평행우주에서 나타나는 무한히 많은 '나'는, 양자역학적인 우주 존재법과 관련된 것이다. 여기에 나타나는 무한히 많은 나란 존재의 각 개인은 현재 바로 옆에 존재하는 타인처럼 그대와 아무런 상관이 없는 존재이다. 나의 육체를 이루고 있는 원소들의 배열 상태가 같아서 동등한 모습을 하는 또 다른 인간일 뿐이다. 이는 나의 체세포로 나를 복제하여 탄생하는 때도 DNA 정보가 같은 경우이지만 그대 영혼과는 아무런 상관이 없는 것과 같다. 또한, 일란성 쌍둥이가 서로 간에 DNA 정보가 같은 경우이지만 서로 다른 존재인 것도 같은 이치이다. 자식이 부모의 유전자가 골고루 섞여 그대로 탄생하지만, 부모와는 별개의 인간인 것도 당연히 같은 이치이다.

평행우주를 통해 알 수 있는 인간 의식의 본질성은 나란 존재가 무한히 많은데도 궁극의 본질성은 오직 하나라는 것이다. 이유는 수학과 과학이 모든 평행우주는 하나로 된 태초라는 한 점에서 출발했다고 하기 때문이다. 과거로 거슬러 올라간다면 모든 평행우주가 한 점에서 출발한다는 것이다. 결국, 비물리적인 실체는 물리적인 실체에 영향을 받지 않으므로 물리적인 실체인 우주가 태초 전의 절대무로 있든지, 한 점의 태초 상태로 있든지, 지금의 우주 상태로 있든지 아무런 관계없이 고유적으로 존재하는 무언가이다. 바로 여기에 나란 존재성의 그 근원이 있다고 생각한다.

불교 속의 나란 존재성

불교에서 우주 삼라만상을 있게 하는 것은 '공'이다. 만물 창생 법칙과 같은 '공'은 비물리적인 것이며, 나란 자아 현상도 비물리적이며 '공'과 관련된 무엇이라고 생각한다. 결국, 참 나란 존재성은 곧 '공'과 교감될 때만이 알 수 있는 형용할 수 없는 무엇이라고 생각한다. 어떠한 언어로도 표현 안 되며, 어떠한 상상으로도 접근할 수 없는 무언가이다. 불교에서 큰 깨달음을 얻으면 '공'에 교감된다고 생각한다. 이 '공'이란 삼라만상을 생성하는 무언가인데 인간의 언어나 상상으로는 절대로 생각할 수 없는 무언가라는 것이다. 결국, 기독교 속의 창조주와 일맥상통하는 무언가라고 생각한다.

기독교 속의 나란 존재성

창조주의 존재성은 여러 가지 면에서 존재함을 앞의 본문에서 명백히 보여 주었으므로 창조주는 무조건 존재한다고 생각한다. 물리적인 세계와 같은 성질을 가질 수 없는 존재이므로 비물리적인 존재이다. 그리고 인간의 영혼도 비물리적이며 태어나고 늙고 죽는 것이 아니다. 불생불멸하며 스스로 영원히 존재하는 무언가이다. 즉, 비물리적이며 스스로 존재하는 영원불멸성의 근원은 곧 창조주의 세계와 연결되어 있음을 말함이다. 결국, 나란 존재성은 창조주의 원초적인 무언가와 연결된 무엇이라는 것이다. 다시 말하면 나란 존재성은 창조주에 뿌리를 둔 영성이 표현된 것으로 생각하면 될 것 같다.

나란 존재성에 관하여 필자가 생각하는 종합적인 결론

본서에서 최첨단 형이하학적인 것과 형이상학적인 것을 모두 총동원하여 나란 존재성을 분석해본 결과 나란 존재성은 우리의 육체와는 아무런 상관이 없지만, 대뇌와 간뇌 그리고 인간이 만든 언어를 통해 나란 존재성의 근원을 찾아볼 수 있었다. 나란 존재성은 비물리적인 것이고 스스로 존재하는 불생불멸의 무언가이며, 물리적인 우주와 밀접한 관련은 있지만, 물리적인 우주가 없는 절대무에도 존재했던 무언가라는 것을 알았다. 그리고 우주의 모든 법칙과 흐름을 분석해 보면 초자연적인 지성체는 무조건 존재해야 하는데, 초자연적인 지성체도 비물리적인 무언가이므로 이와도 밀접한 관계가 있는 무언가라는 것을 알았다.

◈ 출간된 저자의 도서 60권 소개

1. 《존재할 수밖에 없는 창조주》

《수학·과학 속에서 밝혀진 창조주》와 《삶 속에서 밝혀진 창조주》의 합본으로, 종교적으로 중립에 있는 필자가 모든 수학(대수학, 기하학, 해석학, 위상수학, 응용수학)과 모든 과학(물리학, 화학, 생명과학, 지구과학, 천체물리학 우주과학)을 수십 년 통합 연구하면서 깨달음을 얻은 시점에서 발견한 것은 창조주가 무조건 존재할 수밖에 없다는 창조주의 존재성이었으며, 그리고 인간의 온 삶 속을 끝없이 파고들어 가 보면 궁극에 발견된 것은 창조주임을 밝혀가는 책이다. 수학 이론을 바탕으로 한 최첨단 신비스러운 모든 과학이 총망라해 있으며 삶 속에서 생각해 볼 수 있는 모든 신비스러운 것들이 총망라되어 있다.

2. 《수학 과학 속에서 밝혀진 창조주》

《존재할 수밖에 없는 창조주》 내용 중에서 일부분이며 종교적으로 중립에 있는 필자가 모든 수학과 과학을 끝없이 파고들어 가 보니 그 끝에는 창조주가 기다리고 있었다는 것이다. 즉, 우주 삼라만상이 모두 수학과 과학의 본질적인 성질을 가지고 있었는데 그 근원은 창조주이므로 창조주는 존재할 수밖에 없다는 것이다. 책 내용을 살펴보면 최첨단 과학의 신비스러운 모든 것들이 총동원되어 있어 독자에게 불가사의한 세계를 체험하게 할 것이다.

3. 《삶 속에서 밝혀진 창조주》

《존재할 수밖에 없는 창조주》 내용 중에서 일부분이며 종교적으로 중립에 있는 필자가 삶 속의 모든 분야에서 생생하게 깨달은 것은 창조주가 존재할 수밖에 없다는 것을 밝힌 책이다. 책 내용을 살펴보면 삶 속에서 생각해 볼 수 있는 모든 신비스러운 것들이 총망라되어 있으며 모두의 근원이 창조주에서 시작됨을 알 수 있다.

4. 《두 개의 법칙으로 창조주의 존재 완벽히 증명》

'자연 흐름 법칙(열역학 제2법칙)'과 '질서 있는 형체 생성 법칙'으로 우주 삼라만상의 모든 존재성에 다가가면 창조주는 존재할 수밖에 없다는 것을 다양한 예를 들어가면서 밝힌 책이다.

5. 《수학과 과학으로 밝혀 본 나의 존재성》

나는 도대체 누구인가? 나의 몸을 구성하고 있는 머리끝부터 발끝까지 그 어느 부분도 나는 아니다. 그러면 나는 도대체 무엇이며 어디에 있단 말인가? 인간 누구에게나 있는 나란 존재성에 대해 이제까지는 철학적 종교적으로만 논해오던 것을 최첨단 수학을 적용한 이론과 모든 과학을 총동원하여 조명해 본 인류 최초의 책이다.

6. 《절대무에서 우주와 물질의 생성 비법》

초자연적 지성체(창조주)인 신이 존재할 수밖에 없는 이유를 명확한 증거를 가지고 밝히면서, 공간도 시간도 존재하지 않는 절대무에서 어떻게 우주가 생성할 수 있고 모든 물질이 만들어지는지 본질적으로 밝힌 책이다.

7. 《초자연적인 지성체(창조주)와 양자역학》

초자연적 지성체(창조주)인 신이 존재할 수밖에 없는 이유를 명확한 증거를 가지고 밝히면서, 우주 삼라만상은 모두가 미시세계의 집합체이니 존재의 근원적인 미시세계 불가사의한 성질과 이로 인하여 거시세계의 불가사의한 것을 밝힌 책이다.

8. 《초자연적인 지성체(창조주)와 대칭성 붕괴이론》

초자연적 지성체(창조주)인 신이 존재할 수밖에 없는 이유를 명확한 증거를 가지고 밝히면서, 절대무에서 시작한 우주 삼라만상은 모두가 대칭성의 붕괴로부터 만들고 있음을 밝힌 책이다.

9. 《초자연적인 지성체(창조주)와 모든 시공간 차원》

초자연적 지성체(창조주)인 신이 존재할 수밖에 없는 이유를 명확한 증거를 가지고 밝히면서, 차원이란 도대체 무엇인지를 알아보고 존재하지 않지만 있어야 하는 영차원과 1차원 그리고 2차원의 본질에 대하여 알아보았다. 그리고 존재의 최소 차원인 3차원으로부터 시작하여 4차원과 최첨단 수학에 의하여 밝혀진 11차원의 우주에 대하여도 알아보고, 나아가 무한대 차원에 이르기까지 모든 차원의 신비스러운 차원의 본질을 밝혀보았다.

10. 《초자연적인 지성체(창조주)와 빅뱅/인플레이션》

초자연적 지성체(창조주)인 신이 존재할 수밖에 없는 이유를 명확한 증거를 가지고 밝히면서, 시간과 공간이 존재하지 않던 절대무에서 초마이크로 우주를 탄생시키고 무한 크기의 우주를 창조해 가는 초자연적 지성체(창조주)인 신의 수많은 비법 중에서 빅뱅과 인플레이션에 대하여 알아보았다. 또한, 본서에서는 초마이크로 크기의 우주에서 무한 크기로 우주가 만들어지는 불가사의하고 신비스러운 빅뱅과 인플레이션을 그 증거 중심으로 알아보고 초자연적 지성체(창조주)인 신의 개입이 있음을 밝혀보았다.

11. 《초자연적인 지성체(창조주)와 상대성 이론》

초자연적 지성체(창조주)인 신이 존재할 수밖에 없는 이유를 명확한 증거를 가지고 밝히면서, 신이 창조한 시공간의 신비스러운 성질을 아인슈타인의 상대성 이론으로 알아보았다. 아인슈타인의 상대성 이론에 의하여 시간과 공간도 물리적 실체라고 한다. 즉, 물체처럼 만들고 부수고 할 수 있는 존재라는 것이다. 창조된 우주 속에서 시공간의 이러한 불가사의한 성질을 아인슈타인의 상대성 이론을 바탕으로 밝힌 책이다.

12. 《창조주=예수 증거》

초자연적 지성체(창조주)인 신이 존재할 수밖에 없는 이유를 명확한 증거를 가지고 밝히면서, 종교적으로 중립 위치를 지키면서 본 필자가 성경으로 들어가 창조주가 과연 예수인지를 4가지 법칙을 이용한 수학적인 논리성으로 접근하여 보았다. 결과는 창조주=예수가 가능함을 밝힌 책이다.

13. 《11가지만 알면 우주의 모든 진리 다 안다》

11가지 분야만 깨닫는다면 아무것도 없는(진공이라는 공간도 없고 시간도 없는 절대무) 것에서 시작되는 우주 시작의 신비와 우주 진행 과정의 다양한 신비(현재 펼쳐지고 있는 시공간의 신비와 우주 삼라만상과 같은 것) 그리고 반드시 맞이하는 우주 끝의 신비(절대무로 돌아가는 것)를 헤아림과 동시에 우주 생성소멸의 본질을 다 알게 된다는 것이다.

14. 《기도하면 기적 일어나는 과학적 이유》

초자연적 지성체(창조주)인 신이 존재할 수밖에 없는 이유를 명확한 증거를 가지고 밝히면서, 기도가 무엇인지 기도의 본질에 대하여 알아보고 신이 창조한 세상 속에서 기도하면 기적이 일어날 수밖에 없는 이유를 과학적인 근거를 가지고 밝힌 책이다.

15. 《나의 나이는 무한대이다》

나의 나이가 무한대라는 것은 나는 영생을 느낀다는 것이다. 무한대의 시간 교감 비법으로 주관적으로 영생할 수 있는 방법을 소개한 책으로 죽음을 초월하여 영생하는 느낌이 들고 싶은 사람은 꼭 이 책을 보라. 그러면 죽어도 죽은 것이 아니라는 말의 본질을 깨닫게 되리라.

16. 《말씀으로 천지창조 가능한 과학적 이유》

초자연적 지성체(창조주)인 신이 존재할 수밖에 없는 이유를 명확한 증거를 가지고 밝히면서, 어떻게 신이 말씀하면 천지가 창조될 수 있는지 신의 말씀 본질에 대하여 알아보고, 말씀과 천지창조와의 관계를 과학적인 근거를 가지고 밝힌 책이다.

17. 《믿음 있으면 기적 가능한 과학적 이유》

초자연적 지성체(창조주)인 신이 존재할 수밖에 없는 이유를 명확한 증거를 가지고 밝히면서, 믿음이란 도대체 무엇인지 그 본질을 밝히고 믿음의 효과에 대하여 과학적으로 알아보았다. 그리고 믿음이 강할 때 왜 기적이 일어날 수밖에 없는지 그 이유를 과학적인 근거를 가지고 밝힌 책이다.

18. 《수학은 창조주의 두뇌》

초자연적 지성체(창조주)인 신이 존재할 수밖에 없는 이유를 명확한 증거를 가지고 밝히면서, 인간을 비롯하여 우주 삼라만상 모든 것 그리고 시공간까지 온통 수학의 원리로만 존재 가능함을 밝히고 이는 또한 초자연적 지성체(창조주)인 신이 없이는 불가능함을 밝힌 책이다.

19. 《신과 나의 존재성》

초자연적 지성체(창조주)인 신이 존재할 수밖에 없는 이유를 명확한 증거를 가지고 밝히면서, 신의 존재성과 신이 창조한 나의 존재성 본질이 도대체 무엇인지 밝힌 책이다.

20. 《신과 인간의 삶》

초자연적 지성체(창조주)인 신이 존재할 수밖에 없는 이유를 명확한 증거를 가지고 밝히면서, 신의 존재성과 신이 창조한 세상 속에서 신의 섭리가 작용하는 인간 삶의 본질을 밝힌 책이다.

21. 《신의 생명창조 목적》

초자연적 지성체(창조주)인 신이 존재할 수밖에 없는 이유를 명확한 증거를 가지고 밝히면서, 4가지 법칙을 이용하면 신의 생명창조 목적을 인간이 알 수밖에 없는 이유와 신의 생명창조 목적을 모두 밝힌 책이다.

22. 《신의 인간 창조 신비》

초자연적 지성체(창조주)인 신이 존재할 수밖에 없는 이유를 명확한 증거를 가지고 밝히면서, 공간도 없고 시간도 없는 절대무로부터 신이 인간을 창조해 가는 신비스럽고 불가사의한 인간 창조과정을 모두 밝힌 책이다.

23. 《신의 창조원리에 따른 생명의 살아남기》

초자연적 지성체(창조주)인 신이 존재할 수밖에 없는 이유를 명확한 증거를 가지고 밝히면서, 신이 창조한 우주에서 모든 생명의 존재 목적에 따른 살아남는 비법도 신이 만들어 놓았음을 밝힌 책이다.

24. 《신이 우주 삼라만상을 만드는 이유와 방법》

초자연적 지성체(창조주)인 신이 존재할 수밖에 없는 이유를 명확한 증거를 가지고 밝히면서, 신이 어떻게 우주 삼라만상을 만들며 왜 만들고 있는지 이유를 밝힌 책이다.

25. 《신이 우주를 운행 시키는 비법》

26. 《신이 창조한 우주의 시작과 끝》

초자연적 지성체(창조주)인 신이 존재할 수밖에 없는 이유를 명확한 증거를 가지고 밝히면서, 공간도 없고 시간도 없는 절대무에서 신이 창조한 우주의 시작과정과 궁극에는 우주가 어떻게 되는지 그 끝의 세계를 명쾌하게 밝힌 책이다.

27. 《신이 창조한 인간 마음의 신비》

초자연적 지성체(창조주)인 신이 존재할 수밖에 없는 이유를 명확한 증거를 가지고 밝히면서, 신이 창조하고자 하는 것이 무엇이며 신이 창조한 인간 마음속에 신비스러운 신의 본질적인 뜻이 들어 있음을 밝힌 책이다.

28. 《신이 창조할 수밖에 없는 암흑물질과 암흑에너지》

암흑물질과 암흑에너지가 도대체 무엇인지 근본적으로 알아보고 신이 창조할 수밖에 없는 암흑물질과 암흑에너지의 본질을 밝힌 책이다.

29. 《신이 창조할 수밖에 없는 다중우주와 평행우주》

다중우주와 평행우주가 도대체 무엇인지에 대하여 알아보고 신이 다중우주와 평행우주를 창조할 수밖에 없는 이유를 본질적으로 밝힌 책이다.

30. 《실제 영원히 사는 비법 다섯 가지》

인간의 수명이 길어야 100살이다. 그렇다면 인간이 영원히 사는 방법이 있는지 본 필자가 조사해 보니 다섯 가지나 있었다. 이 책의 독자는 실제 영생하는 비법이 여러 가지 있다는 것을 깨달음과 동시에 돈이 전연 안 들어가는 주관적인 영생법을 깨달아 죽어도 죽지 않는 말의 본질도 알게 될 것이다.

31. 《우주 만물과 시공간 상전이의 신비》

초자연적 지성체(창조주)인 신이 존재할 수밖에 없는 이유를 명확한 증거를 가지고 밝히면서, 우주 삼라만상 모든 것이 우주의 운행에 따른 끝없이 변하는 주변의 환경에 의해서 상전이되면서 존재한다. 이는 신이 원하는 우주 삼라만상 운행법이다. 특히 본서에서는 시공간이 상전이하여 절대무로 돌아가는 현상을 밝혀 신비감을 더한 책이다.

32. 《인간과 신의 시간》

초자연적 지성체(창조주)인 신이 존재할 수밖에 없는 이유를 명확한 증거를 가지고 밝히면서, 신이 창조한 시간이란 것이 도대체 무엇이며 인간과 신에게 어떻게 적용되는지 그 본질을 밝힌 책이다.

33. 《하나님 찬양하면 기적 가능한 과학적 이유》

초자연적 지성체(창조주)인 신이 존재할 수밖에 없는 이유를 명확한 증거를 가지고 밝히면서, 창조주 하나님을 향한 찬양의 의미와 찬양을 하면 기적이 나타날 수 있는 이유를 과학적인 근거를 가지고 밝힌 책이다.

34. 《누구나 수학의 천재가 될 수 있다》

본서에서는 수학이 문제를 많이 푼다고 문제 수에 비례하여 성적이 올라가는 것이 아니라는 것을 밝히고, 고3들의 "3월 모의고사 성적=11월 수능성적"이라는 등식관계의 이유와 이를 깨는 방법이 문제를 많이 푸는 것이 아니라는 것을 밝히고 있다. 즉, 적절한 문제수를 가지고 붓다의 효과를 이용하면 위의 등식관계가 깨지는 것은 물론 수학의 천재성이 나타날 수밖에 없는 이유를 밝힌 책이다.

35. 《고통과 번민 속에서 무한 행복한 비법》

본서는 모든 번민과 고통을 무한 환희와 행복으로 승화시키는 정신적인 대처법을 알려 준다. 죽는 날까지 인간의 삶과 공존하는 고통과 번민이지만 고통과 번민의 본질을 잘 분석해 보면 그 이면에 무한히 빛나는 희망적인 지혜와 행복이 같이 있었다는 것을 밝힌 책이다. 고통과 번민 속에서 힘들어하는 사람이 이 책을 본다면 무한 환희와 행복 속에 살리라.

36. 《무한 행복하게 죽음을 받아들이는 비법》

본서는 이미 출간한 본 필자의 도서 《고통과 번민 속에서 무한 행복한 비법》 중의 일부를 토대로 새로이 구성한 책으로, 죽음의 본질을 뿌리째 파헤치니 죽음의 이면에 무한 빛의 환희와 행복도 같이 있었음을 밝힌 책이다. 죽음을 준비하는 사람들은 모두 이 책 속에서 무한 평화와 행복을 찾아라. 그러면 죽어도 죽지 않는 생명의 빛을 발견하게 되리라.

37. 《우주의 3대 창조와 무한창조비법》

초자연적 지성체(창조주)인 신이 존재할 수밖에 없는 이유를 명확한 증거를 가지고 밝히면서, 인간이 발견한 신의 우주 창조방법에는 3가지가 있음과 그 방법을 설명하였다. 그리고 본 필자가 생각하는 초자연적 지성체(창조주)인 신의 실제 우주 창조방법에는 끝이 없음을 밝힌 책이다.

38. 《11가지만 알면 우주의 모든 진리 다 안다》 (개정 증보판)

39. 《기도하면 기적 일어나는 과학적 이유》 (개정 증보판)

40. 《나의 나이는 무한대이다》 (개정 증보판)

41. 《말씀으로 천지창조 가능한 과학적 이유》 (개정 증보판)

42. 《믿음 있으면 기적 가능한 과학적 이유》 (개정 증보판)

43. 《신과 나의 존재성》 (개정 증보판)

44. 《신과 인간의 삶》 (개정 증보판)

45. 《신의 인간 창조 신비》 (개정 증보판)

46. 《신의 창조원리에 따른 생명의 살아남기》 (개정 증보판)

47. 《신이 우주 삼라만상을 만드는 이유와 비법》 (개정 증보판)

48. 《신이 창조한 우주의 시작과 끝》 (개정 증보판)

49. 《신이 창조한 인간 마음의 신비》 (개정 증보판)

50. 《신이 창조할 수밖에 없는 암흑물질과 암흑에너지》 (개정 증보판)

51. 《신이 창조할 수밖에 없는 다중우주와 평행우주》 (개정 증보판)

52. 《실제 영원히 사는 비법 다섯 가지》 (개정 증보판)

53. 《우주 만물과 시공간 상전이의 신비》 (개정 증보판)

54. 《인간과 신의 시간》 (개정 증보판)

55. 《하나님 찬양하면 기적 가능한 과학적 이유》 (개정 증보판)

56. 《우주의 3대 창조와 무한창조비법》 (개정 증보판)

57. 《나는 누구인가》

최첨단 형이하학과 형이상학이 조화롭게 만나서 나란 존재성의 진면모를 유감없이 보여 주는 본서는 인간이 태어나서 나란 존재가 도대체 무엇인지 깨닫는 데 절대적인 힘을 발휘할 것이 틀림없으므로 인류 모든 사람에게 추천하고 싶은 책이다.

58. 《마음의 끝없는 행복을 찾아서》

고통과 번민 그리고 죽음의 본질을 완벽히 파헤쳐 항상 행복하게 사는 방법을 밝힌 책으로, 존재의 본질적인 차원까지 업그레이드시켜 불생불멸의 영원한 행복을 추구하는 책이다.

59. 《나는 누구인가》 (증보판)

최첨단 형이하학과 형이상학이 조화롭게 만나서 나란 존재성의 진면모를 유감없이 보여 주는 본서는 인간이 태어나서 나란 존재가 도대체 무엇인지 깨닫는 데 절대적인 힘을 발휘할 것이 틀림없으므로 인류 모든 사람에게 추천하고 싶은 책으로 본 증보판에서는 나란 존재성이 불멸의 그 무엇일 수밖에 없어 영원히 재탄생되는 근본적인 원리를 밝혔다.

60. 《인간이 추구하는 궁극의 세계》 (《마음의 끝없는 행복을 찾아서》 개정증보판)

인간이 태어나서 마음이 추구하는 궁극의 세계를 나이대와 여러 상황별로 접근해 본 책으로 《마음의 끝없는 행복을 찾아서》의 개정증보판으로 행복하게 사는 방법에 머물지 않고 존재의 본질적인 차원까지 승화시켜 불생불멸의 영원한 행복을 추구하는 책이다.

◈ 2019년부터 집필 중인 도서 85권

1. 《영원 속에서 모든 진리의 깨달음》

영원이라는 시간을 생각하며 우주 삼라만상은 왜 존재하며 인간은 왜 태어나고 왜 살며 왜 병들고 왜 죽는지 인간을 둘러싸고 벌어지는 현실적인 모든 진리를 학문 속에 담아 본질적으로 밝힌 책이다.

2. 《종교는 보이지 않는 과학이다》

현대를 살아가는 우리는 매우 나약한 존재이다. 그래서 무언가의 힘을 빌리려 한다. 바로 신의 힘이다. 그런데 종교는 믿으면서도 일반적으로 반신반의하는 사람이 너무나 많다. 왜 그런가? 이유는 간단하다. 인식할 수 없는 존재를 믿어야 하기 때문이다. 그렇다면 과연 종교가 탁상공론할 수밖에 없는 터무니없는 황당한 세계인가? 본 필자는 과학을 끌어들여 분석해 보기로 하였다. 먼저 종교의 존재성을 여러 법칙을 끌어들여 합리적으로 살펴보았으며, 종교를 탄생하게 하는 의식의 흐름도 조명해 보았다. 최첨단 과학을 끌어들여서도 밝혀 보았으면 종교를 믿음에 따를 효과가 과연 있을지도 생물학적 관점과 양자역학적 관점에서 매우 상세하게 알아보았다. 결론적으로 종교 속에는 보이지 않는 살아 숨 쉬는 과학이 있었다는 것을 발견하였다.

3. 《우주 창조법이 무한한 이유와 실제 무한개 존재하는 우주》

우주 창조법은 이미 몇 가지는 매우 신뢰성 있게 추론되고 있다. 그래서 본 도서는 이미 추론되는 가능성 있는 모든 우주 창조법을 모두 제시하였다. 그리고 본 필자가 우주의 모든 진리를 추적하다가 발견한 것은 창조의 방법에는 끝이 없다는 것을 깨닫게 되었음을 명확하게 밝힌 책이다. 결국 우주는 무한개 존재할 수밖에 없다는 것이다.

4. 《우주의 모든 진리 아는 방법》

우주의 모든 진리를 안다는 것은 불가능한 것처럼 보이지만, 우리 우주의 본질을 분석하면서 우리 우주 속의 모든 진리가 인간의 마음속에 살아 숨 쉬고 있다는 것을 발견하였다. 또한, 전 우주의 모든 진리가 우리 우주 속에서 우리와 함께하고 있다는 것을 명확한 이유를 가지고 밝히고, 이를 인간들이 깨달음으로 알 수 있음을 밝힌 책이다.

5. 《신의 절대적 존재성과 신이 무한히 창조된 우주를 운행하는 방법》

우주에는 신이 절대적으로 존재할 수밖에 없는 이유를 밝히며, 신이 무한히 창조된 우주를 운행하는 방법을 밝힌 책이다.

6. 《우주의 안정과 순환 속 신의 비밀》

인간의 존재에 항상성이 있는 것처럼 우주의 생성소멸에도 안정적인 항상성이 존재함을 밝힌 책이다.

7. 《위대한 신의 진면모》

신이란 도대체 어떤 존재인가? 실제 신이 있기는 한 것일까? 신이 있다면 신의 모습은 어떻게 생겼을까? 본 도서는 신의 존재성을 깨닫게 함은 물론 무한한 신비의 힘을 가진 위대한 신의 모든 세계를 수학적이고 과학적인 증거를 제시하면서 밝힌 책이다.

8. 《시간의 본질성과 신의 시간》

시간이란 도대체 어떤 것인지 시간의 본질성을 명확히 알아보고, 우리 우주에서 밝혀진 시간성이 다른 우주에도 적용되는지 그리고 인간이 생각하는 시간이 신에게도 적용되는지 명확히 밝힌 책이다.

9. 《신과 나의 존재성 차이》

신이 명확하게 존재함을 그 증거와 함께 밝히면서 나란 존재성이 무엇인지와 신의 존재성이 무엇인지를 다각적으로 비교해 가면서 또한 밝힌 책이다.

10. 《삼라만상 속 신의 비밀》

우주 삼라만상이 왜 만들어졌는지 그 본질을 밝히고, 삼라만상의 하나하나가 만들어지는 과정과 우주 속에서의 역할을 보면서 신이 숨겨 놓은 비밀이 있음을 또한 밝힌 책이다.

11. 《생명창조 속 신의 비밀》

우주의 생명은 왜 창조되었는지, 왜 사는지 그리고 왜 죽는지 생명의 탄생과 삶 그리고 죽어가는 과정을 지켜보면서 신이 숨겨 놓은 명확한 뜻이 있음을 밝힌 책이다.

12. 《적자생존 속 신의 비밀》

모든 생명의 삶에는 적자생존 법칙이 적용된다. 생명의 피 튀는 살벌한 생존 경쟁을 보면서 신은 어떤 생각을 하는지 밝힌 책이다.

13. 《신의 인간 창조 이유와 목적》

신이 인간을 창조한 이유는 무엇이고, 신은 인간을 창조한 목적을 무엇일까? 신이 무슨 생각을 하면서 인간을 창조하였는지 숨어 있는 비밀을 밝힌 책이다.

14. 《인간 삶 속에 숨겨 놓은 신의 비밀》

인간이 살아가면서 나타나는 온갖 것으로부터 신이 인간의 삶과 관련하여 인간에게 알리고자 하는 메시지를 다각적으로 밝힌 책이다.

15. 《인간 마음속 숨겨 놓은 신의 비밀》

끝없는 깊이와 우주의 모든 것을 담을 수 있는 인간 마음의 신묘함은 누구나 잘 알고 있다. 무한한 신비의 마음속을 들여다보면서 신이 숨겨 놓은 비밀이 무엇인지 밝힌 책이다.

16. 《질병과 죽음이 다가오면 즐기는 방법》

인간이 살아가면서 황제로부터 거지에 이르기까지 질병과 죽음은 그 누구도 피할 수 없다. 피할 수 없기에 이를 본질적으로 밝히고 대처함으로써 무한한 즐거움을 생성시키는 방법을 제시한 책이다.

17. 《질병 그리고 죽음과의 마지막 전쟁》

인간이 살아가면서 최후에 해야 할 일은 무엇일까? 바로 질병과 죽음과의 전쟁이라는 것이다. 본서는 필자가 살아오면서 나름대로 깨달음을 얻고 할 일을 완성해 가는 시점에서 마지막으로 남은 것이 무엇이 있을지 생각해보니 바로 질병과 죽음이 기다리고 있는 것이었다. 본서는 이 피할 수 없는 질병과 죽음의 장군 앞에 처절한 싸움을 할 어떠한 만반의 준비를 하고 있는지 필자가 생각하는 질병과 죽음의 전쟁에 관한 지혜로운 대처법을 밝힌 책이다.

18. 《죽음은 또 다른 삶인 이유와 증거》

죽음이란 무엇인지 그 본질에 대하여 알아보고, 삶과의 본질적인 연관성도 알아보았다. 그리고 죽음은 또 다른 삶인 이유를 밝힌 책이다.

19. 《고통과 번민 속에 숨겨 놓은 신의 비밀》

고통과 번민이란 무엇인지 그 본질에 대하여 알아보고, 신이 인간을 창조하면서 고통과 번민과 관련하여 어떤 메시지를 주고 있는지 고통과 번민 뒤에 숨어 있는 비밀을 밝힌 책이다.

20. 《행복과 불행 속에 숨겨 놓은 신의 비밀》

행복과 불행이란 무엇인지 그 본질에 대하여 알아보고, 신이 인간을 창조하면서 행복과 불행이란 세계를 왜 만들어 놓았는지 행복과 불행 뒤에 숨어 있는 비밀을 밝힌 책이다.

21. 《질병 속에 숨겨 놓은 신의 비밀》

질병이란 무엇인지 그 본질에 대하여 알아보고, 신이 인간을 창조하면서 질병이 왜 발생하도록 하였는지 또한 이유를 밝히며, 질병과 관련하여 창조론적인 차원에서 질병 뒤에 숨어 있는 비밀을 또한 밝힌 책이다.

22. 《죽음 속에 숨겨 놓은 신의 비밀》

죽음이란 무엇인지 그 본질에 대하여 알아보고, 신이 인간을 창조하면서 죽음이란 과정이 왜 발생하도록 했는지 이유를 밝히며, 죽음과 관련하여 창조론적인 차원에서 죽음 뒤에 숨어 있는 비밀을 또한 밝힌 책이다.

23. 《세상의 모든 존재는 곧 나의 것이다》

세상의 나의 것이란 어떤 것을 말하는지 소유의 본질을 밝히고, 세상의 모든 것이 곧 나의 것일 수밖에 없는 신비의 심리 유도법을 밝힌 책이다. 본서의 독자는 지구상에서 모든 것이 자기소유인 것처럼 느끼는 삶을 사는 계기가 될 것이다. 책을 읽는 순간부터 그 옛날 황제가 부럽지 않은 자신을 발견하게 될 것이며, 지구상에서 가장 풍요로운 마음을 가진 자가 될 것이다.

24. 《모든 진리의 근원이 수학인 이유와 증거》

우주 모든 창조와 삼라만상 그리고 생명과 인간에 이르기까지 모든 진리의 근원이 수학임을 확실한 증거를 제시하며 본질적으로 밝힌 책이다.

25. 《삶의 모든 형태와 감정의 본질은 같다》

인간의 삶 형태는 어떤 것들이 있는지 본질적인 차원에서 알아보고, 모든 삶의 본질은 모두가 동등하다는 것을 밝힌 책이다. 그리고 마음의 형태에도 어떤 것이 있는지 다각적으로 알아보고 마음의 본질도 모두가 같다는 것을 또한 밝힌 책이다.

26. 《영생을 느끼며 사는 방법》

인간은 누구나 죽는 것을 싫어하며 영생을 기대한다. 영생할 수 있는 모든 방법을 밝히며, 현실에서 항상 영생을 느끼는 비법을 밝힌 책이다.

27. 《흔들림 없는 무한 평화는 득도의 증거》

인간이 도를 닦아서 득도했는지 알고 싶을 때가 있다. 본 필자는 득도의 증거로써 언제나 마음의 흔들림이 없는 것이 득도라는 것을 명확한 이유와 증거를 제시하며 밝힌 책이다.

28. 《본질을 모두 안다는 것은 득도의 증거》

득도가 무엇을 의미하는지 득도의 본질을 밝히고, 우주 삼라만상 모든 것의 본질을 안다는 것은 득도하여야만 가능한 세계임을 그 이유와 증거를 가지고 다각적으로 밝힌 책이다.

29. 《무한 아름다운 음악은 무한 진리와 연동》

인간의 예술 중에는 음악이 있다. 이 음악의 역할이 인간에게 어떠한 영향을 주고 있는지 밝히고 무한 아름다운 음악은 곧 신의 영역의 참 진리를 진동시켜 무한 인간 성숙이 나타날 수 있음을 밝힌 책이다.

30. 《나와 내 앞의 모든 것은 신의 다른 표현이다》

우주 삼라만상과 생명체 그리고 인간은 곧 신의 무언가를 물리적인 세계로 표현한 것이다. 즉, 모든 생명체와 인간 그리고 모든 사물까지도 신의 무언가를 이용하여 만들었고, 무언가로 운행하고 있으니, 이 세상 보이는 존재와 보이지 않는 존재의 모든 것은 신의 다른 표현임을 밝힌 책이다.

31. 《어느 나이에 죽더라도 죽는 온갖 마음은 똑같다》

인간은 누구나 죽는다. 언제 어느 곳에서 죽든지 죽을 때 느낌은 결코 행복하지 않고, 안타깝고 미련이 있으며 공포스럽기는 똑같다는 것을 나이대별로 분석해본 책이다. 그래서 어차피 죽음의 본질이 그러하다면 죽음을 두려워할 필요조차 없이 활기차게 삶을 살아야 함을 밝힌 책이다.

32. 《구체성 있는 기도는 신과 정확히 공명》

신에 대한 구체성 기도의 정도는 곧 신에 대한 믿음의 정도를 의미한다. 신에 대한 절대적인 믿음은 신과 기도자와 정확한 공명을 일으켜 기도자의 뜻대로 신의 힘에 의하여 나타남을 밝힌 책이다.

33. 《과거 현재 미래란 흐름의 진실과 신비》

스스로 존재하는 무한 우주 속에서 과거도 지금 존재하고 현재도 지금 존재하고 미래도 지금 존재하는데 과거, 현재, 미래로의 시간의 흐름이란 또 무엇인지를 밝힌 책이다.

34. 《고통과 번민 속에 숨겨 놓은 신의 비밀》

신은 인간에게 고통과 번민을 심어 놓았다. 신이 인간에게 고통과 번민을 심어 놓은 이유를 밝힌 책이다.

35. 《이 우주에 오직 실재하는 것은 신뿐이요》

나란 존재성은 착각에 지나지 않음을 우주의 본질적인 차원에서 밝힌 책이다.

36. 《지금 자신의 앞에서 펼쳐지고 있는 현상들의 본질》

스스로 존재하는 무한 권능을 가진 신의 어떤 것이 표출된 것임을 밝힌 책이다.

37. 《무한 과거로부터 무한 미래 모든 것은 정해져 있는 진실》

스스로 존재하는 신은 수학과 과학적으로 문제가 없는 모든 것은 만들고 신의 그 어떤 리듬에 따라 정해진 대로 스스로 운행됨을 밝힌 책이다.

38. 《무한지능으로 스스로 존재하는 우주》

무한지능으로 스스로 존재하는 우주의 본질을 밝힌 책으로 결국 신의 진면모를 알게 하는 책이다.

39. 《무한 과거로부터 무한 미래의 모든 진리》

무한 과거와 무한 미래의 진리는 다를지 우주의 온 시간을 두고 진리의 본질성을 다룬 책이다.

40. 《무한 믿음은 무한기적의 씨앗》

믿음의 본질을 밝히고 무한 믿음이 생길 때의 현상에 대해 밝힌 책이다.

41. 《무한 아름다운 영감은 무한 진리와 통한다》

음악을 듣든 무한 아름다운 감동이 마음속 깊이 스미어 오든지 할 때의 영감이 무한 진리에 감응되어 있는 상태이며, 스스로 존재하는 무한 진리의 신과 통하는 상태임을 밝힌 책이다.

42. 《모든 진리의 근원이 수학인 이유》

스스로 존재하는 우주의 모든 것이 수학적인 질서를 따른다는 데서 모든 진리의 근원이 수학인 이유를 밝힌 책이다.

43. 《본질을 모두 안다는 것은 득도의 증거》

스스로 존재하는 우주본질을 모두 안다는 것은 득도할 때 외에는 없음을 밝힌 책이다.

44. 《100억 광년 거리도 한순간에 가는 신비한 시공간의 성질》

우리가 살아가는 시공간의 본질을 밝히고 무한히 먼 시공간도 단 한순간에 가는 방법이 있음을 밝힌 책이다.

45. 《보통 사람이 천재가 되는 비법》

보통 사람이 천재적인 능력을 발휘하게 하려면 어떻게 해야 되는지 수리적인 면과 기억적인 면, 추리적인 면에서 탁월한 능력을 발휘할 수 있게 하여 천재성을 보이게끔 하게 하는 책이다.

46. 《빛을 발하는 머리에서만 진리가 보이며 하나님과 공명한다》

모든 사람의 머리에서 하나님과 공명하는 것은 아니며, 하나님과 공명하는 사람은 이미 하나님이 지정해 놓았음을 밝힌 책이다.

47. 《사후세계가 있음을 아는 방법》

죽음이 없다는 것을 밝혀 사후세계가 존재함을 밝힌 책이다.

48. 《삶의 모든 형태와 감정의 본질은 같다》

존재하기 위한 오욕으로 가득 찬 인간의 삶의 형태와 감정의 본질은 동질성이 강함으로 살아가면서 어느 정도의 삶의 체험이 있다면 삶에 너무 많이 집착할 필요가 없음을 밝힌 책이다.

49. 《우주의 본성》

일어날 수 있는 모든 것은 실제로 일어나게 하는 우주의 본성임을 밝힌 책이다.

50. 《창조주는 없고 오직 우주 운행자인 하나님만 존재하는 이유》

우주엔 창조주가 왜 필요 없고 운행자인 하나님만 존재하는지 그 이유를 밝힌 책이다.

51. 《죽음은 또 다른 삶인 이유》

죽음이란 없기 때문에 우리가 생각하는 죽음은 또 다른 새로운 삶이 이어지고 있음을 밝힌 책이다.

52. 《흔들림 없는 무한 평화는 득도의 증거》

흔들림이 없다는 것은 그 어떤 본질을 제대로 보고 있다는 것이다. 바로 이것이 본질을 제대로 보는 득도의 세계임을 밝힌 책이다.

53. 《행복과 불행은 오직 내가 만드는 이유》

행복은 무엇이고 불행은 무엇인지 그 본질을 밝히고 이 두 가지 감정은 내가 만들어 감을 밝힌 책이다.

54. 《무한 과거로부터 무한 미래 모든 것은 정해져 있는 진실》

스스로 존재하는 우주엔 과거도 현재도 미래도 따로 없지만 존재의 무한 운행법 중 하나를 따르노라면 우리가 지금 체험하고 있는 시간의 흐름이라는 것을 체험할 수도 있음을 밝힌 책이다.

55. 《우주 불변의 참 진리 밝힌다》

우주는 스스로 존재하는 무언가의 무엇에 의하여 본질적인 것은 절대 변함이 없는 참 진리로 존재함을 밝힌 책이다.

56. 《무한지능으로 스스로 존재하는 우주》

무한지능으로 스스로 존재하는 우주란 스스로 존재하는 전지전능한 신의 진면모의 한 특성임을 밝힌 책이다.

57. 《무한 과거로부터 무한 미래의 모든 진리》

진리란 과거 현재 미래가 따로 없다. 그냥 스스로 존재하는 무언가 있을 뿐임을 밝혀 시공간을 떠나 존재하는 모든 진리를 밝힌 책이다.

58. 《모든 진리의 근원이 수학적인 질서 속에 있는 이유》

스스로 존재하는 우주 속으로 들어가 모든 본질을 헤아리노라면 모든 진리의 근원이 오직 수학적인 체계로 되어 있음을 밝힌 책이다.

59. 《세상이 소름 끼칠 만큼 완벽한 이유》

세상은 완벽한데 이를 보는 부족한 인간만 있을 뿐임을 밝힌 책이다.

60. 《시간 여행이 가능한 완벽한 이유》

시간의 본질이 무엇인지 밝히고, 시간 여행이 가능할 수밖에 없는 이유를 밝힌 책이다.

61. 《신체가 두뇌의 생각에 무조건 따르는 이유》

인간의 신체를 지배하는 것은 인간의 두뇌인데 신체는 두뇌의 판단에 무조건 진실로 받아들이고 두뇌의 명령대로 따르는 이유를 밝힌 책이다.

62. 《실재 죽음이란 없는 이유》

일부 인간들이 생각하는 죽음이란 육체의 소멸인데, 또 다른 인간들이 생각하는 죽음은 육체와 영혼 모두의 죽음이다. 필자는 인간에게 실제 죽음이란 모순적인 생각임을 밝혀 실재 죽음이란 존재하지 않음을 밝힌 책이다.

63. 《사후세계가 있음을 아는 방법》

인간의 사후세계가 존재할 수밖에 없는 이유를 밝힌 책이다.

64. 《스스로 존재하는 전지전능한 신의 진면모》

스스로 존재하며 전지전능한 신의 본질이 무엇인지 밝힌 책이다.

65. 《시간의 본질성과 신의 시간》

시간이 무엇인지 그 본질성을 밝히고 신의 차원 속 시간의 의미와 인간 차원 속 시간의 의미를 밝힌 책이다.

66. 《신과 나의 존재성 차이》

신은 스스로 무한 권능으로 존재하고 나는 그중에 일부를 담은 그릇임을 밝힌 책이다.

67. 《삼라만상과 신의 비밀》

신은 스스로 존재하고 신이 스스로 존재하는 온 영역에 존재하는 삼라만상과 신의 관계를 밝힌 책이다.

68. 《신에 의해 형성된 생명 속에 심어둔 신의 비밀》

우주는 스스로 존재하고 그 속에 존재하는 것들에는 무생명과 생명이 있는데 특히 생명 창조 속에는 신이 그 어떤 것을 심어 두었는데 그것이 무엇인지 밝힌 책이다.

69. 《신이 우주를 스스로 존재하게 하는 방법과 운행법》

신은 스스로 존재하고 스스로 존재하므로 우주 속의 모든 것은 수학과 과학적으로 문제없는 범위에서 모든 것이 다 만들어져 있음이니 특별히 신이 우주를 창조했다고 할 필요 없음이고 스스로 존재하는 우주는 왜 있는지 그 이유를 밝힌 책이다.

70. 《시공간의 참 진리를 알면 영생의 삶과 통한다》

우주의 존재란 무한에 가까운 차원이라 하더라도 모두가 유한 차원으로 각기 차원은 독립되어 있는데 시공간 속의 본질적인 참 진리를 알면 영원한 세계의 본질을 알게 됨을 밝힌 책이다.

71. 《인간이 형성된 후 신의 비밀》

신은 일반 생명 창조와 인간 창조 사이에 특별한 차이를 두고 창조하셨는데, 그렇다면 인간 창조 속에 신은 그 어떤 비밀을 심어 두었는지 그 본질을 밝힌 책이다.

72. 《인간 마음속 숨겨 놓은 신의 비밀》

인간의 마음은 우주를 품고도 남는다. 그렇다면 인간 마음과 신은 밀접한 관계가 있음이 틀림없는데 인간 마음속에 숨겨 놓은 신의 비밀을 밝혀본 책이다.

73. 《어떤 나이에 죽든지 죽는 순간 느끼는 마음의 본성은 같은 이유》

20살에 죽든지 50살에 죽든지 100살에 죽든지 200살에 죽든지 1억 살에 죽든지 죽는 순간의 마음이 느끼는 세계가 왜 유사한지 본질을 밝힌 책이다.

74. 《영혼이 영원불멸한 이유》

영혼이 영원불멸하다는 것은 죽음이란 없다는 뜻이며, 그 이유를 정확히 밝힌 책이다

75. 《우주가 시작과 끝이 있으면 안 되는 이유》

우주가 시작도 끝도 있으면 안 되는 이유를 밝힌 책이다.

76. 《영생을 느끼며 사는 방법》

인간이 평소에 영생을 느끼며 사는 방법이 있는지 인간 마음의 본질을 분석해 보고 영생을 느끼며 사는 방법을 제시한 책이다.

77. 《우주인이 무조건 없으면 안 되는 이유》

우주의 본질적인 차원에서 우주엔 우리 말고 고등 생명체가 존재할 수밖에 없음을 밝힌 책이다.

78. 《이상적으로 사는 방법은 불변의 진리를 접하는 것뿐인 이유》

인간이 추구하는 이상의 세계는 결국은 불변의 진리에 접하는 것뿐이라는 것을 밝힌 책이다.

79. 《죽음은 또 다른 삶인 이유》

나란 존재성은 영생하며 불멸임을 밝히고, 이는 우리가 생각하는 육체의 소멸은 불멸의 영혼이 새로운 세계에 접하여 새로운 삶을 영위함을 밝힌 책이다.

80. 《흔들림 없는 무한 평화는 득도의 증거》

무한 진리의 본질에 접하는 순간, 흔들림 없는 무한 평화가 찾아오는데 이는 득도의 증거임을 밝힌 책이다.

81. 《행복과 불행은 오직 내가 만드는 이유》

행복과 불행의 본질과 상관관계를 밝히고 행복과 불행은 오직 내가 만든다는 것을 밝힌 책이다.

82. 《하나님께 기도하면 하나님이 응답하는 과학적 원리》

하나님께 기도할 때 하나님이 응답하는 과학적 원리를 밝힌 책이다.

83. 《하나님을 찬양하면 하나님이 응답하는 과학적 원리》

하나님을 찬양할 때 하나님이 응답하는 과학적 원리를 밝힌 책이다.

84. 《하나님의 뜻과 같이하면 생각대로 성취되는 과학적 원리》

하나님은 전지전능하시기에 하나님의 의도는 곧 100% 의도한 바대로 성취됨을 과학적으로 밝힌 책이다.

85. 《하나님 의술 따른 자가 기적을 체험하는 과학적 원리》

하나님은 인간을 만들 때 각자의 수명만큼 살도록 각기 의술을 최대한 심어 두었다. 그래서 하나님의 권능을 절대적으로 믿는 자는 하나님이 주신 수명을 정확하게 알게 됨을 밝힌 책이다.